개정판

연회요리실무의 메뉴계획 완벽지침서

메뉴플래닝

이권복 저

Menu Planning

백산출판사

요리를 시작하면서

우리나라는 1960년대 이후 실시된 경제개발에 힘입어 사회 · 경제적 환경이 급격하게 변모되어 도시화, 산업화, 정보화 시대에 접어들면서 생활수준의 향상과 더불어 소득의 증가로 생리적 욕구만족에서 한걸음 나아가 풍요로운 식(食)생활로서 건강과 먹는 즐거움을 찾는 식문화(食文化)를 추구해 나가고 있다.

이러한 시대적 흐름에 부응하여 호텔기업은 물론이고 일반 식당에서 고급식당에 이르기까지 음식을 취급하는 업소나 주방의 합리적 경영은 중요한 과제가 되고 있다. "식문화"를 주도해 나아갈 세련된 "맛의 문화"를 창출하기 위해 끊임없는 노력으로 국민의 식생활을 다양화시키고 우리나라를 찾는 외국인에게 질 높은 음식을 제공할 수 있도록 과학적인 메뉴를 개발하여 세계화하는 것은 절박한 과제가 되었다.

우리 인류는 원시시대에서 오늘에 이르기까지 먹지 못했던 동 · 식물 등을 끊임없이 연구하여 먹을 수 있게 만들어 왔을 뿐만 아니라 보다 더 맛있고 멋있게 만들려고 노력해 왔기에 오늘날의 훌륭한 음식과 그에 따르는 미적 감각과 조화가 이루어져 훌륭한 종합예술로써 조리과학이 만들어진 것이다.

저자는 지난 30여 년간 호텔과 외식기업에서 조리를 하면서 주경야독으로 학업을 마치고 틈틈이 이론과 실기를 정리하였다. 나아가 MENU 개발을 할 수 있는 모체를 마련하고자 노력해 왔으며 그간의 강의와 관련기업 메뉴혁신팀에서의 경험을 토대로 연구를 하고 있다. 부족한 점과 미흡함이 많지만 향후 지속적인 연구를 통해 보충하고자 한다.

삶의 노고에 아랑곳없이 늘 곁을 지켜주고 도와주는 아내에게 감사하며 시간에 쫓겨 무엇하나 잘 해주지 못한 사랑하는 정현, 도원, 정은에게 미안하고 고마운 마음을 전하고 싶다. 가족 모두가 건강하고 행복한 모습을 볼 때마다 하나님께 감사를 드린다.

끝으로 이 책이 나오기까지 물심양면으로 도와주신 진욱상 사장님과 편집부의 모든 분께 깊은 감사함을 전하고 싶다.

매실이 익어 가는날. 저자 씀

제1장 메뉴의 특성

Western Menu

현•장•실•전•메•뉴

제2장 양식메뉴

1. Cold Menu / 64

2. Canape Menu / 90

3. Side Dishes / 95

Korean Menu

현·장·실·전·메·뉴

제3장 | 한식메뉴

7. 파티 / 183

8. 일품요리 / 187

Chiness Menu

현·장·실·전·메·뉴

제4장 | 중식메뉴

1. 연회뷔페 / 202

2. 중식코스 / 211

Japanese Menu

현•장•실•전•메•뉴

제5장 | 일식메뉴

Thailand Menu

제6장 | 태국식 메뉴

C.H.A.P.T.E.R 01

메뉴의 특성

제1절 메뉴의 유형

메뉴의 정의는 우리말로 '차림표' 또는 '식단'이라고 부르며 프랑스어의 'Cate' 영어의 'Bill of Fair', 스페인어의 'Minute', 일어의 '곤다데효(獻立衣)', 중국어의 '차이단즈(菜單子)' 등으로 불리나, <MENU>란 세계 공통어로 통용되고 있는 것이 사실이다.

<MENU>란 용어가 시작된 것은 1497년 프랑스의 어느 귀족으로부터 생겨난 착안이라고 하며, 그 후 1541년 프랑스의 헨리 8세 당시 브랑위크 공작의 관아에서 향연에 나오는 요리 이름을 적어 놓았는데, 어느 손님이 그에게 그것이 무엇이냐고 묻곤 하였는데, 이때 공작이 "이것은 정찬의 요리표입니다"라고 대답한 것이 메뉴의 유래가 되었다고 한다. 그 후 이것이 19세기 이후에 식당에서 일반화된 것이다.

메뉴의 구성은 조리장의 책임하에 이루어져야 하며, 사람의 생리상 음식을 먹는데 합리적인 욕구가 자연적으로 메뉴를 구성하게 된 동기가 된 것이다. 이렇듯 오랜 시간과 연구를 거쳐 인체의 생리에 맞도록 관습화되어 정해져 왔고, 앞으로도 식습관의 변화에 따라 메뉴 구성이 달리 이루어질 것이다. 그래서 메뉴를 구성하고 기획하는 자는 늘 연구하며 시대적 흐름을 빨리 읽고 그보다 한발 앞서 진행해야 한다.

1. 정식메뉴(table d'hôte)

정식메뉴란 풀 코스(Full Course Menu)로써 한끼 분량으로 구성되어 있고 대체적으로 값도 비싸고 질도 우수한 반면 코스도 많고 내용이 충실하다. 그러나 고객으로 하여금 기호에 맞게 개개인의 요리 선택의 기회가 없고 세트(set)화 되어 있다. 고객은 가격을 용이하게 이해할 수 있는 이점도 있다.

이것은 중세시대 식당에서는 'Table Master'라고 하여 대 식탁이 있고 주인이 손님과 함께 식사를 했다고 하며, 이처럼 주인과 손님이 같은 식탁에서 식사를 하던 것을 정식메뉴라 전해지고 있다.

2. 일품요리메뉴(A LA Carte Menu)

일품요리메뉴란 식성대로 자유로이 선택하여 먹을 수 있는 요리의 차림표를 말하는 것이며 이것을 표준차림표(Standard Menu)라고 한다. 일품요리 메뉴는 1792년 많은 외국 정부대표들이 모여 호텔에서 장기간 생활하고 있었는데 그 당시 호텔에는 정식메뉴였기 때문에 매일 반복되는 똑같은 식사에 권태를 느끼게 되었다. 이러한 때 친지 또는 친구의 초청을 받아 가정에서 식사를 할 경우 자기 식성에 맞는 식사를 할 수 있는 정도였기 때문에 이 무렵 수프를 만들어 파는 음식점이 생겨서 처음에는 아무렇게나 끓여서 며칠씩 묵은 빵과 같이 판매했었는데, 이것이 인기가 있어 차츰 발전되어 수프에 고기 채소 등을 넣고 끓여서 대중에게 제공됨으로써 그 명칭이 Restaurant이라 불리게 되었으며, 이것이 일품요리를 만들어 제공하게 된 시초가 되었다고 전해지고 있다.

일품요리메뉴란 식당에서 주되는 차림표로써 구성은 전통적인 Classical Formal Dinner 식사의 순서에 따라 각 순서마다 몇 가지씩 요리품목을 명시한 것으로 각 식당에서 사용하는 메뉴는 일반적으로 일품요리메뉴이다.

3. 연회메뉴(Banquet Menu)

연회메뉴란 정식메뉴와 일품요리의 성격을 겸한 메뉴로써 연회를 받기 전에는 가격과 질과 순서에 따라 다양한 일품요리메뉴로 연회를 하려는 고객과 상의하여 고객이 원하는 요리를 골라서 정식메뉴로 구성하여 연회 시에 사용하는 메뉴이다.

4. 뷔페메뉴(Buffet Menu)

뷔페메뉴란 각 순서마다 메뉴가 다양하게 구성된 메뉴로서 어느 일정액을 지불하면 여러 가지 요리를 다 먹을 수가 있다. 여기에는 한식, 일식, 중식, 양식 등 여러 나라 요리의 특색을 살려 차려질 수도 있다.

1) 오픈 뷔페(Open Buffet)

이것은 일정한 인원이 정해져 있지 않고 불특정 다수를 위한 것으로서 일정액을 지불하면 마음껏 먹을 수 있도록 하는 것으로 상설 뷔페가 대표적이다.

2) 크로스 뷔페(Close Buffet)

금액과 인원에 맞추어 음식을 제공하는 것으로 연회장에서 행사에 이용되고 있다.

3) 애피타이저 뷔페(Appetizer Buffet)

고급 레스토랑에서 점심의 음식코스 중에 애피타이저 대신 각종 스페셜 채소나 과일 등과 디저트를 준비하여 놓고 고객이 메인을 주문하여 놓고 주방에서 메인을 준비하는 동안 직접 갖다 먹는 것으로 고객의 욕구를 충족하고 점심시간의 짧은 시간을 활용할 수 있다.

5. 식사별 메뉴 분류

1) 아침식사 메뉴(Breakfast Menu)

건강을 말하는 사람은 누구나 아침을 잘 먹어야 한다고 한다. 아침 메뉴는 기본적으로 알라 카르트 부분(A La Carte Sections)과 클럽 아침식사 부분(Club Breakfast Sections)으로 구분할 수 있다.

① 미국식 조식(American Breakfast)
② 구라파식 조식(Continental Breakfast)
③ 비엔나 조식(Vienna Breakfast)
④ 영국식 조식(English Breakfast)

2) 브런치 메뉴(Brunch Menu)

브런치는 아침과 점심의 합성어로 공

휴일이나 일요일에 늦게 일어난 사람들에게 아침 겸 점심을 먹는 습관에서 출발하여 생긴 메뉴로 아침메뉴와 점심메뉴가 혼합되어 있는데, 여기에는 Set Buffet Menu가 많이 사용된다. 또한 일부 브런치 메뉴는 전통적으로 아침식사로서 인기가 있는 음식으로 마련되지만, 다른 메뉴에서는 과일 빵, 육류 등 다양하게 차려지기도 한다.

3) 점심메뉴(Lunch Menu)

정오에 먹는 점심식사로서 저녁식사보다 간단하고 코스도 적을 뿐 아니라 가벼운 주요 순서로 구성하여야 한다. 샐러드, 샌드위치, 앙뜨레, 빵 등 영양이 풍부한 것으로 주로 인근 직장인들이 반복적으로 이용하는 경우가 많아 '오늘의 특선 요리' 등을 제공하기도 하고 점심의 메뉴는 일주일에 한 번씩 바꾸어 주는 탄력적인 메뉴를 운영하는 것이 효율적이다. 호텔 또는 일반 레스토랑의 입지에 달라 메뉴 선정이 달리 이루어져야 한다.

4) 저녁메뉴(Dinner Menu)

저녁식사 메뉴는 다양할 뿐만 아니라 가격면에서도 비싸며 내용과 질도 우수하며 다양하게 구성한다.

5) 심야 소야식(小夜食) 정찬메뉴(Supper Menu)

보통 축제행사가 있는 늦은 저녁에 먹는 보통 4~6가지의 순서로 짜여진 간편한 메뉴이다. 이때의 메뉴는 항상 질이 우수하고 소화가 쉽게 되는 것을 고려하여 메뉴를 구성해야 하며 커피숍이나 호텔식당의 대표 메뉴로 구성하는 것이 좋다.

6) 스낵메뉴(Snack Menu)

식사의 끼니와 크게 관계없이 아침과 점심, 저녁 사이의 시간에 관계없이 간식을 하는 정도로 요구르트, 아이스크림, 치즈, 케이크류에서부터 소시지, 샌드위치, 커피, 차 등이 포함되어 있다.

6. 메뉴의 계절별, 요일별 분류

1) 축제메뉴(Festival Menu)

축제일이나 어느 지방 어느 나라의 특별한 날짜를 기념하기 위하여 만든 메뉴로서 특별한 경우이기 때문에 주의 깊게 구성하여야 한다. 한 예로 추수감사절이나, 성탄절에는 칠면조, 호박파이 등은 서양에서는 메뉴에 넣어야 한다. 우리나라도 절기에 맞는 음식이 있고 명절 음식이 있듯 각 나라마다 특성이 있다.

2) 오늘의 특별메뉴(Daily Special Menu)

주방장이 당일에 고객의 취향도 맞추고 매일매일 선선한 재료를 사용하여 변화 있는 메뉴를 구성하여 기호성을 살릴 수 있는 메뉴를 말한다. 이는 업무의 효율성과 장기 고객의 지루함을 덜어 주는 효과가 있다. 예를 들어 고기류, 생선류를 하루에 두 가지씩 일주일을 주기로 바꾸어 준다.

3) 계절메뉴(Seasonal Menu)

계절의 성수기 재료들을 선정하여 1주에서 길게는 2~3개월까지 구성할 수 있는 메뉴로 지역 특산물이나 나라마다 제철에 나는 식재료들로 구성할 수 있다.

4) 경식메뉴(Health Menu)

단식하는 사람들이나 비만증인 사람들을 위해 만든 메뉴로서 생선 우유, 치즈, 과일 등을 사용하여 만든 메뉴이다.

5) 건강식 메뉴(Health Food Menu)

환자나 건강을 필요로 하는 사람들을 대상으로 해서 스태미너 식품의 재료로 구성된 메뉴로서 사람마다 특성에 맞게 연구해 나가야 할 메뉴이다.

6) 채식메뉴(Vegetarian Menu)

육류나 생선류를 제외한 채소를 주재료로 하여 달걀과 우유 등은 일부 경우에 사용한다.

7) 고정된 메뉴(Set Menu)

고급 레스토랑에서 약 2~3주를 주기로 교체해 주는 메뉴로서 일년 동안 가장 많이 나갔던 메뉴나 혹은 주방장의 특별 메뉴를 선정하여 메뉴를 구성한 것이다.

8) 예약메뉴(Reservation Menu)

고객의 방문이나 전화상으로 예약 신청자가 고객을 접대하고자 할 경우 미리 메뉴를 선정하여 주문하는 것이다. 음식의 코스를 자유로이 선정할 수 있는 장점이 있다.

9) 기본메뉴(Basic Menu)

그 업장의 특성을 살린 대표적인 메뉴로서 다른 메뉴의 교체가 있더라도 변하지 않는 그 집의 브랜드 메뉴이다.

10) 가족메뉴(Family Menu)

업장의 대표적인 메뉴를 몇 가지 묶어서 애피타이저 메인을 만들어 고객이 가족단위로 와서 여러 가지를 먹을 수 있도록 하는 메뉴이다.

11) 이벤트 메뉴(Event Menu)

외식사업의 번창과 각종 모임의 형식과 단체의 파티 특성이 각기 다르게 이루어지므로 이러한 고객의 욕구에 부응하기 위하여 행사장의 디자인과 음식이 특성 있게 차려진다.

다음은 메뉴의 코스별 구성이다. 이외도 많은 코스를 만들 수도 있다.

코스별 메뉴 구성도

- 3 COURSE MENU
  - SOUP
  - MAIN DISH
  - DESSERT
- 4 COURSE MENU
  - APPETIZER
  - SOUP
  - MAIN DISH
  - DESSERT
- 5 COURSE MENU
  - APPETIZER
  - SOUP
  - SHERBET
  - MAIN DISH
  - DESSERT
- 6 COURSE MENU
  - APPETIZER
  - SOUP
  - VEGETABLE SALAD
  - SHERBET
  - MAIN DISH
  - DESSERT
- 7 COURSE MENU
  - APPETIZER
  - SOUP
  - VEGETABLE SALAD
  - FISH
  - SHERBET
  - MAIN DISH
  - DESSERT

제2절 메뉴 구성을 위한 맛의 분류

음식의 기본적인 욕구에 대해서 소비지들이 갖고 있는 생각을 메뉴기획자는 예측되는 소비를 위해 고객의 기호를 분석하는 것이 매우 중요하다. 식습관은 어떤 사람이 무엇을, 어떻게, 언제 먹으며, 어느 것을 선택할 것인지 예측할 수 있는 태도와 관련되는 것이기 때문에 구체적인 계층분석이 대단히 어렵다.

개인적인 식습관은 환경적, 육체적 그리고 전에 먹었던 음식에 대한 경험들의 생리적 요인들의 상호작용으로 판단해야 한다. 제공된 요리에는 연령, 성별, 인종, 종교, 경제적인 지위, 거주지역, 사회적 지위, 생리적 욕구 등이 포함된다.

그러므로 음식은 사회의 각계각층의 식습관이 다양하기 때문에 메뉴를 기획할 때 충분한 시장조사와 사전 검토 후에 작성되어야 한다. 다음은 메뉴기획에 앞서 맛이란 무엇인지 참 어려운 가운데 나름대로 문헌상의 이론을 정리하여 놓았다.

1. 맛에 영향을 주는 요소

식품의 좋은 맛은 식욕을 증진시킬 뿐만 아니라 소화 흡수에도 좋으며, 맛은 개인의 건강생활 상태, 환경, 관습 기타 여러 가지 상황의 영향을 받는다. 다음은 음식 맛의 요소이다.

| 음식 맛의 요소 |

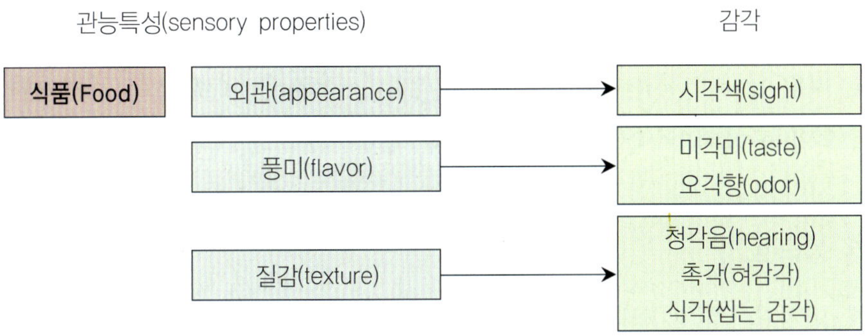

▌맛에 영향을 주는 요인▐

화학적인 맛	수용액에 의한 신경의 자극	단맛, 신맛, 짠맛, 쓴맛, 매운맛
물리적인 맛	구강내에 주는 물리적인 자극	온도, 연하고 딱딱한 것, 점탄성
생리적인 맛	신체조건에 의한 자극 느낌	공복감, 건강상태, 피로감
심리적인 맛	심리적 요인의 미각 영향	외관, 색, 냄새, 환경, 개인적 기호

※ 논자는 단맛, 신맛, 짠맛, 쓴맛, 매운맛 외에 불맛을 추가하고 싶다.

(1) 식욕에 영향을 주는 요소

위에서 열거한 다섯 가지 감각에서 가장 많이 차지하는 요소는 시각이다. 그릇 담기와 배치는 음식의 조리 만큼이나 중요하다. 음식을 그릇에 멋지게 예술적으로 표현하기 위해서는 기본 구도를 알고 응용하여 맛 뿐만 아니라 시각, 후각, 청각 등 오감을 충족시켜 주어야 한다.

2. 맛의 상호작용

1) 맛의 대비

2종류의 이질적인 맛을 혼합했을 때 한편이 다른 편의 맛을 증가하거나 양편 모두 증강되는 현상이다. 예를 들면 화학조미료의 수용액에 소금을 넣으면 지미를 한층 더 느낀다. 이것은 지미와 염미의 대비 효과이다.

2) 맛의 억제작용

이질의 맛을 가진 2종 이상의 식재료를 혼합했을 때 그 한편 또는 양편이 약해지는 현상을 말한다. 맛의 자극도가 비슷할 때 일어난다. 커피에 설탕을 넣으면 커피의 풍미가 약해지고 여름 귤에 설탕을 치면 산미가 약해진다. 소금 짠 맛에 초가 들어가면 융화된다. 맛의 억제는 대비의 역현상이라고 할 수 있다.

3) 맛의 상승효과

같은 맛을 가진 2종 이상의 식재료를 혼합하면 그 맛의 강도가 계산치보다 더 증강하는 현상을 말한다. 설탕과 감미료를 혼합하면 단독일 때의 감미도를 합산한 감미료보다 약 25% 상승한다.

4) 온도에 의한 맛의 변화

산미는 거의 변화가 없으나 감미와 고미는 저온일 때 감도가 좋고 온도 상승에 따라 둔해진다. 감미는 34~37도에서 가장 감도가 좋고 이 이상이나 이하에도 감도가 저하된다. 특히 감도는 20도 이하, 고미는 37도 이상이 되면 급격히 둔화된다.

3. 맛을 좌우하는 자연 색소의 변화와 배색

채소류나 과실류 등 모든 식품에는 고유의 색이 있다. 시각적으로 선도를 감별하거나 맛을 짐작하는 척도가 된다. 옛 말에 보기 좋은 떡이 맛이 있다고 했듯이 모든 식재의 색을 잘 살리는 것이 매우 중요하다. 다음은 색에 따른 식재와 응용의 예이다.

1) 색의 특징 및 속성

(1) 붉은색 음식(red and pink)

붉은 색 음식들은 철분이 풍부해서 원기가 부족하거나 빈혈이 있는 사람에게 좋다. 또한 피를 맑게 하고, 활력 증강에 좋은 고단위의 칼륨을 함유하고 있다.

① 빨강(red) : 가장 맛있게 보이는 색이 주황 계통의 색이며, 순색들 가운데서는 빨강이 가장 식욕을 돋우는 색이다. 실제로 우리 김치와 흰 쌀밥은 잘 조화가 된다. 빨강은 감미롭고 잘 익었다는 느낌을 주지만, 어두운 빨강은 대체로 자주와 비슷하기 때문에 식욕을 돋우지 못한다.

② 분홍(pink) : 달콤한 맛을 강하게 느끼게 하는 색으로 우리 신체에 생식기에 지대한 영향을 미치기 때문에 중국 한의학에서는 임신한 여성이나 생식기 쪽에 문제가 있는 여성이나 남성에게 빠지지 않고 복숭아 분말을 처방한다고 한다.

(2) 노란색 음식(yellow/orange/brown)

① 노랑(yellow) : 태양의 금빛 노랑은 빛나는 생명력을 상징하는 색이다. 그것은 지성

이 강화된 활력을 나타낸다. 그래서 노랑에너지를 많이 가진 사람은 새로운 아이디어를 찾는데 열성이고, 그것들을 다른 이에게 전할 수 있다. 또한 행복하고 명랑하며 긍정적인 견해를 가지고 열심히 일상에 임한다. 긍정적인 사고를 하는 덕분에 건강을 유지하고 방어력을 방출하게 되는 것이다. 금색과 노랑 음식은 따뜻하고 줄거운 분위기를 내며 신맛과 달콤한 맛을 동시에 느끼게 하여 식욕을 촉진시키며 시각적으로 음식의 맛을 향상시키는 역할을 한다. 정신을 고양시키고 긍정적이고도 행복한 태도를 함양하고 좋은 유머 감각을 북돋우는 데 도움이 된다. 또한 신경계를 고양하고 뇌에 영양을 공급함으로써 정신기능을 고무하고 기억력을 증진시키는데 도움을 준다.

② 주황(orange) : 주황은 달콤한 맛과 부드러운 맛을 강하게 느끼게 하며, 깊이가 있는 색으로 깊은 맛을 느끼게 한다. 특히 식욕을 돋우고 소화를 촉진하는 데 좋다. 주황에너지가 풍부한 사람은 식욕이 왕성하고 소화력도 좋고 면역체계 역시 강하다.

③ 갈색(brown) : 맛이 가장 강하며 향도 진한 색이다. 조리된 음식의 색으로 색이 진할수록 칼로리도 높고 맛도 진하다.

(3) 초록 음식(green)

초록은 에너지의 조화를 이루는 색깔이므로 일상적으로 먹는 음식을 통해 섭취하는 것이 매우 중요하다. 초록의 음식들은 신체의 조화를 유지해 주며 용해성 섬유질의 좋은 공급원이 된다. 녹즙은 피의 독소를 정화하고, 림프계의 기능을 돕는다. 또한 혈압을 안정시키고, 산과 알칼리의 농도를 조절한다.

① 초록(green) : 신선한 채소나 과일을 연상시키며 밝은 초록은 신선함 때문에 상큼한 맛을, 어두운 초록은 쓴맛을 느끼게 된다. 초록이 노랑과 배색되면 신 맛이, 갈색과 배색되면 텁텁하고 쓴맛이 연상된다. 몸은 알카리성으로 만들어 주는 기능을 가진 녹색 채소와 식물은 천연 섬유질의 원천이다. 이것은 즙은 잠재적인 해로운 노폐물을 씻어냄으로써 몸을 정화하고 해독하는 작용을 한다. 초록음식은 체내의 혈압과 산 및 알칼리 수준에 뛰어난 효과를 발휘한다. 부기를 가라앉히기 위해 초록 음식들을 먹을 때는 입으로만 먹는 것보다 눈으로도 먹어야 효과가 배가된다. 녹색 풀은 치유성을 가지고 있는 덕분에 수천년 동안 사용되어 왔다.

(4) 흰색 음식(white)

담백한 맛과 짠맛을 느끼게 한다. 흰색을 배경으로 음식을 담으면 음식의 색을 원색으로 반사시켜 식욕을 느끼게 만든다. 특히 흰색은 깨끗하고 위생적인 느낌을 주무로 붉은 계통의 색과 더불어 음식점의 실내 장식 및 접시배열에 좋다. 흰 식품재료는 우리의 주요한 에너지원이며, 심신의 안정에 빠뜨릴 수 없는 식품재료이다. 화이트의 식품은 모두 식품의 베이스가 되어 심신을 함께 정화해 자기치유력을 높이는 효과가 있어 두부나 두유 같은 콩류 음식은 집중력과 학습의욕을 높여주는 효과까지 있다.

(5) 검은 음식(black/purple)

검정과 보라 계통의 음식들은 몸의 열을 가라앉히고 안정을 주는 효과가 있다. 숙면을 돕고, 뇌가 극도로 자극을 받아 흥분했을 때 진정작용을 한다. 또한 검정계열 음식이 내뿜는 에너지는 뇌의 아래층에 위치한 송과선에 의해 영적이고 창의적인 신체부위에 자양분을 공급하는데 필요하다. 보라의 음식을 많이 섭취할수록 내면적 지식이나 직관력을 강화시킬 수 있다.

① 검정(black) : 고급스럽고 모던한 분위기를 연출하나 쓴맛과 부패한 느낌을 주며 음식의 맛을 제대로 느낄 수 없게 하는 경향이 있다. 검정은 자연상태에서 모든 빛을 흡수하는 색이다. 빛은 곧 에너지이기 때문에 모든 빛의 형태를 받아들인 동물이나 식물이 다른 색깔보다 인간에게 많은 도움을 준다. 삼국 통일의 위업을 달성한 신라 화랑은 검정깨를 포함한 7가지 곡식을 수련 중에 즐겨 먹었을 정도로 검정식품의 역사는 길다. 건강하고 활력있게 살고 싶은 사람은 검정식품을 애용하는 것이 좋다고 한다. 한방에서는 검정 식품을 다른 색의 식품보다 최고로 취급한다. 검정은 오행에서 물에 해당하며 계절로는 겨울이고 방향으로 보자면 북쪽을 상징하여 신장과 방광의 기운과 연결된다. 따라서 검정식품은 신장의 기운을 향상시킨다.

② 보라(purple) : 신비롭고 독특한 느낌이 있지만 음식의 색으로는 포도나 블루베리 같이 달콤한 맛이 연상되는 것이 아니라 쓴맛과 동시에 음식이 상한 느낌을 준다. 색상의 미각 표정은 질감과 일체가 되어 매력을 더하여 가지나 포도의 색이 매력적인 것은 그 질감이 보라를 살려주기 때문이다. 일상의 식생활에서 빨강, 갈색을 띤 식품에는 녹색 계통을 첨부하면 식욕을 촉진시킨다. 즉, 토마토나 당근의 빨강은 녹색의 파슬리나 양상추에 의해 신선하게 보이는 효과가 있다.

▌식품중의 색소와 조리에 의한 변화▐

분류		색소명	소재	조리, 가공상의 특질
식물성식품	지용성	chlorophyll	엽채류 일반	녹색 식물에 있는 녹색색소 물에 부화성 70℃에서 선록색, 산의 작용으로 녹색 소실 Cu^{++} Fe^{++}의 치환으로 녹색 안정
		carote noid	당근, 호박, 고추, 토마토, 고구마	황·적색의 색소, 채소튀김, 복음 등에 용출, 색은 열에도 안정
	수용성	anthocyanin	적순무, 자소잎, 캐비지, 가지, 생강, 포도	수용성, 산에 적색(Ph3.0), 알카리에 청(Ph11.0) 자 (Ph8.5) 과실, 채소의 적자색, Fe, Su, Al에서 안정된 청색 매실색, 가지색 보존에 응용
		fravone	귤껍질, 고사리, 양파, 차, 대두, 밀	많은 식물에 함유, 무색, 황색의 색소, 귤의 고미 원인산에 안정 , 알칼리에서 황색, 철감에서 녹-황
		tannin	커피, 코코아, 사과, 감, 연근, 우엉	사용수 , 용기, 칼 등의 철이온 작용하면 갈색-흑색 가열에 의해 촉진
		catechin	녹 차	식물중 널리 분포, 무색이며 쉽게 산화 녹색의 고미, 지미의 성분
		chlorogenic acid	커피콩, 우엉, 쑥갓, 머위	거의 모든 식물조직 내에 존재, 무색에 가깝다. 알칼리 용액중에서 자동 산화되어 녹색이 됨
동물성식품		myoglobin carotenoid	육류, 게, 새우, 문어, 난황	육색소의 미오글로빈이 산화하면 적색에서 갈색으로 변함, 햄, 소시지의 적색은 아 철염 , 니코틴산 아미드 첨가 때문. 새우, 계의 변색은 60℃ 이상에서 진행, 아스타키산찐(암청색) → 아스타신(적색)

▌색채 선호도 타입에 따른 이미지 분류▐

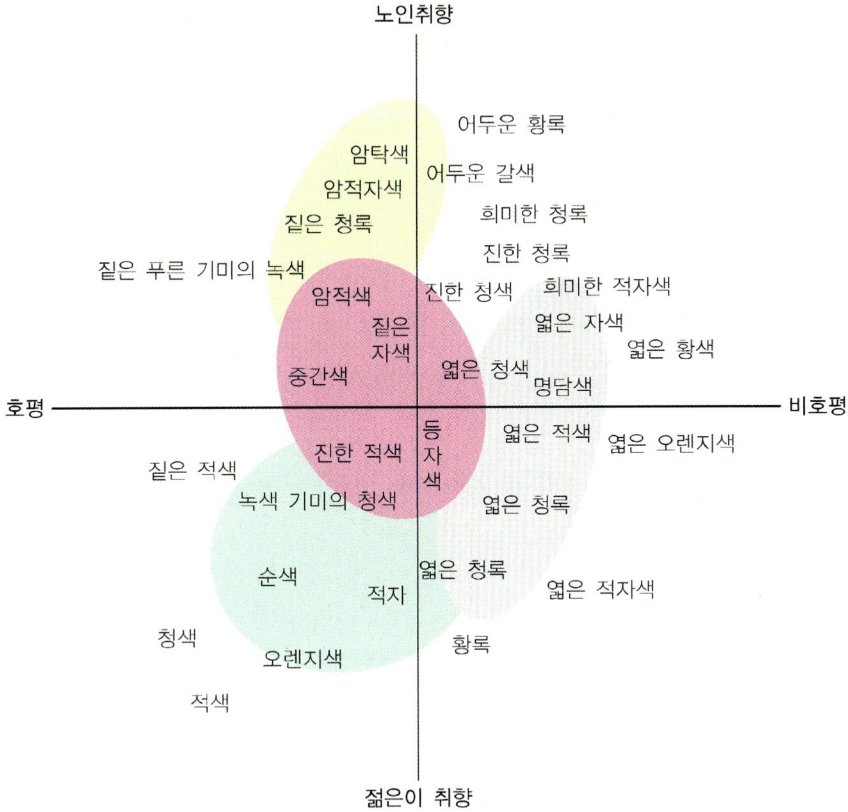

2) 곁들이 또는 찬(Side dish)

채소는 주로 찬과 샐러드, 뜨거운 채소요리 등 다양하게 사용되며 오늘날에는 채소 자체가 주 요리가 되기도 한다. 앞으로는 더욱 더 각광을 받게 될 것이다. 아무튼 채소나 기타 찬류는 음식에 있어서 맛과 멋을 증진시키고, 육류와 곡류는 산성식품으로 이를 중화시키기 위해서도 채소는 많이 섭취하는 것이 좋다. 또한 음식의 색상조화는 물론 영향적인 면에서도 아주 귀한 것으로 연구를 거듭해야 할 귀중한 부분이다.

양식에는 음식에 영양과 색상조화를 자연스럽게 만들어 주는 핫 가니쉬가 있고, 한식이나 동양식에는 찬 종류가 있다. 이와 같이 동·서양을 막론하고 본 요리와 곁들이가 서로 조화롭게 구성되어 있는데, 이를 어떻게 맛있고, 멋스럽고, 영양적으로 조화를 이루느냐가 메뉴의 성공에 기여한다.

제3절 메뉴기획을 위한 기본방향

어떻게 성공할 것인가?

수많은 식당과 일일이 헤아릴 수 없이 많은 음식과 메뉴 그리고 곁들이, 찬, 후식 과연 무엇으로 승부를 걸 것인가? 식당을 성공시키려면 메뉴와 관련된 생산시설이나 서비스 수준과 기술, 상품의 품질, 이를 위한 설비 및 메뉴의 특성과 다양성 등 많은 것들이 총망라되어 고객의 욕구를 그 시대에 또는 그 환경에 맞게 매치시키는 것이 성공의 열쇠인 것이다. 급변하는 시대적 조류에 앞서 음식의 변화도 무궁무진하여 자칫 사업이 난관에 부딪히기도 하는데, 이럴 때마다 어떻게 극복할 것인가? 사전에 연구되지 않고 끊임없이 변화하지 않으면 많은 문제를 안게 된다.

1. 메뉴기획 수립을 위한 첫 단계

1) 식당사업정책, 목적을 수립한다.

식당의 사업정책 목적을 기획하는 것은 다음과 같은 의사결정을 필요로 한다.

① 어떤 음식점을 할 것인가?

② 어느 연령층을 대상으로 할 것인가?

③ 메뉴는 무엇으로 할 것인가?

④ 연간 몇 일을 영업할 것인가?

⑤ 식당분위기는 격식을 중시할 것인가?

⑥ 편안하게 할 것인가?

⑦ 기대수익은 아침, 점심, 저녁시간에 대해 어떻게 배분할 것이며, 음료와 식료의 비율은 어떻게 배분하여 운영할 것인가?

정상적인 매출과 특별 행사 등 다른 마케팅을 펼칠 것인가? 등을 기획해야 한다. 여기에 따라 영업시간 결정 및 인원배치를 구성하게 된다.

2) 정책수립을 위한 정보수집

식당의 정책수립에 있어 가장 중요한 것은 소비자의 생활지수, 원가, 식당이 입지한 노동시장 여건과 시장정보이다.

(1) 소비자 정보

메뉴기획은 사업의 성공을 위한 것이다. 그러기 위해서는 식당의 제품과 식당의 유형은 물론 고객을 알지 못하면 안 된다. 식당의 형태를 어떻게 할 것인지 매우 중요한데, 예를 들면 고객의 욕구충족면에서 한식당인지, 한식당이라면 일반 식당인지 한정식인지, 양식당이라면 프랑스, 이탈리아, 유럽풍인지 일식인지, 중식인지 또는 카페인지, 전문 식당인지를 먼저 선정하고 선정되었다면 어느 위치에 식당을 만들 것인지, 고급식당이라면 높은 빌딩에 전망이 좋은 곳이라든지, 한정식당이라면 편안하고 아늑한 곳이라든지, 메뉴기획에 있어서 중요 요소들이다. 뒤에서 더 세분화하여 하고 어쨌든 고객을 떠나서는 의미가 없다. 일상생활의 변화에 따라서 사업자, 10대, 자동차 여행자, 관광객, 직장여성, 노년층, 쇼핑객 및 모든 계층에 골고루 분산되어 있는 다양한 고객층에 대해서 소득수준, 노동의 종류, 조직계통, 인종, 출신지역이나 그들이 거주하는 곳과 식당과의 거리 등에 관한 정보를 가져야 한다.

① 인구통계적 분류에 의한 정보수집
② 연령 : 메뉴와 양식당 시설, 분위기 등을 결정
③ 소득 : 식사의 질 결정
④ 직업 : 식당시설과 메뉴 및 서비스 유형 결정
⑤ 결혼이나 가족사항
⑥ 종교적 배경 : 특별 행사 수요예측, 금기사항을 알기 위한 정보
⑦ 사회경제적인 흐름과 지배적인 사상

(2) 지리적 여건

① 판매구역이나 식당에의 접근성 평가
② 인구 : 현재적 및 잠재고객 및 유입고객
③ 입지 : 상업지구, 교육지구, 관광지구, 풍광지구, 주택지구

④ 교통 : 교통의 접근성이 용이한 곳, 또는 주차시설이 좋은 곳

⑤ 기후 : 비, 눈, 지진, 냉, 온, 열, 계절의 변화

⑥ 거주지 상황, 지역의 경향

2. 소비시장의 환경

1) 산업별 소비시장의 주요 변인과 특징

(1) IT 상품

① 기능, 사이즈 중심에서 하이터치가 강화된 상품으로 진화

② 물리적 결합에서 화학적 결합방식으로 복합화 자체가 고도화

(2) 문화상품

재미의 근원이 복고와 휴머니즘에서 '환타지' 중심으로 전환

(3) 서비스 상품

초고속 인터넷의 경우처럼 빠르고 간편함을 고품질 서비스의 기본요건으로 인식

(4) 식품, 생필품

감각적 자극 또는 웰빙식품을 선호

(5) 제조상품

명품에 대한 동경과 모방심리를 자극한 변형상품의 출현

3. 소비시장의 트렌드

1) 생활환경의 변화

(1) 생산중심사회에서 소비지향사회로의 변화

국민소득 증대 ⇒ 소비미학 분위기 형성

(2) 세대 구성의 변화

신세대 출현, 노령인구 증가 ⇒ 새로운 트렌드 및 라이프 스타일을 낳는 직접적인 원인

(3) 생활관의 변화

'물질주의적 생활관' ⇒ 자아실현과 같은 '탈 물질적 생활관'으로 변화

(4) 새로운 라이프스타일의 출현

가족형태가 점차 다양화 ⇒ 싱글, 소가족화

2) 삼성경제연구소의 소비트렌드

① 오감소비 : 다양한 욕구, 재미 추구

② 리얼타임(real time)소비 : '빨리', '동시에', '바로바로'를 중시

③ 개중(個衆)소비 : 개인소비와 집단소비가 공존 즉 개성과 대중성 결합

④ 스마트소비 : 지출의 최소화 효용성은 극대화

⑤ 릴렉스(relax) 소비 : 본질로의 회귀

4. 소비시장의 환경변화

1) 환경변화

① 경제환경의 분화 ⇒ 소득계층의 양극화 현상

② 소비집단의 재편 ⇒ 고령화, 자녀수 감소, 미혼증가, 이혼증가

③ 소비자주권의 신장 ⇒ 소비자권리 강화를 위한 정책

④ 와해성 기술의 확산 및 상용화 ⇒ 유비쿼터스(ubiquitous) 시대 도래

⑤ 글로벌 문화의 확산 가속 ⇒ 정보공유의 동시성이 심화되고 문화를 공유

2) 국내 소비시장 변화의 요인

① 경제적인 요인 ⇒ 소득 양극화가 소비의 양극화

② 환경적 요인 ⇒ 질적 풍요를 추구

3) 소비시장 양면성의 4대 요인

① 경제적 요인 ⇒ 소득양극화가 양면적 소비행태를 가속화

② 기술적 요인 ⇒ 디지털화에 따라 소비자의 지적 능력이 성숙

③ 사회심리적 요인 ⇒ 글로벌화가 급진전됨에 따라 타문화 수용성이 증가

④ 인구통계적 요인 ⇒ 가족수의 감소와 고령화 등에 따라 라이프스타일이 변모

4) 3가지 양면적 소비트렌드

① 집단소비와 개인소비 ⇒ 집단적인 소비와 개인적인 소비가 동시

② 유목성향과 정착성향 ⇒ 기술발달로 인해 모바일커머스, 디지털화시대의 양면성

③ 이성소비와 감성소비 ⇒ 합리적 소비인 이성소비와 이미지와 지적인 측면을 중시하는 감성소비가 동시에 공존

5) 소비시장 변화의 대응

① 소비트렌드의 변화를 정확히 읽고 기회를 선점

② 국내시장의 글로벌화에 대한 대응이 요구

③ 빠르게 변화에 대응하기 위해 유연한 경영체계 필요

④ 소비에 대한 사회적 책임을 강조

5. 메뉴소비시장의 전망

① 메뉴소비자의 트렌드 변화에 부응한 메뉴상품 ⇒ 경쟁력 지님

② 능동적 체험 ⇒ 여가활동의 촉진

③ 반(半)제품 성향 ⇒ 반 조리식품이 선호될 전망

④ 컨시어지(concierge)서비스 ⇒ 담당 서비스맨이 지정되어 고객성향 파악

⑤ 파티문화의 성숙 ⇒ 파티산업과 케이터링 서비스(catering service)의 고성장

⑥ 가치지향적 ⇒ 개인주의와 더불어 공동체적 사회지향

⑦ 경영체제의 감성화 ⇒ 고객 감성과 니즈를 심도 있게 분석

⑧ 서비스의 R&D ⇒ 과학적인 R&D가 필요

| 21세기 식생활의 변화 |

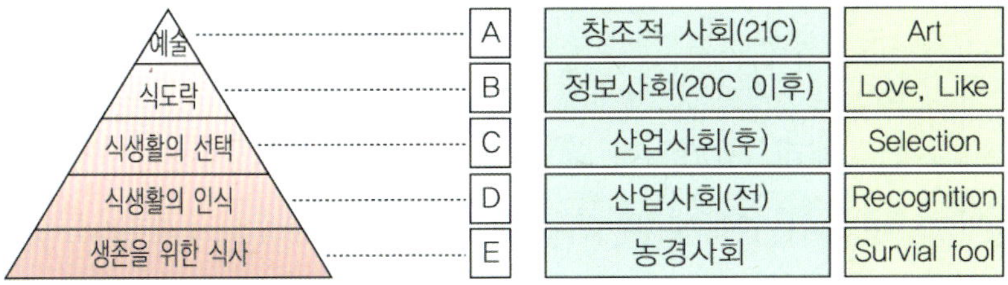

6. 메뉴기획에 고려해야 할 사항

메뉴를 잘 기획하여 사업을 성공시키는 것이 이 책의 핵심이며 사업자나 조리사가 명심해야 할 지침이다.

① 사회의 흐름을 읽어야 한다. 그리고 그보다 약간만 앞서가야 한다.

② 메뉴 전체의 일반적인 특성

③ 메뉴품목에 대한 수요 : 고객을 분석하고 그 결과 구매할 것으로 기대되는 품목의 식료를 맛과 외양, 요리 및 종류별 관점에서 찾아본다.

④ 품목의 공급가능성 : 원재료 시장의 공급여건을 고려한다.

⑤ 메뉴로 채택될 식료의 상품화 가능성을 고려한다.

⑥ 서비스의 형태에 맞는 메뉴디자인과 내용을 구상한다.

⑦ 요리품목을 단순하게 할 것인지 다양화할 것인지 결정한다.

⑧ 조리사들의 숙련도를 고려하고 이에 따르는 기술지원이나 설비 증원 등을 고려한다.

⑨ 각 품목의 판매가격 수준을 고려한다. 표준고객의 능력에 맞는 상품가격이 되도록 기획된 품질에 충실한 메뉴이어야 한다. 그만큼 합리적인 적정가격은 많은 경쟁적인 식당 중 특정 식당을 이용하는 중요한 이유 중 하나로 작용한다.

⑩ 판매 믹스와 코스트 믹스도 총이윤의 증대를 위한 것인 만큼 이것을 결정하기 전에 미리 각각의 대체적인 믹스안들에 대한 결과가 연구되어야 한다.

⑪ 이와 같이 메뉴가 결정되면 경영자나 주방장은 메뉴의 디자인과 양식을 구상한다.

⑫ 메뉴기획에는 영업장의 특성에 맞게 조화된 데코레이션도 함께 고려되어야 한다.

⑬ 메뉴의 품위, 인쇄 및 용지의 품질이 영업장의 분위기에 어울려야 한다.

7. 균형 있는 메뉴계획

식당관리의 근본적인 목표는 사업체의 영업규모와 서비스의 형태에 알맞은 적정한 식료를 알맞은 가격에 제조, 판매할 수 있도록 기획하고 관리하려는데 목적이 있다. 예를 들면, 전채, 수프, 채소, 빵, 본요리 후식, 음료 등 요리의 코스로 혹은 메뉴품목의 결정순서로 보았을 때 본요리가 가장 우선적으로 결정되어야 한다. 식사코스 중 흔히 원가 포션이 큰 본요리 품목은 고객이 가장 관심을 갖는 것으로 위 재료와 중복되지 않으면서 조화롭게 기획되어야 한다.

① 메뉴가 균형을 유지하려면 먼저 각 군별로 선택된 품목들의 총화가 필요한 영양소들을 고루 갖추고 있다면 균형있는 메뉴가 될 수 있다.

② 식음료 품목들 간의 색상의 조화가 식욕과 구매의욕을 촉진할 수 있다.

③ 맛과 향기가 하나의 전체 식사코스로 보아 균형이 있어야 한다.

④ 요리의 모양도 질감도 가능하면 중복을 피하고 다양하게 하는 것이 흥미를 자극할 수 있고 식음료 구매를 만족스럽게 하는 데 기여한다.

⑤ 각 메뉴군별 수익성이나 폭이 똑같게 되기는 어렵지만, 메뉴믹스를 통해 각 메뉴군 간의 원가 차이나 수익성 차이가 상호 보완될 수 있다면 식당경영 목표에 대해 균형 있는 메뉴가 될 수 있다.

❙ 균형있는 메뉴계획의 수립 ❙

◆ 메뉴 구성상의 유의점

1. 정확한 순서에 입각하여 제공되어야 한다.
2. 냉 전채는 가볍고 소량이어야 한다.
3. 생선 다음에 육류요리가 제공되어야 한다.
4. 흰 살코기는 붉은 살코기 앞에 제공된다.
5. 삶은 요리는 튀김요리와 오븐에 구운 요리보다 먼저 제공된다.
6. 동일한 조리방법은 반복하지 않는다.
7. 항상 신선한 계절식 재료를 이용한다.

◆ MENU의 기대와 만족도

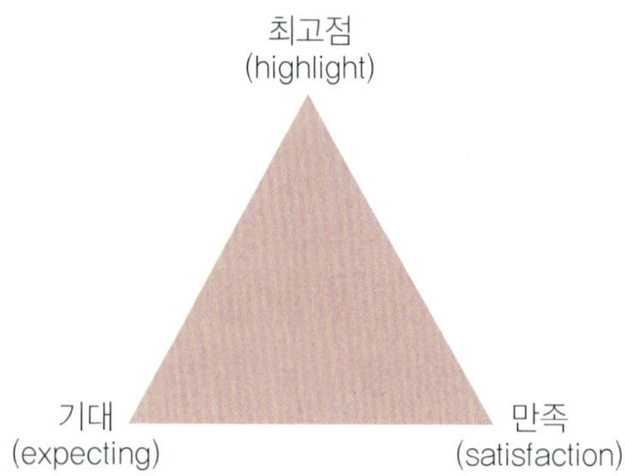

8. 메뉴의 다양성 수립

1) 메뉴의 다양성

메뉴의 다양성은 상품으로서 요리 특성의 다양화 관리적 측면에서의 다양성으로 나눠서 고려하는 것이 좋다. 메뉴의 다양성을 어느 정도로 할 것인가, 그것이 세일즈 어필되기에 충분한 수준인가 혹은 소정의 메뉴믹스나 대체안이 수익성이 있는 것인가에 관련된 의사결정을 요한다. 이때 평가요소로는

① 생산이나 조리에 소요되는 노동력과 노동시간

② 설비요건이나 그 이용률

③ 단위크기

④ 색, 질감 등의 양과 가격 등이다.

또 다른 측면에서의 다양성은 서비스의 내용 자체에 대한 평가체계를 의미하기도 한다. 즉 식당이 고객에게 무엇을 줄 것인가에 대하여 관심을 갖는 세분시장에서는 음식에서 재미를 느껴 기분전환 요인 등이 조화될 수 있을 때 그것을 고객만족으로 유도 할 수 있다.

2) 요리 측면에서의 다양성

요리의 다양성이란 메뉴가 요리의 종류, 각 식료그룹의 선택폭, 요리방법과 모양, 서브될 요리의 온도, 시기적 및 계절적 감각 등의 다양한 특성들에 대해서 어느 정도 선택폭을 잠재고객들에게 줄 수 있는가 하는 측면이다. 요리방법에 있어서도 굽기, 찌기, 삶기, 지지기 등 많은 기법이 동원되는 것이 좋고, 모양면에서도 조각 낸 것, 거품 낸 것, 각진 것, 얇게 썬 것, 갈은 것 등을 총망라하면서도 세련되고 우아하고 맛깔스럽게 만들어져야 한다.

▌완성된 음식의 외형(appearance)을 결정하는 요소▐

음식의 크기	음식의 형태	음식의 색
음식 자체의 적정크기	전체적인 조화	식재료 고유의 색
그릇 크기와의 조화	식재료의 미적 형태	전체적인 색의 조화
1인 섭취량 및 경제성	특성을 살린 모양	식욕을 돋우는 색

9. 메뉴분석방법

새로운 사업을 하기 위해서는 새로운 메뉴 아니면 체인점 또는 같은 음식을 하더라도 메뉴분석을 거쳐서 영업을 하는 것이 좋다. 그리고 영업을 해가면서도 메뉴 In-Out 과정에서 필요한 것이 메뉴분석이 필요하며 그때에 맞는 메뉴로 성공을 하도록 만들어 가야 한다.

다음은 학자들의 메뉴분석 방법이다.

1) Jack E. Miller의 원가/매출량 분석방법

식재료 비율과 매출량의 상관관계를 고려하여 메뉴를 분석하는 방법

2) M. Kasavana와 D. Smith의 수익성(공헌이익)/선호도(판매량) 분석방법

Menu Engineering이라는 체계화된 메뉴분석 프로그램기법으로 수익성(공헌이익)과 선호도(판매량)가 높은 메뉴의 상관관계를 나타내는 분석방법

3) David V. Pavesic의 원가율/수익중심 분석방법

총수익과 식재료 비용의 상관관계를 고려하여 메뉴를 분석하는 방법

4) D. Hayers & L. Huffman의 순이익 중심분석방법

표준순이익을 계산하고 이것을 각 아이템들의 순이익과 비교하여 그 결과 높고 낮음을 판단하여 메뉴성과를 분석하는 방법

5) 허스트 메뉴 분석법(Hurst Method or Menu Scoring)

가격의 변화, 원가, 인기도, 이익공헌도 등 판매에 미치는 영향을 측정하였으며 메뉴가 추가, 삭제 또는 가격이 조절되었는지 등의 메뉴의 변화를 확인하기 위해 고안

6) SWOT 분석법

SWOT 분석법은 각 사업단위나 메뉴 아이템의 강점과 기회를 살릴 뿐만 아니라 위험 요소들을 최소화시킬 수 있는 분석방법

7) ABC 분석방법

대부분의 레스토랑들이 가장 많이 사용하는 간단한 분석방법으로 메뉴 아이템의 20%가 전체매출의 80%를 차지한다는 20:80법칙을 적용하는 분석기법이다.

10. 메뉴평가

메뉴평가는 경영활성화를 통한 매출증대 및 수익창출, 고객만족이라는 외식사업의 궁극적 목표를 달성하기 위한 하나의 과정

11. 메뉴분석과 평가의 활용

메뉴상품의 실용적 평가는 메뉴상품이 인간의 욕구, 필요를 충족시켜 줄 수 있는 실용적인 가치를 설정하는 것으로 우질성, 내구성, 쾌적성, 보존성 등을 들 수 있다.

메뉴상품의 평가요인

	평가요인	내 용
실용적 측면의 메뉴상품	우질성	음식의 질, 음식의 양, 음식의 맛, 식재료의 신선도
	내구성	선호도 있는 메뉴의 종류와 수
	쾌적성	음식 코디, 음식색상, 접시의 청결, 음식온도, 향, 농도
	보존성	음식질의 일관성, 용기의 적절성, 적절한 저장창고
사회적 측면의 메뉴상품	운반성	메뉴의 신속성, 배달가능성
	적가성	메뉴가격, 질과 가격과의 조화, 가격경쟁력
	대체성	메뉴의 다양성, 메뉴종류, 후식의 종류, 메뉴교체 주기
	독점성	어린이메뉴 유무, 후식제공 유무, 한정판매 메뉴 유무
	공지성	유명메뉴 종류, 메뉴해설, 메뉴북의 기능, 메뉴북 디자인
	희소성	특별메뉴 종류, 계절메뉴 유무, 신소재 식재료의 사용정도
	무공해성	건강메뉴 유무, 다이어트 메뉴 유무, 청결

12. 메뉴엔지니어링

1) 메뉴엔지니어링의 정의

메뉴엔지니어링이란 레스토랑의 경영자가 현재 또는 미래의 메뉴를 평가하는데 활용될 수 있도록 단계적으로 체계화시킨 평가의 절차

▣ **메뉴엔지니어링 방법을 위한 주요 요소**

▷ 고객수요(customer demand)-고객수요는 식음료를 구매한 고객의 총수로 파악

▷ 메뉴믹스(manu mix ; MM)-수요의 탄력성 개념과 관련시키면서 각각의 메뉴품목에 대해 이를 선정하는 고객의 선호도를 분석

▷ 공헌이익(contribution margin CM)-가격의 탄련성과 관련시키면서 각 메뉴품목별 공헌이익을 단위당 원가나 이윤으로 파악하기보다는 총이익의 관점에서 분석

2) 메뉴엔지니어링의 목적

매출에 대한 위험성이 적은 안전한 메뉴를 개발하는 것

3) 메뉴엔지니어링의 절차

메뉴엔지니어링 모형에 따른 메뉴분석을 위해서는 준비단계 → 기초자료의 확보 및 정리 → 메뉴엔지니어링 매트릭스 분석 → 분석에 따른 의사결정

4) 메뉴엔지니어링의 방법

▌메뉴엔지니어링 4분면 분석▐

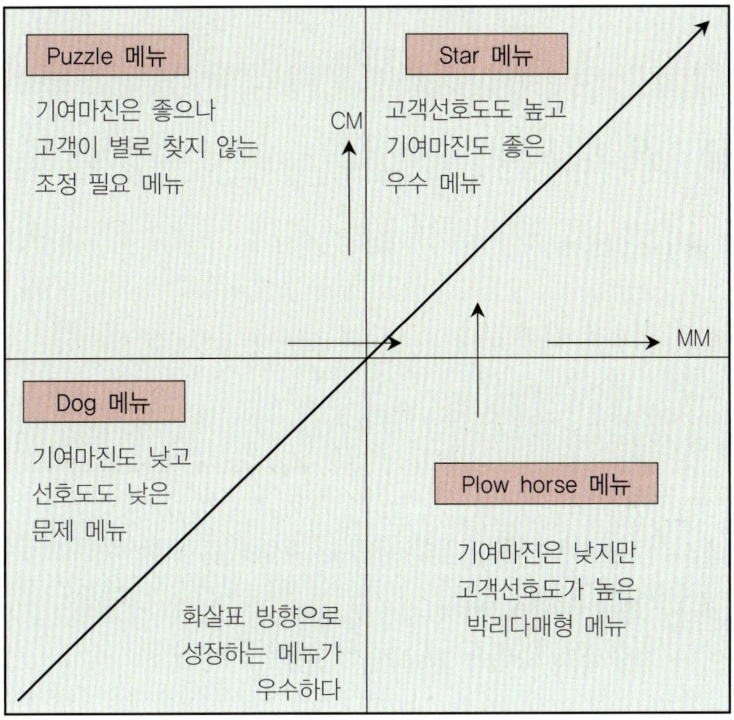

5) 메뉴엔지니어링 결과의 해석

① Star : 분석된 메뉴 중 가장 인기 있고 수익성이 큰 아이템

② Plow horse : 메뉴품목들은 비교적 대중성 있는 메뉴이지만, 인기도에 비해 공헌이익이 낮기 때문에 메뉴의 단위당 평균공헌에도 못 미치는 제품

③ Puzzle : 대중적인 인기는 적으나 높은 공헌이익을 창출시키는 아이템으로 Dog 품목보단 낫지만 여전히 바람직한 상태에는 못 미치는 제품

④ DOG : 인기도가 낮고 공헌이익도 매우 작은 메뉴그룹으로 손실발생 품목이다.

제4절 메뉴상품의 개발전략

1. 메뉴상품 개발의 전제

메뉴개발과정은 아이디어 창출단계에서 판매단계까지 신메뉴와 관련되어 이루어지는 일련 활동들의 집합이다.

2. 메뉴상품 개발과정

1) 메뉴상품 개발의 중요성

① 유휴 자원의 활용을 위해
② 사업 범위를 확장하기 위해
③ 계절변동에 대처하기 위해
④ 부가적으로 발생되는 제품 및 서비스를 활용하기 위해
⑤ 새로운 고객의 획득과 기존고객의 판매를 증대하기 위해
⑥ 새로운 경영정책의 모색을 위해
⑦ 특정 설비나 기술상의 숙련을 활용하기 위해
⑧ 기존 상품의 이미지를 상쇄하기 위해
⑨ 경쟁에 대처하여 업계에서의 선도적 위치를 확보하기 위해
⑩ 보다 좋은 메뉴상품을 고객에게 제공하기 위해

2) 메뉴상품 개발과정

① 아이디어의 창안 ⇒ 새로운 아이디어에서부터 출발
② 아이디어 심사 ⇒ 각 아이디어의 평점표를 만들어 개발 가능한 방향으로 검토
③ 메뉴컨셉의 개발 · 시험 ⇒ 심사과정을 거친 메뉴아이디어를 상품개념으로 전환

④ 사업성 분석 ⇒ 미래의 판매 잠재력, 비용, 이익을 사전에 측정해 보는 과정

⑤ 메뉴상품 개발 및 시장시험 ⇒ 새로운 아이디어를 상품화하여 상업적 · 타당성을 검토

⑥ 상품화 ⇒ 기존상품계열에 추가되거나 새로운 상품계열이 형성되어 생산

3. 메뉴상품 개발전략

1) 전략의 본질

(1) 전략의 개념

전략이란 '개인이나 조직이 환경에 적응하면서 목표달성을 위해 해야 하는 여러 가지 활동에 그들이 가진 자원이나 능력을 할당하는 과정'

(2) 경쟁 전략의 유형

① 원가 우위 전략(overall cost leadership strategy) : 제품의 원가나 비용상에서 경쟁우위를 확보하는 것으로 원가절감과 높은 효율성에 의해 낮은 원가를 달성하는 전략

② 차별화 전략(differentiation strategy) : 고객이 원하는 가치에 대해 품질, 서비스 기술 등 무언가 다른 기업과 다른 특성을 확보하고 시장세분화를 통해 경쟁사와 구별짓는 전략

③ 집중화 전략(focus strategy) : 기업의 목표에 부합되는 세분화된 일부 시장만을 목표로 자원과 노력을 집중하는 전략

2) 신상품 개발전략의 연구

(1) 신상품의 성공요인 분석

신상품 성공에 관한 연구는 성공한 신상품에 나타나는 공통적인 요인을 파악하고, 신상품 성과를 극대화하기 위해 이들 요인을 효과적으로 관리하는 방안을 제시

(2) 신상품 실패요인 분석

신상품의 성과를 극대화하기 위해서는 실패한 신상품에서 나타나는 공통적인 요인을 파악하여 이들 요인을 제거하는 것이 절대적으로 필요하다는 것에 근거를 제시

(3) 신상품 성패의 결정요인 분석

성공한 신상품과 실패한 신상품을 분리하여 연구하는 것은 다른 한쪽을 간과하는 한계점이 있어 이러한 한계점을 극복하기 위하여 성공한 신상품과 실패한 신상품을 함께 연구하여 성패를 가름하는 요인을 파악하여 방안 제시

(4) 선행연구의 피드백

① 고객욕구에 대한 정확한 인식을 통해 자원 집중화와 차별화된 메뉴상품을 개발
② 충성고객들의 지지를 얻을 수 있는 마케팅활동의 전개
③ 시장요구의 방향, 마케팅 성향, 마케팅 파급효과 등을 다각적으로 검토
④ 신상품 개발활동의 효율성, 시장조사 등 일차적 시장평가를 정확하게 실시
⑤ 메뉴상품 개발에 대한 정확한 업무지침을 부여
⑥ 강점이 없는 모방상품, 경쟁기업에 대한 효과적이지 못한 대응, 환경에 대한 고려가 배제된 메뉴상품은 경쟁력에서 결코 이길 수 없다는 것을 인식
⑦ 메뉴개발/마케팅/주방부서간의 시스템적으로 결합하여 시너지효과를 유도

(5) 메뉴상품개발의 전략방안

① 메뉴설계의 기본을 정함
② 메뉴상품개발에 있어서의 기본적인 틀을 제시
③ 고객유형별 차별화된 전략 제시
④ 적극적인 마케팅활동
⑤ 적재적소의 새로운 메뉴상품의 도입전략

■ **메뉴개발에 고려할 요소**

1. 메뉴 전체의 일반적인 특성
2. 메뉴품목에 대한 수요
3. 품목의 공급가능성
4. 명절, 축제 및 특별행사에 대한 사업적 잠재력의 평가
5. 메뉴품목으로 채택될 식료의 상품화 가능성을 고려
6. 서비스의 형태에 맞는 메뉴디자인과 내용을 구상
7. 본요리 품목은 낭비, 도난, 노무비, 생산설비 투자 등을 고려함
8. 숙련된 조리사 및 기술여건, 설비 및 배치 등을 고려하여 설비 및 기술의 활용 극대화함
9. 각 품목의 판매가격 수준을 고려
10. 판매믹스와 코스트 믹스에 대한 결과 연구
11. 메뉴의 골격이 잡히면 메뉴의 디자인과 양식을 구상함
12. 메뉴계획시 영업장과 조화된 데코레이션 문제도 고려해야 함

| 메뉴개발 방향 및 목표 |

전체적인 면	각 업장에 맞는 메뉴개발로 업장의 이미지를 부각시키고 고객의 호응을 유도함으로써 매출향상에 기여함을 기대함
메뉴의 차별화	기존메뉴의 ABC 분석을 통하여 활성화시켜야 할 메뉴와 개선해야 할 메뉴, 새로 변경해야 할 메뉴를 선정하여 매출과 고객만족면에서 실질적으로 기여할 수 있는 메뉴구성을 기대함
개발메뉴의 활용	변화와 다각성이 점점 더 뚜렷해지는 고객의 needs에 따라 기존메뉴 외 스페셜 또는 테마별 특선메뉴 등으로 활용함으로써 고객 본인이 특별한 가치를 느낄 수 있도록 유도 '남과 다른 나'를 외치는 세대와 '고품격'을 원하는 세대들을 겨냥하여 적극 활용
광고효과	시식회 및 평가회를 통하여 평가위원으로 초청되는 고객들의 구전효과 기대, 사보나 홍보물에 이용하여 간접/직접효과 기대
사내효과	사원들의 잠재력을 자극해 자기계발의 계기를 마련하고, 각종 포상과 사보 등에 홍보를 통하여사기를 진취시킴 (기준 : 개발메뉴 2종/업장별, 개선메뉴 1종/업장별)

▌메뉴기획을 위한 5수칙▐

1. 맛있는 메뉴가 인생을 성공시킨다.
2. 무에서 유를 창조한다는 생각을 가져라.
3. 작은 부분을 놓치지 말라.
4. 개발하고자 하는 메뉴를 정확히 선정하라.
5. 포기하지 말라.

▌메뉴기획 및 운영 모형도▐

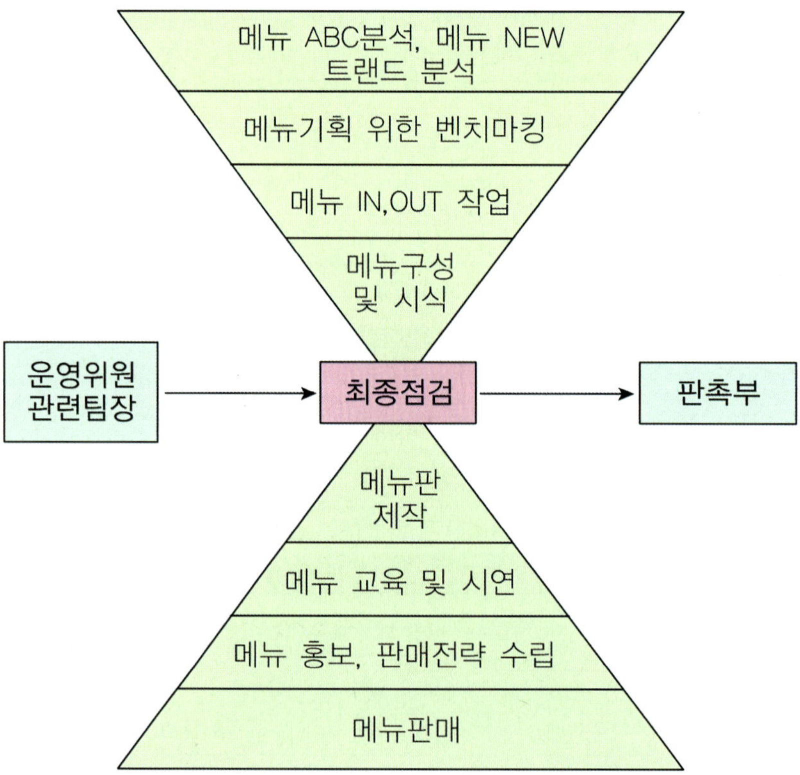

제5절 메뉴개발 process

1. 벤치마킹

메뉴를 개발하다 보면 여러 가지 어려운 난관에 부딪치게 되는데, 이러한 때 다른 회사의 메뉴를 보고 먹어 봄으로써 새로운 영감을 얻어 더 좋은 메뉴를 개발할 수도 있기 때문에 메뉴를 개발하는 사람은 부지런하게 많은 것을 보고 먹어 보아 자기것을 만들고 나아가 새로운 메뉴를 계획하게 되는 것이다.

▣ MENU IN-OUT에 관한 작업과 개발 메뉴 선정에 관한 준비작업

1. 인력구성
2. 업체 및 나라 선정
3. 일정계획
   - 국내 : 1일~2일
   - 외국 : 10일 이상(외국의 경우 현장에 들어가 일을 하는 방향으로 잡는다)

2. 사전 준비와 실행

① 1단계 : 음식 특성과 업체 및 나라의 특성을 인터넷 및 책을 이용 사전 분석한다.

② 2단계 : 현지 도착하여 분석결과를 그 즉시 작성한다. 사전 작업 실시

③ 3단계 : 레시피 작업 및 시연

벤치마킹은 단지 먹어 보러 가는 것이 아니라 어떻게 더 좋은 메뉴를 만들 것인가에 주안점을 두어야 한다.

▌메뉴개발 모형도▐

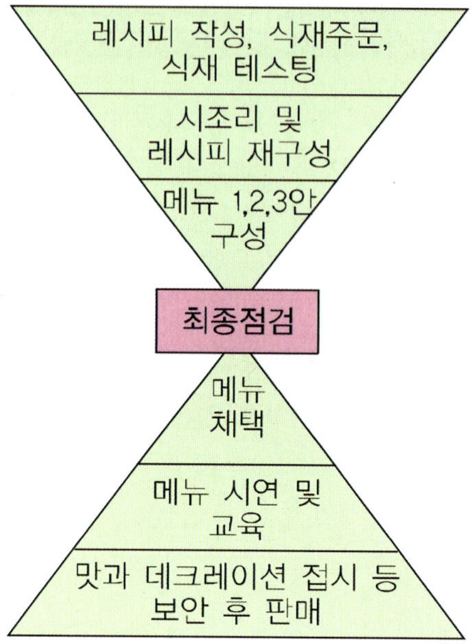

▌MENU의 응용 및 개발 process▐

하나의 메뉴를 탄생시키기 위해서는 모든 가능성을 열어 놓고 만들어 봐야 한다. 그리고 고집스럽게 시도해 보아야 한다. 메뉴를 개발하다 보면 생각하던 것과 아주 다르게 나오는 경우도 있고 의외의 성과를 거두는 경우도 있다. 필자가 모 치킨회사에 소스를 개발하던 중 다음과 같은 운영기법으로 만들어 보았더니 좋은 결과를 얻었다.

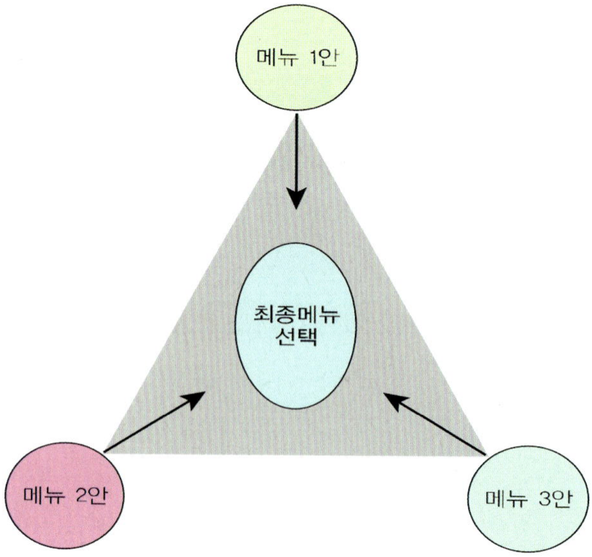

❙ 메뉴개발 방향 ❙

메뉴개발시 고객 Needs와 경쟁력 및 당사의 상황을 종합적으로 고려하여 개발을 실행하며 ABC 분석 등을 통하여 부진메뉴에 대한 원인분석을 실시하여 개발목적/품목을 명확히 함

실행과제

- MAIN MENU
  - 기존 메뉴 품질제고
  - Concept에 맞는 메뉴개발
- PROMOTION MENU
  - Promotion메뉴개발
  - 대체메뉴개발
- BEVERAGE
  - 고객만족도 조사
  - 경쟁사 조사

실행과제

- 개발품목 선정
  - 메뉴개발 목적의 명확
  - 업장 Concept과 조화를 이루는 Item선정
- 경쟁력 조사
  - 경쟁 및 선진업체 고려
  - 국내외 Bench Marking
  - 주방 Capa 및 Lay-out 감안
- 마케팅
  - 고객 Needs 파악

→ 메뉴개발

↓

MENU IN-OUT을 통한 고객만족 메뉴제공/판매증진

❙ 메뉴 프로모션과 메뉴 교체의 구체적 방법 ❙

메뉴를 선정하여 각 업장의 메뉴교체는 2년 주기로 교체한다. 단, 업장의 기본 메뉴와 대표군 메뉴는 존속한다

1. 새해 및 장기적 메뉴 기획(매년 10월 다음 연도 메뉴 프로모션기획)
2. MENU 트랜드파악과 분석 통해 MENU IN-OUT 작업 선정
각 주방장과 합의 도출
3. 메뉴 벤치마킹 및 장소, 인력 구성, 교육 합의도출
4. MENU 재구성 및 레스피 작성
프로모션 시 A군 메뉴 메뉴 삽입
5. 메뉴 1차 만들어 보고 시식
레스피 정정 및 보안
6. 메뉴 2차 시식
가뉘쉬 및 보안
7. 메뉴 3차 확정 시식(관계자)
메뉴구성 및 메뉴판 확정
8. 판매

| 1년 계획표 |

월	연중 식재료에 의한 효과적인 메뉴구성
1월	-제주산, 호주산, 미국산 등 살아있는 바닷가재 재료
2월	-신선한 딸기 판매 -기념일 행사의 특별 메뉴 구성
3월	-봄계절에 맞는 특별 점심 메뉴 구성 -외국 트별 메뉴 프로모션
4월	-봄 계절에 맞는 채소, 과일을 이용한 저녁메뉴 구성
5월	-신선한 아스파라거스 판매
6월	-여름계절에 맞는 점심메뉴 교체
7월	-각 나라별 음식판매 -여름철에 생산되는 식재료 메뉴 구성
8월	-여름 특선 메뉴
9월	-가을 계절에 맞는 점심메뉴 구성
10월	-가을 계절에 맞는 저녁메뉴 구성 -송이버섯요리
11월	-각 나라별 전통음식 판매 -추수감사절 특별 메뉴 판매
12월	-겨울 계절에 맞는 저녁메뉴 교체 -크리스마스/송년 특별 메뉴 판매

메뉴개발 제도 운영안

정기적인 평가위원회 운영으로 메뉴품질제고 및 In-Out을 결정하며 우수 개발메뉴에 대한 판매촉진 및 우수 개발자에 대하여 보상제도를 운영함

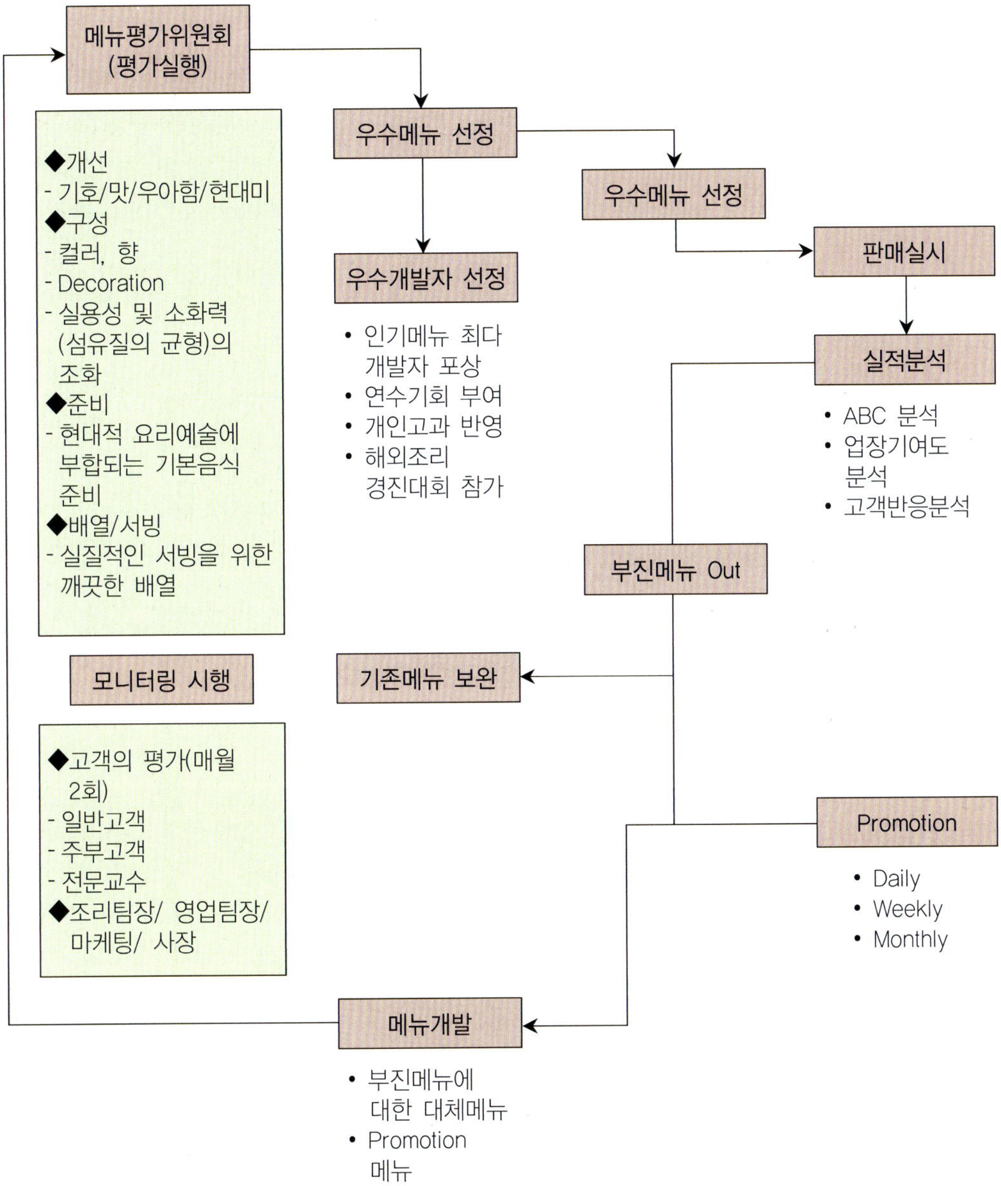

3. 새로운 마인드 요구

하나의 메뉴는 한 회사의 생명이다.

언제나 노력하고 참신한 아이디어를 낼 수 있는 사람들이 대우받는 새로운 경영전략이 필요하다. 이를 위해서 가감한 개혁이 조리계 및 서비스업에 필요하다. 그래서 모든 이들이 먹고 살 수 있어야 하며, 세계무대로 펼쳐질 수 있어야 한다. 외식문화의 새로운 장을 열어 나가야 한다.

▶ 조직에서 메뉴를 묵살하는 경험사례

- 너무 환상적인 메뉴로 현실에 안 맞는다고 말한다.
- 맛이란 서로의 미묘한 차이가 있어 함부로 말하는 것이 아닌데 못을 박아 버리는 사람이 있다.
- "이런 메뉴를 어떻게 서빙하느냐"면서 현실성 없다고 말하면서 묵살한다.
- "이런 메뉴를 어떻게 현장에서 만드느냐"면서 묵살한다.
- "코스트를 맞출 수 있겠어 안 되지"라고 말한다.
- "위생적으로 문제가 발생하지 되겠어"라고 으름장을 놓는다.
- 자기는 가장 열려 있는 사람이라 강조한다.

4. 맛 평가단 구성상 주의점

메뉴를 개발한다는 것은 참으로 힘든 과정의 하나이다. 이렇게 어렵게 진행한 메뉴가 성공하기 위해서는 신중해야 한다. 맛을 평하는 사람은 자신을 먼저 돌아보고 겸손과 겸허한 마음 자세로 임해야 한다. 맛을 보는데 참여해야 되는지 아닌지를 알고 자신의 컨디션이나 여러 가지를 스스로 결정하여야 모든 이에게 피해를 주지 않는다. 잘못된 말 한마디가 회사의 운명과 개인의 운명을 좌우한다. 그간의 경험에 의하면 사사로운 관계로 메뉴가 결정되는 경우가 많은데 조금은 냉철할 필요가 있다.

① 편견을 버려라

② 냉철하라

③ 그 상권에 어떤 사람들로 이루어졌나 분석하고 그 연령에 맞는 나이로 맛 평가단을 구성하라

④ 한 사람의 고집스러운 의견에 이끌리지 말라

⑤ 시대의 흐름을 약간만 앞서가라

⑥ 담배와 술을 많이 하는 사람은 평가에서 제외하라

⑦ 잠을 많이 못 자거나 몸이 아픈 사람은 평가에서 제외하라. 건강한 사람이어야 한다.

⑧ 평소 신중하지 못한 사람도 제외하라

⑨ 과거의 경험에 너무 얽매이는 사람도 제외하라

▌메뉴평가위원회 구성안(案) ▌

분기별 메뉴평가위원회를 개최하여 각 업장의 메뉴 IN-OUT을 결정함

◎ 각업장 주방장
- 메뉴 원가분석
- 식자재 조달의 문제점이 있는 메뉴를 파악
- 대체메뉴 준비

◎ 각업장 지배인
- 메뉴인기도 파악
- 판매된 메뉴의 수량 파악
- 대체품목에 대한 인기도 측정
- 경쟁사 경쟁품목 판매조사

◎ 조리팀장
- 각 업장 연간/분기별/월별/주별 Promotion확인 및 개발메뉴 Control

◎ 지원팀장
- 식재 구매 루트 및 자료조사(원가, 재고 등) 실시
- Promotion 기획 및 홍보방안 수립

➤

운영방향

- 분기별 평가위원회 개회
- 평가위원회 개최시
- 각 업장별 메뉴개발 계획발표

▼

위원회 구성 및 운영에 대한 세부계획

제6절 개발메뉴 상품화

1. 메뉴상품화의 의의

1) 메뉴상품의 정의

메뉴를 개발하였다면 상품화시켜 잘 판매하여 이익을 극대화하여야 한다. 이를 위하여 다음과 같은 절차들이 필요하며 각 부서에서의 협조가 필요하다. 계속 팔고 있다 해도 관리가 잘 되어야 한다. 상품이란 외식업체가 생산하는 일체의 재화 및 서비스를 말한다.

2) 메뉴상품의 특성

① 상품의 구성요소가 다양
② 유형과 무형의 조합 상품
③ 재고가 불가능
④ 가격체계가 불균등
⑤ 유형적인 면에서 동질성이 가능하나 이질성도 강함
⑥ 수요의 편차가 큼
⑦ 노동집약과 기술집약적이어서 완전한 기계화가 어려움
⑧ 소비자의 장소적 의존도가 높음
⑨ 상품의 계절과 시간적인 제약을 많이 받음
⑩ 상품의 모방이 용이

2. 메뉴상품화 계획

1) 메뉴상품화의 목적

① 신메뉴를 수익원으로 한 이윤의 확보

② 메뉴의 폐기나 시장변화에의 대응

③ 기술적 낙후방지와 기술적 자산의 유지

④ 사업의 성장과 미래에 대한 보장

2) 메뉴상품화 계획(merchandising)

(1) 계획이론

계획이론은 조직이 정의된 목표를 달성하는 데 필요한 방법이나 과업을 상세히 기술한 틀이다.

(2) 계획의 목적

계획의 궁극적인 목적은 조직의 목표달성 정도를 높이기 위한 조직의 제반 활동 조정이다.

(3) 계획의 기능

① 계획은 조직이 미래의 불확실성에 대응하기 위한 수단 또는 방향을 제시

② 계획은 경영자가 목표달성을 위해 모든 노력을 집중

③ 계획은 조직이 목표달성을 위해 최소의 비용으로 최대의 효과를 얻도록 함

④ 계획은 조직의 성과를 평가하기 위한 기준

(4) 계획수립단계

① 목표설정 ⇒ ② 상황분석 ⇒ ③ 목표달성의 지원요인과 장벽요인 파악 ⇒ ④ 행동과정 선택

(5) 효과적인 계획수립방법

① 가능한 한 계획을 수행하기 위해 조직에서 이용되고 있는 기존 기법이나 시스템을 이용

② 계획과정 중 구성원의 참여도를 높임으로써 최종 계획에 대한 몰입도를 높임

③ 특정 활동이 왜 수행되어야 하는가에 관해 하위자에게 충분히 의사전달

④ 계획은 단순하게

⑤ 계획은 유연하게

⑥ 실행된 활동을 계속 점검

(6) 메뉴상품화 계획의 전제조건

① 주방의 위치와 규모

② 주방시설 및 인원의 내용

③ 식재료의 저장시설과 규모

④ 주방공간의 배분과 동선

⑤ 업장의 서비스 형태

⑥ 주요 고객의 시장규모

⑦ 업장의 시설 및 규모

(7) 메뉴상품화 계획원리

① 미식적인 측면(Gastronomy aspects) : 메뉴는 단편적으로 비교하기보다는 전체적으로 조화있게 비교하여 음식의 색채, 질감, 모양, 영양 등이 다양성 있게 계획

② 경제적인 측면(Economic aspects) : 레스토랑과 고객의 수준에 맞도록 계획

③ 실제적인 측면(Practical aspects) : 서비스 형태, 인원, 시설 및 도구, 메뉴 등이 레스토랑의 컨셉에 부합할 수 있도록 설계

(8) 메뉴상품화 계획수립과정

① 새로운 메뉴아이템 설정(New menu item)

◈ 새로운 아이템 설정의 조건

- 메뉴계획에 참여한 전문가들의 풍부한 실전경험
- 다양하고 독창성 있는 음식의 평가

- 고객의 욕구수준 점검
- 기존메뉴와 영업형태 참조
- 레스토랑의 서비스방법과 메뉴와의 조화성 여부

② 조리 양 작성과 평가(Recipe report)

③ 사업성검토

- 식재료의 원가는 어느 정도가 되고
- 그 외 다른 원가소요가 얼마만큼 되며
- 수요고객의 인지도
- 마케팅의 효과
- 총원가에 대한 이익을 추정

④ 표적시장 설정 및 시험 : 메뉴선택에 따른 소비자에 대한 표적시장(target market)을 설정하고 시험단계를 실행

3) 메뉴상품화 방안

(1) 기존메뉴상품의 개량

기존메뉴상품의 개량이란 이미 시판 중에 있는 메뉴상품을 개량하는 것

(2) 메뉴상품의 개량

① 품질개량

② 기능개량

③ 스타일 개량

(3) 기존메뉴상품의 신용도개척

기존메뉴상품의 신용도개척이란 기존 메뉴상품 내용에는 변경 없이 메뉴상품의 새로운 용도를 발견하고, 이에 대한 새로운 외식시장을 확보하는 것

3. 메뉴상품의 다각화와 단순화

1) 메뉴상품의 다각화

(1) 목적

① 레스토랑의 수익 등 전반적 안정화 목적

- 비수기 요인을 제거하기 위해서
- 주기적 침체를 제거하기 위해서
- 외식수요 감퇴의 위험을 감소시키기 위해
- 비용절감과 일반관리비의 유리한 배분을 하기 위해
- 레스토랑에 대한 사회의 지지를 강하하기 위해

② 레스토랑의 인적 · 물적 자원의 효과적인 활용목적

- 메뉴개발(R&D) 과정에서 생긴 발견이나 발명 등을 활용하기 위해
- 외식수요 감소나 상품개발과정상의 불균형에 의한 과잉생산능력을 활용하기 위해
- 외식기업 자체에서 사용할 목적으로 연구개발한 상품이 의외로 일반 수요가 있는 것이 밝혀졌을 경우
- 자사의 독특한 생산공정을 이용하기 위해
- 생산을 통한 부산물의 활용을 위해
- 레스토랑 인적자원의 활용도를 높이기 위해

③ 효과적인 마케팅 목적

- 프랜차이즈 시스템의 경우 새로운 가맹점을 유도하거나 현 가맹점의 흥미를 증가시키는 판촉효과를 위해
- 고객만족이나 메뉴상품의 가치증대를 위해
- 특수고객이 요구에 부응하기 위해
- 총매출액에 대한 판매상 소요되는 비용을 낮추기 위해

④ 기타의 목적

- 여유자금을 유효하게 활용하기 위해
- 대기업에 있어서는 차입이자율의 저하를 기대하기 위해
- 다각화 아이템의 원재료가 현 아이템의 원재료와 동일한 경우는 대량구매에 의

한 할인의 이익을 얻기 위해

(2) 유형과 전략

① 관련 상품 다각화

② 보완상품 다각화

③ 대체상품 다각화

(3) 다각화 전략

① 집중적 다각화

② 수평적 다각화

③ 집성적 다각화

2) 메뉴상품의 단순화(menu product simplification)

수익성과 선호도가 낮은 메뉴상품을 축소시키는 것

▣ 메뉴상품 단순화가 실시되는 일반적인 이유

① 원가 대비 공헌이익이 불만족한 경우
② 전체적으로 수요가 감소하고 있는 경우
③ 유리하게 경쟁할 수 없는 보다 우수한 신상품의 출현이 있는 경우
④ 특정이유로 인하여 고객들에게 불만사항이 많이 발생될 경우
⑤ 안전성이나 환경영향에 문제가 있다고 생각될 경우

▣ 메뉴상품 단순화의 이점

① 규모경제적 생산
② 재고상품의 품질향상
③ 판매력 효과성 증진
④ 일부 아이템의 판매나 광고에 대한 노력집중 증가
⑤ 회전율 증대
⑥ 아이템 생산의 신속화
⑦ 생산라인의 축소
⑧ 인력감소 효과
⑨ 상품라인 단순화에 의한 회전율 증대, 재고감소, 간접비 감축, 서비스 향상 효과
⑩ 가격저하, 품질향상, 서비스향상 등 소비자의 신용증대

제7절 메뉴 판 디자인

1. 메뉴디자인의 이해

1) 메뉴디자인의 정의

메뉴의 의미를 고객에게 가장 경제적이고 효과적으로 발휘하기 위한 마케팅 및 광고의 도구이다. '지시하다', '표현하다', '성취하다'의 뜻 ⇒ 라틴어 데시나레(designare)에서 유래하였다.

2) 메뉴디자인의 의의

질서나 조직으로서, 혹은 무엇을 위한 계획으로서, 창조적 과정을 위한 첫 단계

3) 메뉴디자인의 효과

아이디어나 구성되어지는 요소들의 재료와 형태, 즉 미적 측면, 욕구에 따른 만족도 등으로 평가

4) 메뉴디자인의 역할

판매와 이익이 증가되도록 하는 기술이며 수단

① 커뮤니케이션의 역할
② 광고 및 홍보의 역할
③ 마케팅 역할
④ 개성과 이미지를 표현
⑤ 고객과 레스토랑을 연결하는 판매촉진의 모체로서 종업원의 역할
⑥ 고객에게 어떤 메뉴를 제공하겠다는 계약서의 역할
⑦ 고객에게 메뉴를 판매함에 있어서 메뉴에 대한 자세한 설명을 제공하는 역할

5) 메뉴디자인의 목적

① 합목적성 추구 ⇒ 실용성과 효용성 기대

② 심미성 추구 ⇒ 외형적·내형적인 미적 감각 기대

③ 경제성 추구 ⇒ 최소의 노력과 비용으로 최대 효과 기대

④ 독창성 추구 ⇒ 고정고객(충성고객) 및 신규고객 기대

⑤ 균형 및 질서성 추구 ⇒ 시너지효과(synergy effect) 기대

6) 메뉴디자인의 특징 및 구성요소

(1) 메뉴디자인의 특징

배열(lay out), 설명(copy), 활자, 크기, 모양, 컬러 등 레스토랑의 전체적인 개념(concept)과 조화를 이뤄 기능적인 메뉴역할을 수행한다.

① 유연성: 내·외적인 요인에 의해 메뉴교체의 필요성이 요구되었을 때 가장 경제적으로 쉽고 신속하게 교체할 수 있는 가능성

② 내구성: 메뉴의 교체가 요구되어도 현재의 메뉴판을 수정·보완하여 오래 사용할 수 있는 경제성

(2) 메뉴디자인의 구성요소

① 색: 고객의 관심과 구매욕구를 자극

② 활자: 인쇄가 눈에 잘 띄어야 하고 균형 및 조화 이룸

③ 용도: 각각 특색에 맞게 디자인

④ 컨셉: 고객욕구충족과 더불어 판매를 증진시키고 수익율 향상

2. 메뉴디자인의 계획

1) 메뉴디자인 계획의 이해

① 다각화된 환경변화 감지 ⇒ 내부적인 환경과 외부적인 환경조사

② 메뉴디자인 계획시 전제 요소 ⇒ 무엇보다도 맛을 우선함

▣ **21세기 추구하는 소비 트렌드의 분류**

- 즐거움(fun)
- 가치(utility)
- 안전(stability)
- 개성(identity)
- 디지털(on-line)

2) 메뉴디자인 계획과정

① 시장조사

② 기본적인 메뉴품목을 결정

③ 실제 메뉴의 포맷과 카피 등 구성형태를 결정

④ 메뉴의 가격결정과 식재료 비용을 조정한 후 메뉴조정을 수립

⑤ 메뉴북을 작성

3) 메뉴디자인 계획의 기본원칙

① 위생적일 것

② 메뉴에서 흥미를 느낄 수 있도록 할 것

③ 보기 쉽고, 읽기 쉬울 것

④ 일부 메뉴의 변경시 유연성이 있을 것

⑤ 디자인과 재질이 좋을 것

⑥ 메뉴에 대한 설명이 잘 되어 있을 것

⑦ 색채와 형태가 좋을 것

⑧ 테마가 있을 것

⑨ 어린이 메뉴에 대한 설명이 되어 있을 것

⑩ 문자와 그림이 균형을 이룰 것

⑪ 레스토랑의 컨셉이 있을 것

⑫ 재미(fun)를 줄 것

⑬ 조화와 균형을 이룰 것

3. 메뉴디자인 설계

1) 메뉴 포맷(menu formats)

메뉴북을 제작하는데 있어서 사진, 도형, 문자 등을 일정한 공간에 배열하는 것을 구성

(1) 메뉴북의 포맷 종류

메뉴디자인은 점, 선, 면, 공간 등으로 이루어지는 시각적인 디자인

▣ 메뉴 패널

첫째, 싱글 패널(Single-panel) ⇒ 메뉴의 외부표지와 같이 접지 않은 단일화된 메뉴북
둘째, 투 패널 폴드(Two-panel fold) ⇒ 우리가 흔히 볼 수 있는 스타일의 메뉴북
셋째, 투 패널 멀티페이지(Two-panel-multi-page) ⇒ 여러 페이지를 가진 두 겹으로 된 메뉴북
넷째, 트라이 패널 폴드(Tri-panel fold) ⇒ 패널이 3개로 구성된 메뉴북
다섯째, 수직 투 패널 폴드(Horizontal two-panel fold) ⇒ 패널이 2개로 된 수평으로 접는 형식의 메뉴북
여섯째, 멀티 패널 폴드(Multi-panel fold) ⇒ 패널이 4개 이상으로 구성된 메뉴북

(2) 메뉴 포맷에 따른 포지션 전략

① 싱글 패널 메뉴: 싱글 패널 메뉴에 있어서 메뉴를 수평으로 반으로 나눌 때, '상단 부분'이 메뉴의 초점이 되므로 가장 수익이 높은 음식들을 나열

② 투 패널 폴드 메뉴: 투 패널 폴드 메뉴는 첫 장의 '왼쪽 상단'과 모서리에서 두 번째 장 '오른쪽 하단 모서리의 1/4쯤 위를 대각선으로 가로지른 윗부분'에 가장 수익이 높은 음식을 나열

③ 트리 패널 폴드 메뉴: 트리 패널 폴드 메뉴는 세 부분으로 접는 형식으로 메뉴북의 1/3을 수평으로 가로지른 선 가운데 패널의 윗부분이나 1/2 수평선의 가운데에 수익이 높은 음식을 나열

2) 메뉴품목의 기본 배열

메뉴가 어떤 위치에 배열되느냐에 따라 메뉴의 전체적인 느낌이나 판매되는 빈도수에 따른 매출액의 차이는 레스토랑의 성패를 좌우한다.

4. 메뉴디자인의 마케팅 접근

1) 메뉴디자인의 마케팅 요소

① 사진 ⇒ 주의집중을 시켜 구매욕구를 촉진

② 일러스트레이션(illustration) ⇒ 회화, 사진, 도표, 도형 등을 의미

③ 색채 ⇒ 마케팅전략의 핵심요소

2) 마케팅에서 컬러의 역할

① 시선집중

② 물건을 빠르게 인식

③ 물건을 더욱 쉽게 기억

④ 주제를 명백히 판독

⑤ Optical effect를 창조

⑥ 내용물들을 쉽게 구별

⑦ 긍정적인 연상

⑧ 감정 호소

⑨ 생산품의 사용방법을 쉽게 확인

⑩ 각각의 제품을 시리즈로 표시해 준다.

⑪ 신뢰감

현장 실전메뉴

C.H.A.P.T.E.R 02

양식메뉴
Western Menu

훈제연어

Smoked Salmon PORTION: 50

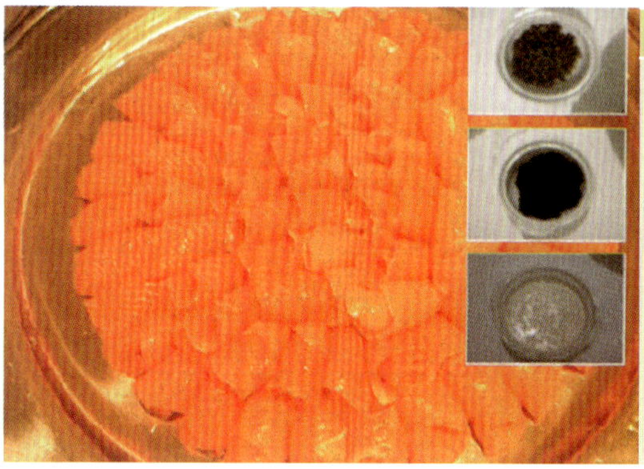

재료	단위	용량
훈제연어(Smoked Salmon)	kg	3
가니쉬(Garnish)		약간
<콘디멘트(Condiment)>		
케이퍼(Caper)	g	100
검은 캐비어(Black Cavier)	g	100
호스레디쉬크림(Horsh radish cream)	g	200

❁ 기물 준비

스텐 라운드 플레이트
연어 나이프

❁ 만드는 법

1. 훈제연어를 5cm 내외의 너비로 떠서 담는다.
2. 콘디멘트를 곁들여 낸다.

족발

Smoked Pork Foot PORTION: 50

재료	단위	용량
훈제족발(Smoked Pork Foot)	ea	1.5
참깨(Sesame)		
가니쉬(Garnish)		약간
<콘디멘트(Condiment)>		
쌈장	g	200

❁ 기물 준비

스텐 라운드 플레이트

❁ 만드는 법

1. 족발을 0.3mm 두께로 잘라 담는다.
2. 위에 깨를 뿌려준다.
3. 콘디멘트를 곁들여 낸다.

❁ 담기

- 모양이 일정하게 나온 방향을 보이게 하고 모양이 안 예쁜 쪽은 겹치는 부분으로 처리하여 보기 좋게 담는다.

❁ 참고사항

- 간혹 썰다가 뼈가 나올 수 있으니 주의해서 썰고 나온 뼈는 제거한다.
- 얇게 써는 것이 좋다.

치킨갈라틴

Chicken Galatine PORTION: 50

재료	단위	용량
닭다리살(Chicken Leg(Boneless))	kg	20
대추슬라이스(Jujube slice)	kg	1
잣(Pine Nut)	kg	1
블랙올리브(Black Olive)	can	3
그린올리브(Green Olive)	can	3
크림(Cream)	l	4
백포도주(White Wine)	l	1
소금(Salt)	g	80
후추(Pepper)	g	40
젤라틴(Gelatine)	g	240

❁ 만드는 법

1. 닭다리살, 잣, 올리브를 민찌기에 갈아 준비한다.
2. 1에 나머지 재료를 넣고 고루 섞이도록 반죽한다.
3. Chopper기에 2를 넣고 곱게 갈아 모든 재료가 고루 섞이도록 하여 덜어낸다.
4. 물기가 있는 행주를 사용해서 작업테이블을 한번 문질러서 테이블이 물기를 머금어 비닐을 깔았을 때 움직이지 않도록 한다.
5. 비닐을 깔고 반죽을 놓은 후 비닐 끝에서부터 끝을 조여 가며 탄탄하게 말아준다(호일로 한 번 더 말고 요지를 사용해 군데군데 구멍을 내어 공기를 빼준다).
6. 컨벡션오븐을 사용하여 150도에서 30분간 익혀준다.
7. Sheetpan으로 차곡차곡 옮겨 냉장고에서 무거운 것으로 눌러 식혀준다.
8. 식으면 반을 잘라서 주변의 기름기는 제거하고 패킹용지 중에 3개씩 패킹한다.
9. 냉동 보관한다.

❁ 참고사항

• 오븐에서 치킨갈라틴을 꺼낼 때 호일 속에 들어있는 뜨거운 닭기름을 조심해서 꺼낸다.

소머리테린

Pressed Beef Head PORTION: 50

재료	단위	용량
머리고기(Pressed Beef Head)	kg	1
가니쉬(Garnish)		약간

❁ 기물 준비	❁ 만드는 법	❁ 참고사항
스텐 라운드 플레이트 슬라이스머신	우 편육은 슬라이스머신을 이용해 얇게 썰어준 후 3등분해서 담는다.	조금 언 상태에서 썰어주는 게 더 잘 썰린다.

훈제오리

Smoked Duck Breast PORTION: 50

재료	단위	용량
훈제 오리 가슴살(Smoked Duck Breast)	kg	1
Concentrate-	ml	30
오렌지주스(Orange Juice)		약간
가니쉬(Garnish)		
오렌지(Orange)		
오렌지 제스트(Orange zest)		

❁ 기물 준비

스텐 라운드 플레이트

❁ 만드는 법

1. 가공된 훈제 오리 가슴살을 컨벡션 오븐을 사용하여 구워준다(150도에서 15분).
2. 다 구운 훈제 오리 가슴살은 tray에 담아 식힌다.
3. 식은 훈제 오리 가슴살을 모양대로 얇게 썰어 준비한다.
4. 훈제 오리 가슴살을 가지런히 모양을 잡아 담는다.
5. 세팅 후 오렌지 농축액을 뿌려준다.

❁ 참고사항

- 한쪽을 기울여서 식히면 기름기를 제거할 수 있다.

그린 홍합

Green Mussel PORTION: 50

재료	단위	용량
그린홍합(Green Mussel)	pk	2
천사채	g	50
가니쉬(Garnish)		약간
<Condiment>		
타르타르소스(Tartar Sauce)		
<Court- Bouillon>		
양파(onion)	g	100
당근(carrot)	g	100
셀러리(celery)	g	100
레몬(lemon)	ea	1
후추(pepper)	g	5
월계수잎(bay leaf)	ea	2
백포도주(white wine)	ml	100
식초(vinegar)	ml	50
소금(salt)	g	50

❁ 기물 준비

스텐 라운드 플레이트

❁ 만드는 법

1. 홍합은 court-bouillon에 데친 후 식힌다.
2. 사용한 court-bouillon은 통에 담아 얼음물에서 식힌 후 보관한다(재사용할 일이 있을 경우).
3. 식은 홍합은 천사채를 깔고 가지런히 담는다.
4. 세팅 후 탈탈 소스를 홍합위에 가지런히 뿌려준다.

❁ 담기

- 천사채는 물에서 뭉친 것을 풀어준 후 소쿠리에 받쳐서 물기를 제거한 후 사용한다.
- 음식물이 미끄러지는 것을 방지한다.

❁ 참고사항

- 행사 후 남은 홍합은 수거하여 샐러드로 활용할 수 있다.
- 사용 후 남은 홍합은 court-bouillon에 담가 보관하면 맛이 더 좋아진다.

새우칵테일

Shrimp Cocktail PORTION: 50

재료	단위	용량
새우 31-35(Shrimp)	pk	1
Court- Bouillon		
천사채		
가니쉬(Garnish)		약간
<Condiment>		
칵테일 소스(Cocktail Sauce)	g	200

❁ 기물 준비

스텐 라운드 플레이트

❁ 만드는 법

1. 새우는 하루 전 미리 냉장 해동하여 준비한다.
2. Court-Bouillon을 끓여 새우를 데쳐낸다.
3. 천사채를 깔고 새우를 가지런히 담는다.
4. Condiment를 곁들여 낸다.

❁ 담기

- 천사채는 물에서 뭉친 것을 풀어준 후 소쿠리에 받쳐서 물기를 제거한 후 사용한다.
- 음식물이 미끄러지는 것을 방지한다.

❁ 참고사항

- 남은 새우는 Court-Bouillon에 담아 보관한다.

아스파라거스 햄

Asparagus Roll With Ham PORTION: 50

재료	단위	용량
아스파라거스(Asparagus)	kg	1
콜컷(Cold Cut)	g	300
가니쉬(Garnish)		약간

❁ 기물 준비

스텐 라운드 플레이트
필러
슬라이스머신

❁ 만드는 법

1. 아스파라거스는 해동 후 껍질을 제거하고 마른 행주로 물기를 제거한다.
2. 콜컷은 슬라이스머신을 이용해 얇게 민 후 반을 자른다.
3. 아스파라거스를 반을 잘라 콜컷을 말아준다.
4. 가지런히 보기 좋게 담아낸다.

웰링턴 스테이크

Mini Fillet Of Beef "Wellington" PORTION: 50

재료	단위	용량
안심(Beef Tenderloin fillet)	kg	1.8
퍼프페이스츄리(Puff Pastry)	g	500
달걀노른자(Egg York)	ea	1
양송이듁셀(Duxelle Mushroom)	g	300
소금, 후추(Salt, Pepper)		
가니쉬(Garnish)		약간

❁ 기물 준비

스텐 라운드 플레이트
슬라이스머신

❁ 만드는 법

1. 안심은 손질해서 3cm 두께로 길게 자른다.
2. 손질한 안심은 pan에 표면만 노릇노릇하게 익혀준다.
2. 패스트리반죽 테두리에 달걀 노른자를 바르고 양송이딕셀을 고루 깔아 준다.
3. 2번 위에 안심을 놓고 반죽을 잘 오무려준다.
4. 반죽이 맞물리는 부분을 포크로 눌러 반죽이 벌어지지 않도록 한다.
5. 고기를 싼 박죽의 표면에 달걀노른자를 발라준다.
6. 브로일러오븐에서 10분가량 노릇노릇한 색이 날 때까지 구워준다.
7. 식으면 1cm 두께로 잘라 가지런히 담아준다.

옥수수 샐러드

Sweet Corn Salad PORTION: 50

재료	단위	용량
옥수수콘(SweetCorn)	can	1
청피망(Green Pimento)	g	100
홍피망(Red Pimento)	g	100
양파(Onion)	g	100
허브오일드레싱(Herb Oil bressing)	g	50

❁ 기물 준비

뷔페용 샐러드 볼 小

❁ 만드는 법

1. 스위트콘(캔)은 소쿠리에 받쳐서 물기를 제거한다.
2. 청, 홍 피망, 양파는 옥수수와 같은 크키로 자른다.
3. 스위트콘과 채소를 섞어준다.
4. 드레싱으로 묻힌다.
5. 샐러드볼에 소복히 담아낸다.

채소 샐러드

5Kinds Mixed Green Salad PORTION: 50

재료	단위	용량
상추(Lettuce)	kg	2
롤라로사(Rolarosa)	g	200
그린 머스타드(GreenMustard)	g	200
로즈케일(Rose Keil Red)	g	200
치커리(Chicory)	g	200
<Condiment>		
싸우전드아일랜드드레싱(Thousand Island/D)	g	500
허니머스타드드레싱(Honey Mustard/D)	g	300
과일드레싱(Fruit /D)	g	300

기물 준비

펀치볼 Stand

만드는 법

1. 양상추는 꼭지부분을 제거하고 한입 크기로 뜯어서 물에 담가 살린다.
2. 롤라로사는 윗대부분을 잘라내고 한입크기로 잘라 물에 살린다.
3. 머스터드잎은 윗대와 가운데 심지부분을 제거하고 한입크기로 잘라 물에 살린다.
4. 로즈케일은 윗대부분을 제거하고 한입 크기로 자른다.
5. 치커리는 윗대부분을 잘라내고 한입크기로 물에 살린다.
6. 샐러드 볼에 종류별로 담는다.

참고사항

- 모든 채소는 흐르는 물에 씻어 흙과 이물질을 완전히 제거하고 물에 살린 후 소쿠리에 받쳐서 수분을 충분히 뺀 후 담는다.

토마토 샐러드

Tomato Salad PORTION: 50

재료	단위	용량
토마토(中)(Fresh Tomato)	kg	2
페스토소스(Pesto Sauce)	mL	200

기물 준비

뷔페용 샐러드 볼 小

만드는 법

1. 토마토는 꼭지를 제거하고 깨끗이 씻어 물기를 제거한다.
2. 토마토를 2등분한 후 1.5~2cm 두께의 wedge로 썬다.
3. 샐러드볼에 가지런히 담는다.
4. 위에 페스토소스를 뿌려준다.

참고사항

체리토마토를 사용해도 무관

강낭콩 샐러드

Kidney Bean Salad

PORTION: 50

재료	단위	용량
강낭콩(KidneyBean)	can	1
설탕(Sugar)	g	30

※오일비네가로 묻혀도 좋다.

❁ 기물 준비

뷔페용 볼 小

❁ 만드는 법

1. 강낭콩(캔)은 소쿠리에 받쳐 물기를 제거한다.
2. 설탕을 넣고 살짝 버무린 후 샐러드볼에 소복히 담는다.

❁ 참고사항

- 50명 기준 뷔페에 한 캔(최소단위)을 사용하나, 100명 뷔페에도 한 캔을 사용해도 부족하지 않다.
- 여름철엔 빨리 부패하므로 유의한다.

콜컷 샐러드

Cold Cut Salad

PORTION: 50

재료	단위	용량
모듬 콜컷(Assorted Cold Cut)	g	500
양파(Onion)	g	100
청피망(Green Pimento)	g	100
홍피망(Red Pimento)	g	100
롤라로사(Rolarosa)	g	50
그린머스타드잎(Green Mustard Leaf)	g	50
치커리(Chicory)	g	50
블랙올리브(Black Olive)	g	10
그린올리브(Green Olive)	g	10
오일식초드레싱(Oil Venegar Dressing)	g	150

❁ 기물 준비

뷔페용 샐러드 볼 小

❁ 만드는 법

1. 청, 홍피망, 양파는 채 썬다.
2. 특수채소는 물기를 제거해 놓는다.
3. 그린, 블랙 올리브는 링 모양으로 썬다.
4. 콜컷과 모든 재료를 믹싱볼에 넣고 살살 버무린다.
5. 샐러드볼에 소복히 담고 올리브를 위에 뿌린다.

브로콜리 샐러드

Brocoli & Onion Salad　　PORTION: 50

재료	단위	용량
브로콜리(Frozen Broccli)	kg	1.5
양파(Onion)	g	100
베이컨 다진 것(Bacon Chopped)	g	20
홍피망(Red Pimento)	g	100
건포도(Raisin)	g	20
소금, 후추(Salt, Pepper)		
삶은새우(Boiled Shrimp)	g	100
오일식초드레싱(Oil Venegar Dressing)	g	150
올리브오일(or Olive Oil)	ml	150

❁ 기물 준비

뷔페용 샐러드 볼 小

❁ 만드는 법

1. 브로콜리는 녹인 후 소쿠리에 받쳐 물기를 제거하고 한입 크기로 자른다.
2. 양파, 홍피망은 채썬다.
3. 믹싱볼에 브로콜리와 양파를 넣고 소금, 후추로 간을 먼저 한다.
4. 3에 양파, 홍피망, 베이컨, 건포도를 넣고 살살 버무려 샐러드 볼에 소복히 담는다.

❁ 참고사항

• 오일비네가 드레싱을 사용할 경우 시간이 오래 경과 되면 브로콜리의 색이 변하므로 식사 시간이 긴 행사의 경우에는 올리브오일로 버무려 낸다.

참치 채소 샐러드

Tuna and Vegetable Salad　　PORTION: 50

재료	단위	용량
참치(Tuna (canned))	kg	1
양송이 슬라이스(Mushroom Slice)	g	500
양파(Onion)	g	200
옥수수콘(Sweet Corn)	g	500
마요네즈(Mayonnaise)	g	300
후추(Pepper)		약간

❁ 기물 준비

뷔페용 샐러드 볼 小

❁ 만드는 법

1. 참치는 소쿠리에 받쳐 물기를 제거한다.
2. 양파는 2cm길이로 채썰어 준비한다.
3. 스위트콘은 체에 받쳐 물기를 제거한다.
4. 양송이 슬라이스는 끓는 물에 한번 데쳐서 식힌 후 물기를 제거한다.
5. 분량의 모든 재료를 넣고 버무린다.
6. 샐러드볼에 소복히 담고 실파를 군데군데 뿌려준다.

파스타 해산물 샐러드

Pasta With Seafood Salad PORTION: 50

❁ 기물 준비

뷔페용 샐러드 볼 小

재료	단위	용량
푸질리(Fusili)	g	50
펜네(Penne)	g	50
마카로니(Macaroni)	g	50
새우(Shrimp)	g	150
홍합(Mussel)	g	150
오징어(Squid)	g	150
양파(Onion)	g	100
청피망(Green Pimento)	g	100
홍피망(Red Pimento)	g	100
마요네즈(Mayonnaise)	g	200
아메리칸 머스타드(American Mustard)	g	40
마늘 다진 것(Garlic chop)	g	10
소금, 호추(Salt, Pepper)		약간
양파(Spring Onion)		약간

❁ 만드는 법

1. 파스타를 끓는 물에 소금과 오일을 조금씩 넣고 완전히 익도록 삶은 후 건져내어 물기를 제거한다.
2. 해산물은 Court-Bouillon에 데친 후 식혀서 물기를 제거한다.
3. 양파와 피망은 채썰어 준비한다.
4. 분량의 모든 재료를 넣고 버무린다.
5. 샐러드볼에 소복히 담고 실파를 뿌려준다.

❁ 참고사항

• 파스타는 시간이 지날수록 양념을 흡수하므로 드레싱을 충분히 넣고 버무린다.

감자 샐러드

Potato Salad PORTION: 50

재료	단위	용량
감자(Potato)	kg	2
돼지 소시지(Pork Sausage)	g	500
당근(Carrot)	g	500
베이컨 다진 것(Bacon Chopped)	g	50
마요네즈(Mayonnaise)	g	200
아메리칸 머스타드(American Mustard)	g	20
설탕(Sugar)	g	30
파슬리(Parsley)		약간

❁ 기물 준비

뷔페용 샐러드 볼 小

❁ 만드는 법

1. 감자는 껍질을 벗기고 한입 크기로 자른다.
2. 당근도 감자와 같은 크기로 자른다.
3. 끓는 물에 소금과 설탕을 넣고 감자와 당근을 삶는다.
4. 감자와 당근이 다 익으면 체에 걸러 물기를 제거한 후 식힌다.
5. 소시지는 2cm길이로 잘라 팬에 볶은 후 식힌다.
6. 삶은 감자와 당근, 소시지를 분량의 마요네즈와 머스터드를 넣고 버무린다.
7. 샐러드 볼에 소복히 담고 베이컨 찹과 파슬리 가루를 보기 좋게 뿌려준다.

❁ 참고사항

- 감자는 조금 으깨질 정도까지 삶아 버무리는 게 맛있다.
- 감자를 설탕과 소금을 탄 물에 담가놨다가 스팀에 쪄도 무관하다.

과일펀치

Fruit Punch PORTION: 50

재료	단위	용량
사이다(Cider)	L	1.8
과일 칵테일(FruitCocktail)	can	1
레몬주스(Lemon Juice)	ml	30

❁ 기물 준비

펀치볼

❁ 만드는 법

1. 펀치볼에 모든 재료를 넣고 잘 섞어 차갑게 해서 나간다.

❁ 참고사항

- 과일을 잘라 담아둬도 좋다.

과일 종류

Fresh Fruit PORTION: 50

재료	단위	용량
메론(Melon)	kg	3
오렌지(Orange)	ea	10
포도(Grape)	kg	2
딸기(Strawberry)	kg	2
만다린(Mandarine)	kg	2

❁ 기물 준비

타원 실버 tray 2호

❁ 만드는 법

1. 메론은 반을 잘라 속을 제거하고 껍질을 벗긴 후 보기 좋게 잘라 담는다.
2. 오렌지는 반을 잘라 심지를 제거하고 웨이지 모양으로 잘라 담아낸다.
3. 포도는 알을 뜯어서 담아낸다.
4. 딸기는 깨끗한 물에 씻은 후 물기를 제거하고 담아낸다.
5. 귤은 잘을 잘라 담아낸다.

❁ 참고사항

- 계절과일을 사용하여 변경가능하다.
- 거봉은 불순물이 많이 묻어 있으므로 깨끗이 씻어서 사용한다.

떡 종류

Rice Cake PORTION: 50

재료	단위	용량
모듬박이	kg	1
호박설기	kg	1
삼색꿀떡	kg	1
약식	kg	1

❁ 기물 준비

라운드 플레이트(떡판)

❁ 만드는 법

1. 행사 전일 떡집으로 전화를 해서 발주한다.
2. 50명기준 종류별로 1kg단위로 발주한다.
3. 행사시간 최소 3시간 전까지 배달되도록 발주한다.

❁ 참고사항

- 50명 기준 뷔페에 1kg(최소단위)을 사용하나 100명분 뷔페에는 1.5kg을 사용해도 부족하지 않다.

호스레디쉬크림

HorseRadish Cream　　PORTION: 50

재료	단위	용량
크림(Cream)	pk	1
호스레디쉬(Horse Radish)	g	400
레몬주스(Lemon Juice)	ml	20
소금(Salt)	약간	

❁ 만드는 법

1. 휘핑크림을 80%정도 거품이 올라오도록 거품기를 이용하여 거품을 올린다.
2. 홀스레디쉬와 레몬주스, 소금을 넣어 잘 섞는다.

❁ 담기

• 위생통에 담아 놓고 필요시 사용한다.

❁ 참고사항

• 주로 뷔페에 많이 사용한다.

쌈장

쌈장　　PORTION: 50

재료	단위	용량
쌈장	pk	1
미향	ml	50
정종(Rice Wine)	ml	50
사이다(Cider)	ml	20
참기름(Sesami Oil)	ml	30
참깨(Sesami)	g	200
마늘(Garlic Chop)	g	200

❁ 만드는 법

1. 분량의 재료를 모두 넣고 잘 섞는다.

❁ 담기

• 깨끗한 통에 잘 담아 보관한다.

❁ 참고사항

• 소스 등을 만들 때는 보관의 편리성을 위해 유통기한을 잘 적어 놓는다.
• 바로 사용할 때는 쪽파, 청량고추 등을 첨가하여도 좋다.

와사비 간장

와사비 간장 PORTION: 50

재료	단위	용량
양조간장	btl	1
와사비가루	g	150

❁ 기물 준비

깨끗한 간장병
깔대기

❁ 만드는 법

1. 와사비 가루를 넣고 간장을 조금만 넣어 잘 풀리게 한 다음 남은 간장을 다 넣고 잘 저어준다.

❁ 담기

• 담을 때 편하기 위해 간장통에 보관한다.

칵테일 소스

Cockteil sauce PORTION: 50

재료	단위	용량
토마토케첩(Tomato Ketchup)	can	0.5
호스레디쉬(Horseradish)	btl	1
타바스코(Tabasco)	btl	1
백포도주(White Wine)	btl	0.5
양파(Onion)	g	100
소금(Salt)	약간	
후추(Pepper)	약간	

❁ 만드는 법

1. 케첩과 호스레디쉬를 섞는다.
2. 타바스코, 와인, 양파 chop, 소금, 후추 등을 넣어 간을 맞춘다.

후렌치 드레싱

French dressing PORTION: 50

재료	단위	용량
마요네즈(Mayonnaise)	btl	1
아메리칸 마스터드(American Mustard)	btl	300
양파(Onion)	g	300
백포도주(White Wine)	btl	0.5
파슬리 다진것(Parsley Chop)		약간
마늘 다진것(Garlic Whole)	g	20

❁ 기물 준비

믹서기

❁ 만드는 법

1. 양파는 잘게 썬다.
2. 양파와 마늘, 와인을 넣고 믹서기에서 갈아준다.
3. 분량의 모든 재료를 넣고 잘 섞는다.

시트론 소스

Citron Sauce PORTION: 50

재료	단위	용량
시트론 티(Citron Tea)	kg	1
올리브 오일(Oilve Oil)	ml	170
물(Water)	ml	170

❁ 기물 준비

믹서기

❁ 만드는 법

믹서기에 유자차와 올리브오일, 물을 넣고 곱게 나오도록 간다.

❁ 참고사항

각종 샐러드와 뷔페용 치킨테린에 뿌려준다.

레몬 드레싱

Lemon dressing PORTION: 50

재료	단위	용량
올리브 오일(Oilve Oil)	ml	1100
레몬주스(Lemon Juice)	L	1
설탕(Sugar)	g	800
소금(Salt)	g	30
후추(Pepper)	g	10
후레쉬 레몬(Lemon Juice)	ea	2
양파 다진것(Onion Chop)	g	500

✿ 만드는 법

1. 레몬주스를 소금, 설탕을 넣고 잘 저어준다.
2. 설탕과 소금이 녹으면 올리브 오일을 조금씩 부어주면서 분리되지 않게 잘 저어준다.
3. 레몬은 즙을 짜서 넣는다.
4. 양파는 chop해서 넣어 마무리한다.

과일 드레싱

Fruit dressing PORTION: 50

재료	단위	용량
사과(Apple)	ea	1
배(Pear)	ea	1
오렌지(Orange)	ea	1
양파(Onion)	ea	1
당근(Carrot)	ea	1
올리브 오일(Oilve Oil)	g	450
식초(Vinegar)	g	600
설탕(Sugar)	g	600
양조간장501	g	300

✿ 기물 준비

믹서기

✿ 만드는 법

1. 사과와 배는 돌려깍기 하여 잘게 잘라 놓는다.
2. 오렌지와 당근, 양파도 껍질을 제거하고 잘라 놓는다.
3. 대형 믹서기에 사과, 배, 오렌지, 양파, 당근, 간장, 설탕, 식초, 올리브오일을 넣고 잘 갈아 준다(분리되지 않게).

✿ 참고사항

- 저장기간이 짧으므로 필요한 양만 준비하여 만들어 쓰는 것이 좋다(색깔 변화, 신선한 맛이 부족하므로).

오일 비네가

Oil Vinegar PORTION: 50

재료	단위	용량
올리브오일(Oilve Oil)	ml	5600
식초(Vinegar)	Lt	2
설탕(Sugar)	kg	1.2
소금(Salt)	g	10
후추(Pepper)		약간

❁ 만드는 법

1. 식초와 설탕, 소금을 넣고 잘 저어준다.
2. 설탕과 소금이 녹으면 올리브 오일을 조금씩 부어주면서 분리되지 않게 잘 저어준다.

싸우전드 아일랜드 드레싱

Thousand island dressing PORTION: 50

재료	단위	용량
마요네즈(Mayonnaise)	btl	4
토마토 케첩(Tomato Ketchup)	can	0.5
청피망(Green Pimento)	g	300
붉은 피망(Red Pimento)	g	300
검은 올리브(Black Olive)	btl	1
푸른 올리브(Green Olive)	btl	1
양파(Onion)	g	300
피클(Pickle)	can	1
백포도주(White Wine)	btl	1
레몬주스(Lemon Juice)	ml	100
타바스코(Tabasco)	Btl	1
핑크 소금(salt)	g	20
후추(Pepper)	g	10

❁ 만드는 법

1. 청피망, 홍피망, 양파는 깨끗이 씻어 큼직하게 썰어 놓는다.
2. 청피망, 홍피망, 양파, 피클, 올리브는 분쇄기에 넣고 갈아 소창에 짜준다.
3. 믹싱볼에 다져 놓은 재료를 모두 넣고 마요네즈, 토마토케첩, 화이트와인, 피클국물, 타바스코, 소금, 후추를 넣고 잘 섞어 준다.

타르타르 소스

Tar tar sauce

PORTION: 50

재료	단위	용량
마요네즈(Mayonnaise)	btl	4
케이퍼(Caper)	btl	1
양파(Onion)	g	300
피클(Pickle)	can	1
백포도주(White Wine)	btl	1
레몬주스(Lemon Juice)	ml	100
소금(Salt)	g	10

❁ 만드는 법

1. 양파는 큼직하게 썬다.
2. 양파, 케이퍼, 피클은 분쇄기에 넣어 간다.
3. 믹싱볼에 다져놓은 재료를 모두 담고 마요네즈, 화이트와인, 피클 국물을 넣어 잘 저어준다.
4. 맛을 보고 레몬주스, 소금을 넣어 마무리한다.

요구르트 드레싱

Yogurt Dressing

PORTION: 50

재료	단위	용량
플레인 요구르트(Plain Yogurt)	ea	20
마요네즈(Mayonnaise)	g	400
꿀(Honey)	g	90
레몬주스(Lemon Juice)	g	120
올리브 오일(Olive Oil)	g	200
소금(Salt)	g	10

❁ 만드는 법

1. 믹싱볼에 플레인 요구르트와 마요네즈를 넣고 잘 저어준다.
2. 꿀과 올리브 오일을 넣고 분리되지 않게 한다.
3. 레몬주스로 농도를 맞춘다.

꿀 머스타드 드레싱

Honey Mustard Dressing PORTION: 50

재료	단위	용량
꿀(Honey)	g	800
마요네즈(Mayonnaise)	tub	1
아메리칸 머스타드(American Mustard)	g	500
레몬주스(Lemon juice)	ml	100
포메리머스타드(Pommary Mustard)	g	300
파슬리 다진것(Parsley Chop)		약간

❁ 만드는 법

1. 분량의 모든 재료를 넣고 잘 섞어준다.

채소스틱

Vegetable Relish PORTION: 50

재료	단위	용량
오이(Cucumber)	ea	2
당근(Carrot)	ea	2
셀러리(Celery)	g	600
청피망(Green Pimento)	g	500
붉은피망(Red Pimento)	g	500
무(Turnip)	g	600
상추(Lettuce)	g	200
마요네즈(Mayonnase)	g	400
타바스코 소스(Tabasco Sauce)	g	20

❁ 기물 준비

라운드플레이트
필러

❁ 만드는 법

1. 오이는 돌기를 제거하고 깨끗이 씻어 6cm 길이로 자르고 6등분하여 씨를 제거한다.
2. 당근은 6cm 길이로 자르고 오이와 같은 두께로 준비한다.
3. 셀러리는 6cm 길이로 자르고 필러로 껍질을 제거한 후 오이와 같은 크기로 준비한다.
4. 피망은 꼭지와 씨를 제거하고 1cm 두께로 잘라 준비한다.
5. 무는 오이와 같은 크기로 잘라 준비한다.
6. 마요네즈에 타바스코를 섞어 준비한다.
7. 양상추는 손바닥 만한 크기로 큼직하게 뜯어 6장을 준비한다.
8. 색을 맞춰서 채소를 각각의 양상추 위에 가지런히 담는다.
9. 마요네즈 소스를 볼에 담아 가운데 놓는다.

❁ 담기

- 양상추를 깔고 그 위에 색을 맞춰 채소스틱을 종류별로 놓는다.
- 가운데 딥(dip) 소스를 담아 놓는다.

마른안주

마른안주 PORTION: 50

재료	단위	용량
어린정어리	g	30
보리멸뼈	g	30
육포	g	30
땅콩대추	g	30
치즈포스낵	g	50
믹스넛	g	60

❁ 기물 준비

유리 안주 Set 小

❁ 만드는 법

1. 육포는 1cm×5cm 크기로 자른다.
2. 모든 재료를 보기 좋게 담아낸다.

참치 무스채운 달걀

Stuffed Egg With Tuna Mousse PORTION: 50

재료	단위	용량
달걀(Egg)	ea	10
참치 캔(Tuna(can))	g	300
마요네즈(Mayonnaise)	g	200
케이퍼 다진것(Caper Chopped)	g	20
양파 다진것(Onion Chopped)	g	20
마늘 다진것(Garlic Chopped)	g	20
파슬리(Parsley)		약간
치커리(Chicory)		약간

❁ 기물 준비

스텐 라운드 플레이트 4호
체, 패스트리백

❁ 만드는 법

1. 달걀을 끓는 물에 15분간 삶은 후 얼음물에 식혀서 껍질을 깐다.
2. 껍질 깐 달걀은 반을 자른 후 노른자를 빼내고 흰자의 바닥부분을 칼로 깎아낸다.
3. 참치의 물기를 제거한 후 나머지 재료를 모두 넣고 반죽한다.
4. 반죽을 패스트리백에 넣어준다.
5. 달걀 흰자에 치커리를 조금 뜯어서 미리 깔고 패스트리백에 넣은 참치 반죽을 짜준다.
6. 가지런히 담아낸다.

모듬 치즈

Assorted Cheese PORTION: 50

재료	단위	용량
카망베르치즈(Camembert Cheese)	g	150
브리치즈(Brie Cheese)	g	150
고다치즈(Gouda Cheese)	g	150
에담치즈(Edam Cheese)	g	150
아메리칸치즈(American Cheese)	g	150
후레시모짜렐라(Fresh Mozzarella)	g	150
호드브레드(Walnut Bread)	g	200
크레커(Zec Cracker)	g	100
토마토(Tomato)	g	200

기물 준비

스텐 라운드 플레이트
Cheese Knife

만드는 법

1. 모든 재료를 보기 좋게 썰어서 담아낸다.
2. 후레시 모짜렐라는 거즈로 물기를 제거한 후 토마토 웨이지와 곁들여 낸다.
3. 호두빵은 얇게 썰어서 준비한다.

참치채운 토마토

Tuna Fish and Celery Mixture on Tomato PORTION: 50

재료	단위	용량
달걀(Egg)	ea	10
참치(Tuna(can))	g	300
마요네즈(Mayonnaise)	g	200
케이퍼 다진것(Caper Chopped)	g	20
양파 다진것(Onion Chopped)	g	20
셀러리 다진것(Celery Chopped)	g	20
체리토마토(Cherry Tomato)	kg	1

기물 준비

스텐 라운드 플레이트

만드는 법

1. 체리토마토는 꼭지를 따고 깨끗이 씻는다.
2. 체리토마토의 밑부분을 칼로 잘라내고 속을 판 후 마른 행주로 여분의 불기를 제거한다.
3. 참치는 체에 받쳐서 물기를 제거한다.
4. 참치와 채소 다진 것을 넣고 마요네즈로 반죽해서 패스트리백에 넣는다.
5. 속을 파낸 체리토마토에 체리토마토보다 높이 올라오게 반죽을 짜준다.
6. 잘라낸 체리토마토 뚜껑을 비스듬히 반죽 위에 얹어준다.
7. 가지런히 담는다.

파마햄과 파인애플

Parma Ham With Pineapple PORTION: 50

재료	단위	용량	재료	단위	용량
파마햄(Parma Ham)	g	500	파인애플(Pineapple)	ea	1

❁ 만드는 법

1. 파마햄을 슬라이스머신을 이용해서 얇게 밀어준다.
2. 파인애플은 껍질을 벗기고 4등분한 후 각각의 심지를 칼로 잘라낸다.
3. 손질한 파인애플은 슬라이스한다.
4. 완성 플레이트에 파마햄을 동그랗게 돌려 담는다.
5. 파마햄의 반정도 넓이에 걸치도록 파인애플슬라이스를 돌려 담아준다.
6. 파마햄과 파인애플을 계속 반복해서 돌려 담는다.

❁ 기물 준비

스텐 라운드 플레이트

❁ 참고사항

1. 파인애플 껍질을 제거할 때 돌기 껍질의 돌기부분이 남지 않도록 깨끗이 제거한다.
2. 파마햄은 얇게 밀수록 좋다.

드라이비프와 메론

Dried Beef With Melon PORTION: 50

재료	단위	용량
드라이비프(Dried Beef)	g	500
머스크메론(Musk Melon)	kg	3

❁ 기물 준비

스텐 라운드 플레이트
칵테일 픽
슬라이스머신

❁ 만드는 법

1. 메론은 꼭지부분과 밑둥을 잘라내고 반을 잘라 속을 파낸다.
2. 반을 잘른 메론은 각각 4등분을 한다(큰 메론일 경우 6등분).
3. 잘라낸 메론의 껍질의 둥근부분을 칼로 조금 잘라내어 평평하게 만든다(메론이 움직이지 않도록).
4. 웨이지모양으로 잘린 메론은 끝에 1cm 정도만 남기고 껍질과 과육 사이에 칼집을 넣는다(과육과 껍질이 완전히 떨어지지 않도록).
5. 칼집을 넣은 메론은 한입크기의 너비 약 3cm의 간격으로 칼집을 넣는다.
6. 드라이비프는 슬라이스 머신을 이용하여 얇게 밀어준다.
7. 드라이비프를 메론 조각마다 한장씩 올린 후 칵테일픽을 꽂아준다.
8. 완성 플레이트에 메론을 가지런히 담아준다.

❁ 참고사항

- 칵테일픽을 잡으면 드라이비프를 올린 메론이 따라 올라올 수 있도록 만든다.
- 드라이비프는 최대한 얇을수록 좋다.

해산물 송이 샐러드

Seafood and Mushroom　　PORTION: 50

재료	단위	용량
새우(Shrimp)	g	150
홍합(Mussel)	g	150
오징어(Squid)	g	150
양파(Onion)	g	100
청피망(Green Pimento)	g	100
붉은피망(Red Pimento)	g	100
마요네즈(Mayonnaise)	g	200
아메리칸 머스타드(American Mustard)	g	40
마늘 다진것 Garlic chop)	g	10
소금, 후추(Salt, Pepper)		약간
양파(Spring Onion)	g	200
양송이(Mushroom)	g	10

❁ 기물 준비

뷔페용 멜라닌 샐러드 볼 小

❁ 만드는 법

1. 해산물은 Court-Bouillon에 데친 후 식혀서 물기를 제거한다.
2. 양파와 피망, 양송이는 채썰어 준비한다.
3. 분량의 모든 재료를 넣고 마요네즈로 버무린다.
4. 샐러드볼에 소복히 담고 위에 실파를 뿌린다.

엉겅퀴 샐러드

Artichoke　　PORTION: 50

재료	단위	용량
엉겅퀴(Artichoke)	can	1
양파(Onion)	g	100
청 피망(Green Pimento)	g	100
붉은피망(Red Pimento)	g	100
오일식초(Oil Venegar)	ml	50
소금, 후추(salt, Pepper)		약간

❁ 기물 준비

뷔페용 샐러드 볼 小

❁ 만드는 법

1. 아티쵸크캔은 소쿠리에 받쳐 물기를 제거한다.
2. 아티쵸크는 한입크기로 썰어준다.
3. 양파와 피망은 채썰어 준비한다.
4. 아티쵸크와 피망을 섞고 소금, 후추로 밑간을 한 후 오일비네가로 버무린다.
5. 샐러드볼에 소복히 담아낸다.
6. 그릴에 색을 내어 볶아 식힌 다음 사용하면 더욱 맛이 좋다.

호박 샐러드

Squash(Pumpkin) PORTION: 50

재료	단위	용량
단호박(Sweet Pumpkin)	kg	1.5
사과(Apple)	ea	1
당근(Carrot)	g	300
마요네즈(Mayonnaise)	g	200
설탕(Sugar)	g	30
크림(Cream)	ml	200

❁ 기물 준비	❁ 만드는 법
뷔페용 샐러드 볼 小	1. 단호박은 꼭지와 밑둥을 제거하고 반을 잘라 속을 파낸다. 2. 손질한 호박은 한입크기로 썰어 스팀에 쪄낸 후 식힌다. 3. 사과는 껍질을 벗기고 한입크기로 썬다(호박과 같은 크기로). 4. 당근은 직경 1cm크기로 썰어 끓는 물에 데쳐낸 후 식혀 물기를 제거한다. 5. 분량의 준비된 모든 재료를 한데 넣고 잘 버무린다. 6. 샐러드볼에 소복히 담아 낸다.

토마토 치즈 샐러드

Cheese and Tomato PORTION: 50

재료	단위	용량
토마토(Tomato)	kg	1
치즈(Swiss Cheese Slice)	ea	7~9
후레쉬모짜렐라치즈 (Fresh Mozzarella Cheese)		

❁ 기물 준비	❁ 만드는 법
뷔페용 샐러드 볼 小	1. 토마토는 꼭지를 제거하고 웨이지로 썬다(크기에 따라 한입크기 두께로). 2. 자른 토마토는 키친타올을 이용해 물기를 제거한다. 3. 치즈는 8등분하여 삼각형이 나오도록 자른다. 4. 샐러드 볼에 토마토와 치즈를 한 개씩 겹쳐서 켜켜이 놓는다.

치킨 샐러드

Chicken and Vegetable PORTION: 50

재료	단위	용량
치킨살(Chicken Leg(Boneless))	kg	1
파프리카 분(Paprika Powder)	g	10
소금, 후추(Salt, pepper)		약간
올리브 오일(Olive Oil)	ml	30
상추(Lettuce)	g	300
양파(Onion)	g	100
청피망(Green Pimento)	g	100
붉은피망(Red Pimento)	g	100
체리토마토(Cherry tomato)	g	100
건포도(Raisin)	g	30
꿀머스타드(Honey Mustard/D)	g	300
마늘 다진것(Garlic chop)	g	10

❁ 기물 준비

뷔페용 샐러드 볼 小

❁ 만드는 법

1. 닭다리살은 껍질을 벗기고 손질한다.
2. 닭다리살에 파프리카 파우더와 올리브오일, 다진 마늘을 넣고 소금, 후추로 밑간하여 1시간 정도 마리네이드 한다.
3. 닭다리살을 170도에 20분 동안 구워준 후 식힌다.
4. 식은 닭다리살은 칼로 0.5cm 두께로 썰어준다.
5. 양상추는 한입크기로 뜯어서 물에 살린 후 소쿠리에 받쳐 물기를 제거한다.
6. 양파와 피망은 채썰어 준비한다.
7. 체리토마토는 반을 잘라 준비한다.
8. 양상추와 채소 썬 것을 섞는다.
9. 샐러드볼에 소복히 채소를 담고 그 위에 닭다리살 썬 것을 올려준다.
10. 체리토마토와 건포도를 군데군데 뿌려준다.
11. 허니머스터드 드레싱을 뿌려 행사시작 전에 버무려준다.

채소와 고기믹스 샐러드

Mixed Vegetable and Meat　　PORTION: 50

재료	단위	용량
로스트 비프(Roast Beef Slice)	g	300
붉은치커리(Red Chicory)	g	100
레몬(Lemon)	ea	1
믹스 채소(Mixed Vegetable)	pk	1
사워 크림 드레싱(Sour Cream Dressing)	g	300
<사워 크림 드레싱(Sour Cream Dressing)>		
사워 크림(Sour Cream)	cup	0.5
올리브 오일(Olive Oil)	ml	45
크림(Cream)	ml	30
아메리칸 머스타드(American Mustard)	g	5
식초(Vinegar)	ml	15
수프링 양파(Spring Onion)	g	10
설탕	g	15
소금, 후추(Salt, Pepper)		약간

❁ 기물 준비

뷔페용 샐러드 볼 小

❁ 만드는 법

1. 로스트 비프는 슬라이스머신을 이용하여 얇게 밀어준다.
2. 민 로스트 비프는 1cm 너비로 자른다.
3. 믹스베지터블은 끓는 물에 데쳐낸 후 물기를 제거하여 식힌다.
4. 레드치커리는 손질하여 물에 살린 후 물기를 제거한다.
5. 분량의 모든 재료를 넣고 살살 버무린다.
6. 샐러드 볼에 소복히 담는다.

Baby Squid with Apricot and Caviar

재료			
빵(Toasted Bread)	10g	머스타드(Mustard)	2g
살구(Apricot)	10g	딜(Dill)	2g
오징어(Baby Squid)	10g	사워크림(Sour Cream)	5g
캐비어(Caviar)	5g	*미르쁘아*	
달걀(Egg)	10g	물(Water) 1lt, 당근(Carrot) 25g,	
레몬(Lemon)	2ml	셀러리(Celery) 25g, 양파(Onion) 50g	
마요네즈(Maymnnaise)	2g	통후추(Whole Pepper),	
		레몬주스(Lemon Juice As needed)	

✽ 만드는 방법 ✽

1. 미르쁘아와 레몬을 넣고 우려낸 물에 쭈꾸미를 넣고 삶아 식힌다.
2. 식빵은 원형 틀로 찍어 토스트한다.
3. 달걀은 삶아 식빵과 같은 모양으로 만든다.
4. 살구는 다이스로 썬다.
5. 기름종이를 짤주머니 모양으로 말아 샤와크림을 담는다.
6. 토스트에 마요네즈, 머스타드를 바르고 살구, 쭈꾸미를 올려놓고 캐비어와 딜로 장식 후, 샤와크림을 짜준다.

Marinated Red wine Snail with Cream Cheese

재료			
달팽이(Snail)	10g	딜(Dill)	2g
달걀(Egg)	10g	티발디(Tibaldi)	5g
빵(Toast bread)	10g	마요네즈(Mayonnaise)	2ml
와인(Red wine)	50ml	머스타드(Mustard)	50ml
크림치즈(Cream cheese)	5ml	캐비어(Caviar)	5g

✽ 만드는 방법 ✽

1. 달팽이는 손질하여 달군 팬에 버터를 녹인 후, 양파, 마늘을 볶은 후 같이 볶는다.
2. 레드와인을 졸여 손질한 달팽이를 넣고 졸여준다.
3. 식빵은 원형 틀에 찍어 토스트한다.
4. 티발디 햄은 얇게 슬라이스한다.
5. 달걀은 완숙으로 삶아 토스트와 같은 크기로 달걀을 원형 틀에 찍는다.
6. 토스트에 마요네즈, 머스타드를 바르고 달걀을 올리고, 티발디 햄과 졸인 달팽이를 올린 후 크림치즈를 짜고 레드캐비아와 딜로 장식한다.

Fresh Mozzarella Cheese with Tomato and Apricot

재료			
모짜렐라치즈(Mozzarella Cheese)	15g	살구(Apricot)	5g
체리토마토(Cherry Tomato)	5g	마요네즈(Mayonnaise)	2g
머스타드(Mustard)	2g	딜(Dill)	2g
토스트빵(Toast Bread)	10g	달걀(Egg)	10g

✿ 만드는 방법 ✿

1. 식빵은 원형 틀에 찍어 토스트한다.
2. 달걀은 완숙으로 삶아서 토스트모양과 같이 자른다.
3. 체리토마토는 1/8 등분으로 자른다.
4. 모짜렐라 치즈는 수저로 떠서 모양을 만든다.
5. 살구는 물기를 제거하고 토스트와 같은 모양으로 준비한다.
6. 토스트에 마요네즈, 머스타드를 바르고 달걀, 살구를 올린 후 모짜렐라 치즈를 놓고 딜과 체리토마토로 장식한다.

Reggino Cheese Marinated Honey with Tibaldi

재료			
리지아노치즈(Reggiano Cheese)	15g	티발디(Tibaldi)	5g
달걀(Egg)	10g	사과(Apple)	10g
체리토마토(Cherry Tomato)	5g	꿀(Honey)	200g
딜(Dill)	2g	와사비(Wasabi)	5g
토스트빵(Toast Bread)	10g	머스타드(Mustard)	2g
마요네즈(Mayonnaise)	2g		

✿ 만드는 방법 ✿

1. 식빵은 원형 틀에 찍어 토스트한다.
2. 티발디 햄을 얇게 썰어 토스트와 같은 모양으로 자른다.
3. 달걀은 완숙으로 삶아 토스트와 같은 모양으로 자른다.
4. 사과를 얇게 썰어 꿀, 와사비로 만든 소스에 사과를 재워둔다.
5. 체리토마토는 작은 조각으로 만들어 놓는다.
6. 치즈는 15g 정도로 잘라 사과로 만든다.
7. 토스트에 마요네즈, 머스타드를 바르고 달걀, 티발디 햄, 치즈 & 사과를 놓고 체리토마토와 딜로 장식한다.

Sea Cucumber Stuffed Shrimp

재 료			
해삼(Sea Cucumber)	20g	*새우무스(Shrimp Mousse)*	
연어로즈(Salmon Roe)	5g	새우(Shrimp)	10g
딜(Dill)	3g	크림(Cream)	10ml
달걀(Egg)	10g	레몬주스(Lemon Juice)	2ml
토스트빵(Toasted Bread)	5g	달걀흰자(Egg White)	1/2ea
마요네즈(Mayonnaise)	2g	소금(Salt)	To taste
머스타드(Mustard)	2g		

✽ 만드는 법

1. 해삼은 물에 불려 속을 채워 말 수 있는 크기로 자른다.
2. 새우는 껍질과 내장을 제거한 후 믹서기에 갈아 무스를 만든다.
3. 해삼 안에 무스를 놓고 말은 후 유니랩으로 감싸서 스팀으로 찐다.
4. 식빵을 원형 틀에 찍어 토스트한다.
5. 달걀은 완숙으로 삶아 토스트와 같은 모양으로 자른다.
6. 토스트에 마요네즈, 머스타드를 바르고 그 위에 달걀, 스팀으로 찐 무스를 잘라 놓고 위에 연어알과 딜로 장식한다.

크림 치즈 카나페

Cream Cheese Canape

PORTION: 50

재료	단위	용량
크림치즈(Cream cheese)	g	200
딜(Dill)	g	5
토스트빵(Toast Bread)		

✽ 기물 준비

원형 쿠키 커터
Pastry Bag

✽ 만드는 법

1. 슬라이스 머신을 이용해 식빵을 5mm 두께로 민다.
2. 분량의 크림치즈는 거품기로 저어 크림상태로 만든다.
3. 딜을 칼로 곱게 다져서 2번에 넣고 섞어준다.
4. 혼합한 재료를 pastrybag에 넣는다.
5. 일정한 모양으로 짠다.
6. 빵 위에 올린다.

✽ 참고사항

- 식빵이 없을 때는 제크를 이용해서 만들어도 됨

연어 롤

Salmon Roll Canape　　PORTION: 50

재료	단위	용량
훈제 연어(Smoked Salmon fillet)	g	100
케이퍼(Caper)	ea	10
호스레디쉬(Horseradish Cream)		
토스트빵(Toast Bread)		

❁ 기물 준비

원형 쿠키 커터

❁ 만드는 법

1. 훈제 연어에 호스래디쉬크림을 조금 발라준다.
2. 훈제연어를 말아준다.
3. 연어 위에 케이퍼를 올린다.

새우카나페

새우카나페　　PORTION: 50

재료	단위	용량
새우(Shrimp) 51~60 pto	ea	10
오이(Cucumber)	g	10
마요네즈(Mayonnaise)	g	10
젤라틴(Gelatine)	g	5
토스트빵(Toast Bread)		

❁ 기물 준비

원형 쿠키 커터
유산지

❁ 만드는 법

1. 새우는 데쳐서 식힌 후 꼬리를 뗀다.
2. 오이는 모양대로 얇게 슬라이스한다.
3. 젤라틴은 따뜻한 물에 녹여 놓는다.
4. 빵에 마요네즈를 조금 바르고 오이를 올린다.
5. 젤라틴을 바른 새우를 오이 위에 올린다.
6. 마요네즈에 젤라틴을 조금 섞은 후 유산지에 넣어 카나페에 사선 방향으로 뿌려준다.

❁ 참고사항

- 새우의 모양에 변화를 주면 좋다.

만다린 오렌지 카나페

Mandarine Orange Canape PORTION: 50

재료	단위	용량
마다린 오렌지(Mandarin orange)	ea	10
체리 토마토(Cherry Tomato)	ea	10
젤라틴(Gelatine)	g	10
토스트빵(Toast Bread)		

❁ 만드는 법

1. 밀감(캔)은 물기를 제거한다.
2. 체리토마토는 반으로 잘라 물기를 제거한다.
3. 젤라틴은 물에 녹여 놓는다.
4. 밀감과 체리토마토를 놓고 젤라틴을 뿌려준다.
5. 빵에 마요네즈를 조금 바른 후 4를 올린다.

❁ 참고사항

• 카나페 토핑재료를 빵 위에 올리기 전에 빵에 마요네즈를 조금 발라 재료가 움직이는 것을 방지한다.

파인애플카나페

Pineapple Canape PORTION: 50

재료	단위	용량
미니 파인애플(Mini Pineapple Slice)	pc	5
그린 올리브(Green Olive)	ea	5

❁ 만드는 법

1. 미니파인애플(캔)은 체에 받쳐 물기를 제거하고 4등분한다.
2. 그린올리브의 물기를 제거하고 2등분한다.
3. 미니파인애플과 올리브를 함께 놓고 젤라틴을 바른다.
4. 빵 위에 마요네즈를 조금 바른 후 3을 올린다.

모듬카나페

Assorted Canape PORTION: 50

재료	단위	용량
파인애플카나페(Pineapple canape)	pc	8
크림치즈카나페(Creamcheese canape)	pc	8
새우카나페(Shrimp canape)	pc	8
과일카나페(Fruit canape)	pc	8
연어카나페(Salmon canape)	pc	8

❁ 기물 준비

사각 플레이트 2호

❁ 만드는 법

1. 사각 플레이트에 제과용 레이스 페이퍼를 깐다.
2. 보기 좋게 색을 맞춰 담는다.
3. 오이나 당근을 3~4cm의 높이의 기둥으로 잘라 사각 플레이트 테두리에 놓고 랩을 씌운다. 그래야 카나페의 모양도 흐트러지지 않고 소스도 묻어나지 않는다.

3. Side Dishes

PLATE DESCRIPTION FORM

Creamed spinach, nutmeg

Green asparagus, walnut, taleggio

Porcini mushroom risotto, parmesan

Potato gnocchi, arugola

Roasted assorted mushrooms

Roasted new potatoes, oregano, garlic

Sautéed Spring Vegetables, Basil Pesto

Soft Polenta, Mascarpone, Truffle Oil

오븐구이 토마토 수프

호박 수프에 과자

상큼한 채소수프에 페스토 팬세타

훈제연어 그린채소

Smoked Salmon With Green Vegetable PORTION: 50

재료	단위	용량
훈제연어(Smoked Salmon)	pk	2
달걀(Egg)	ea	25
그린 비타민(Green Vitamin)	g	500
양배추(Cabbage)	kg	1.5
양파(Onion)	ea	3
과일카나페(Fruit Caper)	ea	50
캐비어(Cavier)	g	50
레몬주스(Lemon Dressing)	g	600

❁ 기물 준비

a.p접시 50개
접시카(짹카) 1대

❁ 만드는 법

1. 훈제연어는 살짝 dry시켜 얇게 뜬다.
2. 달걀은 끓는 물에서 13~15분 삶아 얼음물에 담가 식힌 후 껍질을 까서 치즈 칼로 반을 가른 후 흰자와 노른자를 분리한다.
3. tray에 깨끗한 천을 깔고 흰자의 등부분을 잘라 뒤집어 물기를 뺀 다음 뒤집어 놓는다.
4. 노른자는 체에 내려 마요네즈, 휘핑크림, 소금을 넣어 잘 섞어 짤주머니에 넣어 흰자 안에 짜서 속을 채운다.
5. 비타민은 좋고 적당한 크기들을 골라 살려 놓는다.
6. 양배추와 양파는 슬라이스기에 넣어 민 다음 살려 놓는다.
7. 케비어와 후르츠케이퍼는 그릇에 담아놓는다.
8. 살린 채소들은 물기를 빼고, 양파는 올리브 오일, 소금, 흑임자를 넣어 버무려 놓는다.
9. 레몬드레싱은 그릇에 담아 준비해 놓는다.

❁ 담기

- 비타민, 양배추, 훈제연어, 달걀, 후루츠케이퍼, 양파, 케비아 순으로 담아 카에 꽂는다.
- 행사 시작하기 20분 전에 a.p를 깔고 레몬소스를 연어 위에 친다.

❁ 참고사항

- 비타민과 양배추로 중심을 잘 잡아주어야 한다.
- 남은 식재료는 뷔페 샐러드용으로 사용한다.

모듬 중국식 냉채

Assorted Chinese Cold Dish

PORTION: 50

재료	단위	용량
모타렐라(Motarella Cold Cut)	g	600
새우Pto31~35(Shrimp)	pk	1
송화단	ea	17
젤리피쉬(Jelly Fish)	g	500
오이(Cucumber)	ea	8
겨자소스(KoreanMustardSauce)	g	600
칠리소스(Chinese Chili Sauce)	g	600
고추 기름(Chili Oil)	g	600

❁ 기물 준비

a.p접시 50개
접시카 (짹카) 1대

❁ 만드는 법

1. 콜컷은 슬라이스기로 10정도에서 밀어 몰드로 가운데를 찍어내고 반으로 잘라 놓는다.
2. 오이 3개는 약 2cm 정도 잘라 파리지엥으로 속을 파내고 잘라놓은 콜컷을 두 번 접어 오이에 꽂는다. 나머지 오이는 채칼로 속씨를 남기고 민다.
3. 새우는 꾸루부이용에 데쳐 식혀 담궈 놓는다.
4. 송화단은 삶아 껍질을 까서 웨이지커터기로 6등분한다.
5. 해파리는 데쳐서 찬물에 담궈 놓는다.

❁ 담기

- 오이채, 해파리, 콜컷, 송화단, 새우순으로 담는다.
- 행사시작하기 20분전에 a.p를 깔고 소스를 친다(송화단-고추기름, 해파리-겨자소스, 새우-칠리소스).

❁ 참고사항

- 오이채, 송화단, 해파리, 소스는 중식에서 만들어 준다.

모듬과일

Assorted Sesonal Fruit

PORTION: 50

재료	단위	용량
머스크 메론(Musk Melon)	ea	1/8
딸기(Strawberry)	kg	200
오렌지(Orenge)	ea	1
포도(Grape)	kg	200

❁ 기물 준비

웨딩과일 접시 1개

❁ 만드는 법

1. 메론은 8등분하여 살부분과 껍질부분을 나누어 살만 4~5등분하여 준비한다(껍질은 그릇 역할을 한다).
2. 오렌지는 깨끗이 씻어 8등분한다.
3. 딸기는 흐르는 물에 살이 무르지 않게 씻어준다.
4. 거봉은 따서 퐁퐁물에 씻어 깨끗이 행궈 준다.

❁ 담기

- 과일 접시에 메론 1쪽, 오렌지 8쪽, 딸기 10개, 거봉 10개씩 색깔을 맞추어 먹음직스럽게 담아 낸다.

양념관자와 훈제연어

Marinated Scallop and Smoked Salmon PORTION: 50

재료	단위	용량
관자(Half Shell Scallop)	ea	10
훈제연어(Smoked Salmon)	pk	2
달걀(Egg)	ea	9
그린 비타민(Green Vitamin)	g	500
붉은 양파(Red Onion)	ea	3
양파(Onion)	ea	3
양배추	kg	1.5
쥴리포(Jullipop(Flower))	pk	6
과일 케이퍼(Fruit Caper)	ea	50
으깬 감자(Mashed Potato)	g	500
레몬 드레싱(Lemon Dressing)	g	600
이탈리안 드레싱(Italian Dressing)	g	600

❁ 기물 준비

a.p접시 50개, 접시카(짹카) 1대

❁ 만드는 법

1. 가리비는 꾸루부이용에 데쳐 식힌 다음 담궈 놓는다.
2. 훈제연어는 살짝 dry시켜 얇고 넓게 뜬다.
3. 양배추, 양파는 슬라이스기로 얇게 밀고 적양파는 15정도에 놓고 민다.
4. 원형틀에 연어를 깔고 양배추를 넣어 단단하고 볼륨있게 말아놓는다.
5. 달걀은 삶아 껍질까서 웨이지 커터기로 6등분한다.
6. 비타민은 적당한 크기들로만 골라 씻어 살린다.
7. 쥴리팝은 잎을 뜯어 놓고 후루츠케이퍼는 물기를 빼고 그릇에 담아놓는다.
8. 메쉬포테이토는 적당한 농도로 잘 풀어 짤주머니에 넣어 놓는다.

❁ 담기

- 비타민, 양배추, 연어, 달걀, 케이퍼, 메쉬포 테이토, 가리비, 쥴리팝 순으로 담는다.
- 행사시작 20분전에 소스를 친다.
(연어–레몬드레싱, 가리비–이탈리안 드레싱)

❁ 참고사항

- 연어를 예쁘게 말려면 연어가 찢어지지 않게 잘 떠주어야 한다.

훈제연어와 참치

Smoked Salmonand Some Cooked Tuna PORTION: 50

재료	단위	용량
훈제 연어(Smoked Salmon)	pk	2
붉은 참치(Red Tuna)	kg	1.5
달걀(Egg)	ea	17
그린비타민	g	500
이태리 토마토(Italy Tomato)	kg	3
붉은 로즈 케일(Red Rose Keil)	g	150

재료	단위	용량
머스타드 잎(Mustard Leaf)	g	150
라디치오(Radichio)	g	500
팽이 버섯(Enoki Mushroom)	g	200
키커리(Chicory)	g	150
과일 케이퍼(Fruit Caper)	ea	50
요구르트 드레싱 (Yogurt Dressing)	g	600
레몬 드레싱(Lemon Dressing)	g	600
허니 머스타드 드레싱 (Honey Mustard /D)	g	600
꿀(Honey)	btl	0.5
마요네즈(Mayonnaise)	btl	1
아메리컨 머스타드 (American Mustard)	g	200
레몬주스(Lemon Juice)	g	30

❁ 기물 준비

a.p접시 50개, 접시카(짹카) 1대

❁ 만드는 법

1. 연어는 살짝 드리이(dry)시켜 얇게 뜬 다음 꽃모양으로 말아 놓는다.
2. 참치는 냉장고에서 중간 정도 해동시킨 후 프라이팬에 기름기 없이 반정도 익힌 후 블랙통후추를 으깨서 옷을 입히고 냉동시킨다.
3. 토마토는 속을 파내고 특수채소들은 등분을 내어 살려놓고 어느 정도 수분이 빠지면 라디치오, 겨자잎, 적로즈케일, 치커리, 팽이버섯 순으로 놓고 말아 토마도 속안에 넣어 고정시킨다.
4. 달걀은 삶아 6등분하고, 비타민은 적당한 크기들만 골라 살린다.
5. 후루츠케이퍼는 물기 제거후 볼에 담아둔다.
6. 어느 정도 냉동된 참치는 꺼내어 0.5cm 정도로 2ps씩 100ps로 잘라 놓는다.
   - 허니머스타드 드레싱 만들기
     a. 믹싱볼에 마요네즈 1통과 아메리칸 머스타드를 넣고 잘 저어준다.
     b. 꿀을 넣고 레몬주스로 농도를 맞춘다.

❁ 담기

1. 비타민, 연어, 부케, 달걀, 참치, 케이퍼 순으로 예쁘게 모양을 잡아 담는다.
2. 행사시작 20분전 소스를 테두리에 친다.
   (참치-허니머스타드, 가장자리-요플레드레싱, 뷔케-레몬드레싱)

❁ 참고사항

• 뷔케는 마르지 않도록 분무기로 물을 뿌려준다.

모듬갑각류에 발사믹 소스

Assorted Shell Fish with Balsamic Sauce PORTION: 50

재료	단위	용량
관자(Half Shell Scallop)	pk	5
관자(Mussel)	pk	2
후레쉬 굴(Fresh Oyster)	ea	50
이탈리안 토마토(Italian Tomato)	kg	3
붉은 로즈 케일(Red Rose Keil)	g	150
머스타드 잎(Mustard Leaf)	g	150
라디치오(Radichio)	g	500
팽이버섯(Enoki Mushroom)	g	200
치커리(Chicory)	g	150
쥴리포(Jullipop(Flowre))	pk	6
이탈리안드레싱(Italian Dressing)	g	600
칠리타트 소스(Chili Tartar Sauce)	g	600
레몬드레싱 Lemon Dressing	g	600
발사믹 드레싱(Balsamic Dressing)	g	600
올리브 오일(Olive oil)	ml	900
발사믹 식초(Balsamic Vinegar)	ml	300
양파(Onion)	g	40
소금(Salt), 후추(Pepper)		약간

❁ 기물 준비

a.p접시 50개, 접시카(짹카) 1대

❁ 만드는 법

1. 가리비와 홍합은 꾸루부이용에 데쳐 식힌 후 담궈둔다.
2. 석화는 소금과 레몬주스를 넣은 찬물에 깨끗이 씻어둔다.
3. 토마토는 속을 파내고 특수채소들은 등분을 내어 살려놓고 어느 정도 수분이 빠지면 라디치오, 겨자잎, 적로즈케일, 치커리, 팽이버섯 순으로 놓고 말아 토마도 속안에 넣어 고정시킨다.
4. 쥴리팝은 물에 살짝 씻어 볼에 담아둔다.

발사믹 드레싱 만드는 법

a. 믹싱볼에 발사믹식초, 양파 촙(chop)을 넣고, 올리브오일을 조금씩 부어주면서 분리되지 않게 잘 저어준다.
b. 소금, 후추로 마무리한다.

❁ 참고사항

- 뷔케를 중심에 놓고 좌 · 우 · 아래순으로 석화, 홍합, 가리비를 놓고 쥴리팝을 뷔케와 가리비 사이에 살짝 얻어 놓는다.
- 행사시작 20전에 소스를 친다.(가리비-이탈리안, 홍합-칠리 타르타르, 석화-발사믹)

훈제연어에 그린채소

Smoked Salmon With Green Vegetable PORTION: 50

재료	단위	용량
훈제연어(Smoked Salmon)	pk	2
달걀(Egg)	ea	25
그린 비타민(Green Vitamin)	g	500
양배추(Cabbage)	kg	1.5
양파(Onion)	ea	3
과일 케이퍼(Fruit Caper)	ea	50
철갑상어알(Cavier)	g	50
레몬드레싱(Lemon Dressing)	g	600

❁ 기물 준비

a.p접시 50개, 접시카(짹카) 1대

❁ 만드는 법

1. 훈제연어는 살짝 드라이(dry)시켜 얇게 뜬다.
2. 달걀은 끓는 물에서 13~15분 삶아 얼음물에 담궈 식힌 후 껍질을 까서 치즈칼로 반을 가른 후 흰자와 노른자를 분리한다.
3. 트레이(tray)에 깨끗한 천을 깔고 흰자의 등부분을 잘라 뒤집어 물기를 뺀 다음 뒤집에 놓는다.
4. 노른자는 체에 내려 마요네즈, 휘핑크림, 소금을 넣어 잘 섞어 짤주머니에 넣어 흰자 안에 짜서 속을 채운다.
5. 비타민은 좋고 적당한 크기들을 골라 살려 놓는다.
6. 양배추와 양파는 슬라이스기에 넣어 민 다음 살려 놓는다.
7. 케비아와 후루츠케이퍼는 그릇에 담아 놓는다.
8. 살린 채소들은 물기를 빼고, 양파는 올리브 오일, 소금, 흑임자를 넣어 버무려 놓는다.
9. 레몬드레싱은 갈비찜 그릇에 담아 준비해 놓는다.

❁ 담기

- 비타민, 양배추, 훈제연어, 달걀, 후루츠케이퍼, 양파, 케비아 순으로 담아 카에 꽂는다.
- 행사 시작하기 20분전에 a.p를 깔고 레몬소스를 연어 위에 친다.

❁ 참고사항

- 비타민과 양배추로 중심을 잘 잡아주어야 한다.
- 남은 식재료는 뷔페 샐러드 용으로 사용한다.

새우와 홍합에 채소부케

Shrimp and Mussel With Vegatable Bouquet PORTION: 50

재료	단위	용량
고추기름 고추기름		
타르타르 소스(Tartar Sauce)		

재료	단위	용량
홍합(Mussel)	pk	2
새우 PTO31~35(Shrimp)	pk	1
양배추(Cabbage)	kg	1
붉은 양배추(Red Cabbage0	g	300
머스타드 잎(Mustard Leaf)	g	50
시금치(Spinach)	kg	1
후레쉬 메론(Fresh Mushroom)	g	500
으깬 감자(Mashed Potato)	g	250
레몬 드레싱(Lemon Dressing)	g	600
칵테일 소스(Cocktail Sauce)	g	400
칠리 타르타르소스	Tbsp	1
(Chili TarTar Sauce)	g	600

만드는 법

1. 홍합, 새우는 하루 전에 녹여서 꾸루부이용에 데쳐 식힌 다음 새우는 등에 칼집을 넣어 담궈 놓는다.
2. 양배추, 적채는 슬라이스기에 밀고 겨자잎은 채썬 다음 살려 잘 섞어 놓는다.
3. 시금치는 적당한 크기들로만 골라 씻어 살린다.
4. 양송이는 편썰어 3pc씩 2~3인분이 나오게 한다.
5. 메쉬포테이토는 뜨거운 물에 풀어 되지 않게 농도를 맞추어 식힌 다음 짤주머니에 넣어 놓는다.
6. 칠리 tartar 소스는 tartar소스에 고추기름을 조금 넣어 분홍빛이 돌게 만들어 놓는다.

담기

- 시금치, 양배추, 양송이, 메쉬포테이토, 홍합, 새우 순으로 담는다.
- 행사 시작하기 20분전에 a.p를 깔고 소스를 친다(믹스채소-레몬드레싱, 홍합-칠리 타르타르, 새우-칵테일 소스).

참고사항

- a.p를 담을 때는 항상 여유분을 생각해서 담아놓는다.

갑각류에 양송이와 시금치

Marinade Shell Fish With Mushroom and Spinach PORTION: 50

재료	단위	용량
홍합(Mussel)	pk	2
새우 PTO31~35(Shrimp)	pk	0.5
관자(Scallop)	pk	5
양배추(Cabbage)	kg	1
붉은 양배추(Red Cabbage)	g	300
머스타드 잎(Mustard Leaf)	g	50
시금치(Spinach)	kg	1
신선한 양송이(Fresh Mushroom)	g	500
으깬 감자(Mashed Potato)	g	250
레몬 드레싱(Lemon Dressing)	g	600
칵테일 소스(Cocktail Sauce)	g	400
칠리 타르타르 소스 (Chili TarTar Sauce)		1
고추기름	Tbsp	600
타르타르 소스(Tartar Sauce)	g	
이탈리안 드레싱(Italian Dressing)	g	400

❁ 기물 준비

a.p접시 50개, 접시카(짹카) 1대

❁ 만드는 법

1. 홍합, 새우, 가리비는 꾸루부이용에 데쳐 식힌 다음 새우는 등에 칼집을 넣어 담궈 놓는다.
2. 양배추, 적채는 슬라이스기에 밀고 겨자잎은 채썬 다음 살려 잘 섞어 놓는다.
3. 시금치는 적당한 크기들로만 골라 씻어 살린다.
4. 양송이는 편썰어 3pc씩 2~3인분이 나오게 한다.
5. 메쉬포테이토는 뜨거운 물에 풀어 되지 않게 농도를 맞추어 식힌 다음 짤주머니에 넣어 놓는다.

❁ 담기

- 시금치, 양배추, 양송이, 메쉬포테이토, 홍합, 가리비, 새우 순으로 담는다.
- 행사 시작하기 20분 전에 a.p를 깔고 소스를 친다(믹스채소-레몬드레싱, 홍합-칠리타르타르, 가리비-이탈리안드레싱, 새우-칵테일 소스).

❁ 참고사항

- 꾸루부이용 만드는 법-양파, 당근, 셀러리, 레몬(주스), 화이트 와인, 소금, 통후추, 월계수잎 등을 넣어 만든다.
- 주로 갑각류를 데칠 때 사용한다.

바닷가재에 콘무스 테린에 토마토 쿨리스

Lobster and Sweet Corn Mousse Terrine With Tomato Coulis PORTION: 50

재료	단위	용량
바닷가재 테린(Lobster Terrine)	kg	2
단 콘 무스(Sweet Corn Mousse)	kg	1.5
그린비타민(Green Vitamin)	g	500
당근(Carrot)	ea	1
양배추(Cabbage)	kg	1
머스타드 잎(Mustard Leaf)	g	50
붉은 양배추(Red Cabbage)	g	300
레몬 드레싱(Lemon Dressing)	g	600
<토마토 쿨리스 소스 (Tomato Coulis Sauce)>		
토마토 쿨리스(Tomato Coulis)	g	600
백 포도주(White Wine)	kg	1
올리브 오일(Olive Oil)		some
소금(Salt)		some
후추(Pepper)		some

재료	단위	용량
<옥수수테린>		some
스위트콘	can	2
젤라틴	pk	2

❁ 기물 준비

Vip a.p접시 50개, 접시카(짹카) 1대, 테린 틀 4개

❁ 만드는 법

1. 랍스타테린은 하루 전에 냉장고에서 해동시킨 후 0.5cm 정도로 자른다.
2. 옥수수 테린도 위와 같이 0.5cm 정도로 자른다.
3. 당근은 슬라이스기로 3정도에 놓고 얇고 길게 밀어 바닷가재 모양의 몰드로 50마리를 찍어 물에 살려 놓는다.
4. 양배추, 적채는 슬라이스기에 밀고 겨자잎은 채썰어 섞어놓고, 비타민은 적당한 크기들만 골라 살려 놓는다.
5. 토마토쿨리 소스 만드는 법
   a. 팬에 토마토쿨리(캔) 1kg을 넣고 중간불어서 볶는다.
   b. a를 믹서기에 넣고 작은마늘 1개, 참기름 조금, 올리브오일, 소금 등을 넣어 곱게 간다.
   c. 와인으로 농도를 맞춘다.

● 옥수수 테린

1. 스위트콘을 대형 믹서기에 넣고 물기가 없도록 간다.
2. 젤라틴을 스팀빠에 중탕으로 녹인다.
3. 1, 2재료를 넣고 대형 믹서기에 간다.
4. 테린틀에 비닐을 깔고 그 속에 넣고 모양을 만든다.
5. 냉장고에서 식혀 사용한다.

❁ 담기

- 비타민, 양배추, 옥수수테린, 랍스타테린, 가재모양의 당근 순으로 담는다.
- 양배추에는 레몬드레싱, 랍스타테린에는 쿨리스 소스를 친다.

❁ 참고사항

- 옥수수테린을 담을 때에는 잘 부서지므로 조심해서 담아야 한다.

파마햄과 머스크 메론

Aged Parma Ham with Musk Melon

PORTION: 50

재료	단위	용량
드라이 비프(Dried Beef)	kg	1
머스크 메론(Musk Melon)	ea	7
미니로즈(Mini Rose)	pk	5
머스타드 잎(Mustard Leaf)	g	300

❁ 기물 준비

Vip a.p접시 50개
접시카(짹카) 1대

❁ 만드는 법

1. 드라이 비프는 슬라이스기로 3정도에 놓고 150개 정도 얇게 밀어 놓는다.
2. 메론은 반으로 잘라 씨를 제거하고 8등분하여 간격이 일정하게 어슷 썬다.
3. 식용 장미는 줄기부분을 잘라 물에 살려 놓는다.
4. 겨자잎은 심을 제거하고 4등분하여 깨끗이 씻은 다음 물에 살려 놓는다.

❁ 담기

- 겨자잎, 메론, 드라이비프, 식용장미 순으로 담는다.

❁ 참고사항

- 메론 1ps를 8자모양으로 잘 잡아주어야 한다.
- 드라이비프는 중앙에 칼집을 조금 내어 고깔 모양으로 만들어 준다.

라비오리에 허브소스

Raviolis with Herb's Sauce

PORTION: 50

재료	단위	용량	재료	단위	용량
<라비오리 (Raviolis)>			셀러리(Celery)	g	300
			당근	g	200
밀가루(Flour)	g	600			
시금치(Spinach)	g	500	베이질(Basil)	g	200
달걀(Egg)	ea	6	토마토(Tomato)	ea	2
올리브 오일 (Olive Oil)	cc	60	<허브 소스 (Herb's Sauce)>		
새우(Shrimp)	pk	1			
양파(Onion)	g	400			

❁ 기물 준비

뜨거운 Vip a.p 접시 50개
메인접시 50개
후드커버 50개

❁ 만드는 법

1. 시금치 1단과 달걀, 올리브오일을 함께 블렌더에 간다.
2. 밀가루에 1의 재료를 섞어 반죽한다. 반죽한 도우는 랩에 싸서 냉장고에 휴지시킨다.
3. 10분 후에 꺼내서 반죽기계에 최대한 얇게 뽑아낸다.
4. 원형 몰드에 찍어 속을 채워 반으로 접는다. 접은 도우의 끝을 포크로 찍는다.
5. 속만드는 법 -a. 새우의 껍질을 손질한다.
   -b. 새우와 채소를 잘게 다진다.
   -b를 프라이팬에 놓고 소금, 후추로 간해서 볶는다
6. 토마토는 뜨거운 물에 살짝 담궈 껍질을 벗기고 스몰다이스로 썬다.

❁ 담기

- 소스를 깔고 라비올리 3개를 놓고 그 위에 바질을 얹는다.

❁ 참고사항

- 뜨거운 a.p이다.

거위간요리

Terrine of Goose Liver with Aspic PORTION: 50

재료	단위	용량	재료	단위	용량
콩소메 수프(Consomme)	ml	500	당근(Carrot)	g	200
거위간(Goose Liver)	can	0	마요네즈 (Mayonnaise)	g	200
라쟈니아(Lasania)		5			
미니로즈(Mini Rose)	pk	6	레몬(Lemon)	ea	7
사과(Apple)	ea	10	피망(Pepper)	g	10
호두(Walnut)	g	50	소금(Salt)	g	20
셀러리(Celery)	g	200	젤라틴(Gelatine)	g	10

❁ 기물 준비

Vip a.p접시 50개, 접시카(짹카) 1대

❁ 담기

• 튀겨진 바스켓은 눅눅하지 않게 잘 보관한다.

❁ 만드는 법

1. 콩소메에 젤라틴을 넣어 중탕해서 a.p접시에 30g씩 담아 가장자리까지 돌려 놓는다.
2. 거위간은 0.5cm 정도로 잘라 놓는다.
3. 비타민은 적당한 크기들로만 고르고 식용장미는 줄기를 자른다.
4. 양상추는 잎을 따서 물에 살려 놓는다.
5. 라쟈냐는 2oz 레들로 모양을 잡아 노릇하게 튀긴다.
6. 사과는 씨, 껍질을 제거하여 사방 약 1cm 정도로 잘라 소금 또는 레몬즙을 탄 물에 담구어 변색되지 않도록 한다.
7. 호도는 뜨거운 물에 불려 속껍질을 벗기고 셀러리는 껍질을 벗긴 후 사과와 같은 크기로 자른다.
8. 상추는 썰어서 놓고 사과, 셀러리, 마요네즈, 소금, 후추를 넣어 버무린 후 바스켓 위에 올린다.

치즈와 호두브레드

Selection of Cheese with Walnut Bread PORTION: 50

재료	단위	용량
브리치즈(Brie Cheese)	can	9
에멘탈치즈(Emental Cheese)	pk	10
청포도(Green Grape)	ea	100
호두빵(Walnut Bread)	kg	2

❁ 만드는 법

1. 브리는 6등분한다.
2. 에멘탈은 10등분씩 한다.
3. 호두 빵은 삼각형 모양을 자른다.
4. 청포도는 밑둥을 잘라 놓는다.

❁ 담기

• 보기 좋고 먹음직스럽게 담는다.

❁ 참고사항

• 마르지 않도록 주의한다.

치킨라비오리 토마토샤프런소스

Chicken Ravioli with Tomato and Saffron Sauce　　PORTION: 50

재료	단위	용량	재료	단위	용량
<라비오리(Ravioli)>	g	600	양파(Onion)	g	300
밀가루(Flour)	g	500	셀러리(Celery)	g	200
시금치(Spinach)	ea	6			
달걀(Egg)	cc	60	베이질(Basli)	g	200
올리브 오일(Oilve Oli)	kg	1	토마토(Tomato)	ea	2
치킨브레스트 (Chicken Breast)	g	400			

기물 준비

뜨거운 Vip a.p접시 50개
메인접시 50개, 후드커버 50개

담기

- 소스를 깔고 라비올리 3개를 놓고 그 위에 바질을 얻는다.

만드는 법

1. 시금치 1단과 달걀, 올리브오일을 함께 블렌더에 간다.
2. 밀가루에 1의 재료를 섞어 반죽한다. 반죽한 도우는 랩에 싸서 냉장고에 휴지시킨다.
3. 10분 후에 꺼내서 반죽기계에 최대한 얇게 뽑아낸다.
4. 원형몰드에 찍어 속을 채워 반으로 접는다. 접은 도우의 끝을 포크로 찍는다.
5. 속만드는 법-a. 닭가슴살은 다듬어서 삶는다. 식으면 프로세서기에 넣고 간다.
   -b. 채소는 잘게 다진다.
   -a, b를 프라이팬에 놓고 소금, 후추로 간해서 볶는다
6. 토마토는 뜨거운 물에 살짝 담궈 껍질을 벗기고 스몰다이스로 썬다.

바닷가재 테린

Lobster Terrine　　PORTION: 50

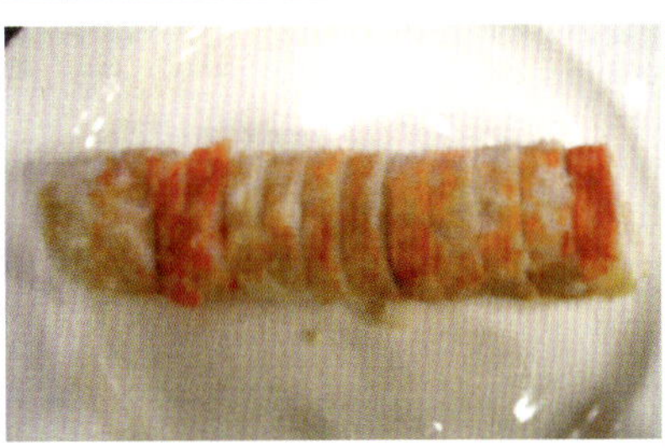

재료	단위	용량
바닷가재 살(Lobster Tail)	kg	5
젤라틴(Gelatine)	pk	1
새우(Shrimp)	pk	2
소금, 레몬주스(Salt, Lemonjuice)		약간
후추(Pepper)		약간
백 포도주(White Wine)		약간

만드는 법

1. 가재 껍데기를 분리하고 배를 가른다.
2. 시바새우를 차핑기에 간다. 이때 화이트와인 꽃소금, 흰후추를 넣고 반죽한다.
3. 비닐을 깔고 가재, 시바새우를 넣고 탄탄하게 만든다.
4. 컨벡션 오븐에서 150도에서 15분 정도 익혀 냉장고에 식혀 사용한다.

담기

- 3개씩 패킹하여 사각바 틀에 담아 냉동보관한다.

무슬리

Muesli PORTION: 50

재료	단위	용량
무슬리(Muesli)	pk	1
밀크(Milk)	ml	500
사과(Apple)	ea	1
꿀(Honey)	g	50

❁ 기물 준비

목기 샐러드볼 小

❁ 만드는 법

1. 사과를 강판에 갈아 준비한다.
2. 우유에 무슬리와 사과, 꿀을 넣고 고루 섞어 담아낸다.

콘프레이크 우유

Cornflakes and Rice Crisps With Milk PORTION: 50

재료	단위	용량
콘푸레이크(Cornflakes)	g	300
코코팝(Cocopops)	g	300
아몬드 플레이크(Almondflakes)	g	300
라이스 크리스피(Rice Crisps)	g	300
우유(Milk)	ml	3000

❁ 기물 준비

목기 샐러드볼 小

❁ 만드는 법

1. 씨리얼류는 종류별로 볼에 담아 준비한다.
2. 우유는 우유통에 담아 낸다.

❁ 참고사항

- 남은 씨리얼은 수거해서 샐러드 토핑이나 Soup토핑으로 재사용이 가능하다.

콜컷

Selection Of Cold Cuts With Pickle PORTION: 50

재료	단위	용량
콜컷(Cold Cut)	g	800
피클(Pickle)		
가니쉬(Garnish)		약간

❁ 기물 준비

샐러드볼

❁ 만드는 법

1. 콜컷은 슬라이스머신을 이용하여 얇게 밀어준다.
2. 콜컷을 반으로 접어 가지런히 담고 피클을 곁들여 담아낸다.

과일컴포트

Stewed Prune or Fruit Compotes PORTION: 50

재료	단위	용량
만다린(Mandarine)	can	3
과일 칵테일(Fruit Cocktail)	can	3
파인애플(Pineapple Slice)	can	3

❁ 기물 준비

펀치볼

❁ 만드는 법

1. 각각의 과일 통조림을 펀치 볼에 담아낸다.
2. 파인애플은 한입 크기로 썰어서 담아낸다.

커리향소스의 훈제연어 타타 샐러드

재료

훈제연어	50g	마스타드	2g
채소 믹스	50g	마요네즈	5g
체리토마토	1ea	샤와크림	10g
레몬즙	3ml	블랙캐비어	10g
소금, 후추	To taste	*커리향소스*	30ml
양파	10g	카레파우더	20g
마늘	2g	더블 치킨 스톡	60ml
파슬리	1Pinch	크림	10ml
사과	6g	꿀	As Needed
양고추냉이	2g	식초	As Needed
		소금, 후추	To taste

❁ 만드는 법

- 양상추, 그린치커리, 라디치오 등을 한입 크기로 뜯어 물에 담그고, 체리토마토는 반으로 자른다(*계절채소 이용).
- 연어를 3×3×3mm로 잘라 마요네즈, 마스타드, 샤와크림, 레몬즙, 다진 양파, 마늘, 소금, 후추로 간하여 타타를 만든다.
- 치킨 스톡을 졸이다가 카레파우더를 넣고 푼 후 생크림을 넣고 졸이다가 꿀, 식초, 소금, 후추로 간하여 만든다.
- 먼저 물기를 뺀 채소 믹스를 깔고 중앙에 (2)연어타타를 원형 틀에 담아 놓고 블랙캐비어와 체리토마토로 장식한 후, 소스를 뿌린다.

훈제연어 샐러드

SmokedSalmonSalad PORTION: 50

재료	단위	용량
상추(Lettuce)	g	60
훈제연어(Smoked Salmon)	pc	4
오이(Cucumber)	pc	3
토마토(Tomato)	pc	1
레몬(Lemon)	pc	1
양파 다진것(Onion chop)	g	10
호스레디쉬(Horse Radish Cream)	g	10
케이퍼(Caper)	g	10
붉은 양파(Red Onion)	pc	3

❁ 기물 준비

투명 샐러드 용기 1개

❁ 만드는 법

1. 양상추는 손바닥만한 크기로 뜯어 물어 살려 물기를 제거한다.
2. 양상추를 주먹만한 크기로 겹쳐 놓는다.
3. 훈제연어는 3~4pc 뜬 후 양상추 위에 보기 좋게 싼다.
4. 오이는 꽃모양으로 3개를 판다. (용기로 쓰임)
5. 호스레디쉬크림, 양파찹, 케이퍼는 오이용기에 각각 담는다.
6. 토마토는 8/1쪽을 주고, 레몬은 8/1쪽을 소창에 싼다.
7. 적양파는 얇게 링모양으로 3pc를 잘라 연어 위에 얹어 준다.

참치샌드위치

Tuna Sandwich PORTION: 50

재료	단위	용량	재료	단위	용량
참치캔(Tunacan)	g	800	양상추(Lettuce)	g	300
양파 다진것(Onion chop)	g	300	소금(Salt)		
피클 다진것 (Sweet Pickle chop)	g	300	후추(Pepper)		
삶은 달걀(Boiled Egg)	ea	5	머스타드 (Mustard)	g	10
마요네즈(Mayonnase)	g	300	버터(Butter)		
토스트빵(Toast Bread)	pc	26			

❁ 기물 준비

실리콘페이퍼, 사각 스텐 플레이트 2호

❁ 만드는 법

1. 참치를 체에 받쳐서 기름기를 제거한다.
2. 달걀은 칼로 곱게 다진다.
3. 분량의 재료를 모두 넣고 마요네즈를 섞어준다.
4. 버터에 머스터드를 넣고 섞어 크림상태로 만든다.
5. 양상추는 손바닥 만한 크기로 뜯어서 물에 살린 후 물기를 제거한다.
6. 빵에 머스터드 버터를 바르고 참치속을 채운 후 양상추를 올려 빵으로 덮는다.
7. 완성된 샌드위치는 테두리를 잘라내고 4등분한다.
8. 완성 플레이트에 베이커리용 사각 실리콘 페이퍼를 깔고 보기 좋게 담는다.

햄치즈샌드위치

Ham Cheese Sandwich PORTION: 50

재료	단위	용량
햄 슬라이스(Ham slice)	ea	36
양파 슬라이스(Onion slice)	g	100
피클 슬라이스(Pickle slice)	g	100
토마토 슬라이스(Tomato slice)	g	100
치즈 슬라이스(Slice Cheese)	ea	13
머스타드(Mustard)	g	10
버터(Butter)		
토스트빵(Toast Bread)	pc	26

❁ 기물 준비

사각 스텐 플레이트 2호, 실리콘페이퍼

❁ 만드는 법

1. 양파와 피클, 토마토는 마른행주로 물기를 제거한다.
2. 빵에 머스터드버터를 발라준다.
3. 햄, 양파, 토마토, 치즈, 피클을 올린 후 빵으로 덮는다.
4. 완성된 샌드위치는 테두리를 잘라내고 4등분한다.
5. 완성 플레이트에 베이커리용 사각 실리콘 페이퍼를 깔고 보기 좋게 담는다.

클럽샌드위치

Club Sandwich PORTION: 50

재료	단위	용량
토스트(Toast Bread)	pc	40
달걀 프라이(Egg(Fry))	ea	13
상추(Lettuce)	g	500
베이컨(Bacon(Baked))	pc	39
토마토 슬라이스(Tomato Slice)	g	300
양파 슬라이스(Olion Slice)	g	300
치킨브레스트(Chicken Breast)	g	1
마요네즈(Mayonnaise)	g	200
소금, 후추(Salt, Pepper)		
머스타드(Mustard)	g	10
버터(Butter)		

❁ 기물 준비

토스트기, 칵테일픽, 사각 스텐 플레이트 2호

❁ 만드는 법

1. 닭가슴살은 끓는 물에 데쳐서 결대로 찟는다.
2, 찟은 닭가슴살은 마요네즈와 소금, 후추를 넣고 버무린다.
3. 달걀은 노른자를 터트려서 완숙으로 프라이한다.
4. 양상추는 칼로 채썰어 물에 살린 후 물기를 제거한다.
5. 빵을 토스트기에 구워준다.
6. 빵에 머스터드 버터를 바르고 1층에는 양상추 → 토마토슬라이스 → 양파슬라이스 → 베이컨 순으로 올려준다.
7. 2층에는 빵 → 토마토슬라이스 → 양파슬라이스 → 닭가슴살 → 달걀프라이 순으로 올려주고 빵으로 덮는다.
8. 완성된 샌드위치는 tray에 놓고 위를 눌러준다.
9. 모양이 잡힌 샌드위치는 테두리를 잘라내고 대각선으로 4등분하고 칵테일픽으로 고정시킨다.
10. 완성 플레이트에 베이커리용 사각 실리콘 페이퍼를 깔고 보기 좋게 담는다.

거위간 소스

Goos liver Sauce

PORTION: 50

재료	단위	용량	재료	단위	용량
양파	g	500	로즈마리	g	10
마늘	g	100	타임	g	10
와인	g	500	거위간캔	can	1
버터	g	200	생크림	g	200
통후추	g	50			

기물 준비

큰 냄비

만드는 법

1. 버터를 두른 팬에 채 썬 양파를 타지 않게 볶는다.
2. 양파가 투명해지면 마늘 간 것과 통후추 간 것을 넣고 좀더 볶아준다.
3. 와인을 넣어 신맛이 없어질 때까지 졸여준다.
4. 데미글라스를 넣고 향신료 등을 넣어 졸여준다.
5. 소금, 후추, 비프베이스 등으로 간한 후 걸러준다.
6. 뜨거울 때 거위간 캔을 체에 내려 섞어 놓는다.

아메리칸 소스

American Sauce

PORTION: 50

재료	단위	용량	재료	단위	용량
새우껍질	kg	10	브렌디	BTL	1/5
양파	ea	20	와인	BTL	2 1/2
당근	ea	10	휘시스톡	kg	40
셀러리	ea	15			
토마토페이스트	can	2/3			

기물 준비

오븐
큰 냄비

만드는 법

1. 새우껍질은 오븐에 바싹하게 구워 놓는다.
2. 채소들은 모두 다져놓는다.
3. 큰 냄비에 새우껍질과 채소를 버터에 볶는다.
4. 거기에 브랜디로 잡내를 제거한 뒤 와인과 페이스트를 넣고 볶는다.
5. 페이스트가 볶이면 휘시스탁을 넣어 반이 될 때까지 졸인다.

참고사항

• 끓이면서 거품을 제거하지 않는다.

페퍼 소스

pepper sauce — PORTION: 50

재료	단위	용량	재료	단위	용량
데미글라스	kg	2	로즈마리	g	10
양파	g	500	타임	g	10
마늘	g	100	생크림	g	200
와인	g	500			
버터	g	200			
통후추	g	100			

❁ 기물 준비

큰냄비

❁ 만드는 법

1. 버터 두른 팬에 채썬 양파를 타지 않게 볶는다.
2. 양파가 투명해지면 간마늘과 통후추 간 것을 넣고 좀더 볶아준다.
3. 와인을 넣어 신맛이 없어질 때까지 졸여준다.
4. 데미글라스를 넣고 향신료 등을 넣어 졸여준다.
5. 소금, 후추, 비프베이스 등으로 간한 후 걸러준다.
6. 생크림은 반으로 졸여 섞은 다음 농도를 맞춘다.

데미글라스 소스

DemiGrassSauce — PORTION: 50

재료	단위	용량	재료	단위	용량
우사골	kg	15	닭뼈	kg	10
우잡뼈	kg	15	브랜디	병	1
우스지	kg	10	마늘	kg	1
토마토페이스트	can	2	로즈마리		
양파	kg	3	타임		
당근	kg	6	월계수잎		
셀러리	kg	3	정향		

❁ 만드는 법

1. 잡뼈와 사골은 오븐에 갈색이 나게 구워 놓는다.
2. 구운 뼈와 물을 스팀솥에 넣어 함께 우려내듯 끓인다.
3. 채소(당근, 양파, 셀러리, 마늘)들은 팬에 갈색이 나게 구워 놓는다.
4. 토마토페이스트는 은근한 불에 타지 않게 볶아 신맛이 나지 않게 볶는다.
5. 모두 넣고 스팀솥에 넣고 은근한 불에 3일간 끓인다.
6. 둘째날에 스지와 닭뼈를 갈색이 나도록 구워 놓는다.
7. 마지막날 브랜디와 향신료를 넣어 끓인다.
8. 소창에 걸러내서 마무리한다.

❁ 참고사항

• 중간 중간에 기름을 걸러내며, 타지 않도록 은근한 불에 끓여준다.

양송이 소스

Mushroom Sauce　　PORTION: 50

재료	단위	용량	재료	단위	용량
데미글라스	kg	2	로즈마리	g	10
양파	g	500	타임	g	10
마늘	g	100	양송이	g	200
와인	g	500	생크림	g	200
버터	g	200			
통후추	g	50			

만드는 법

1. 버터를 두른 팬에 채썬 양파를 타지 않게 볶는다.
2. 양파가 투명해지면 간마늘과 통후추 간 것을 넣고 좀더 볶아준다.
3. 다진 양송이와 와인을 넣어 신맛이 없어질 때까지 졸여준다.
4. 데미글라스를 넣고 향신료 등을 넣어 졸여준다.
5. 소금, 후추, 비프베이스 등으로 간한 후 걸러준다.
6. 생크림을 졸인 다음 농도를 맞춘다.

화이트와인 소스

White wine Sauce　　PORTION: 50

재료	단위	용량	재료	단위	용량
생크림	kg	2	통후추	g	50
양파	g	500	로즈마리	g	10
마늘	g	100	타임	g	10
화이트와인	kg	1			
버터	g	200			

만드는 법

1. 버터를 두른 팬에 채썬 양파를 타지 않게 볶는다.
2. 양파가 투명해지면 간마늘과 통후추 간 것을 넣고 좀더 볶아준다.
3. 화이트와인을 넣어 신맛이 없어질 때까지 졸여준다.
4. 향신료 등을 넣어 졸여준다.
5. 소금, 후추, 휘시베이스 등으로 간한 후 걸러준다.

마데리아 소스

Maderia Sauce PORTION: 50

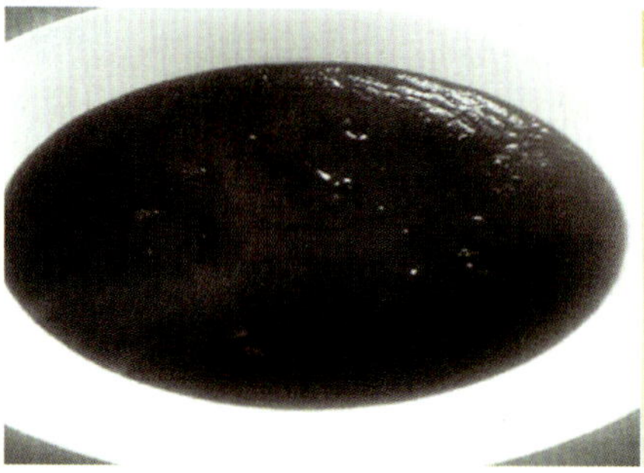

재료	단위	용량	재료	단위	용량
데미글라스	kg	2	로즈마리	g	10
양파	g	500	타임	g	10
마늘	g	100	생크림	g	200
마데리아와인	kg	1			
버터	g	200			
통후추	g	50			

❁ 만드는 법

1. 버터두른 팬에 채썬 양파를 타지 않게 볶는다.
2. 양파가 투명해지면 간마늘과 통후추 간것을 넣고 좀더 볶아준다.
3. 와인을 넣어 신맛이 없어질 때까지 졸여준다.
4. 데미글라스를 넣고 향신료 등을 넣어 졸여준다.
5. 소금, 후추, 비프베이스 등으로 간한 후 걸러준다.
6. 생크림을 반으로 졸여 농도를 맞춘다.

적포도주 소스

Red wine Sauce PORTION: 50

재료	단위	용량	재료	단위	용량
데미글라스	kg	2	통후추	g	50
양파	g	500	로즈마리	g	10
마늘	g	100	타임	g	10
와인	kg	3			
버터	g	200			

❁ 만드는 법

1. 버터두른 팬에 채썬 양파를 타지 않게 볶는다.
2. 양파가 투명해지면 간마늘과 통후추 간것을 넣고 좀더 볶아준다.
3. 와인을 넣어 신맛이 없어질 때까지 졸여준다.
4. 데미글라스를 넣고 향신료 등을 넣어 졸여준다.
5. 소금, 후추, 비프베이스 등으로 간한 후 걸러준다.

최상의 안심스테이크에 레드와인소스

Fillet of Beef Tenderloin with Red Wine Sauce Seasonal Vegetable PORTION: 50

재료					
Tenderlion	160g	*레드와인소스*		...1인분 : 40ml	
홍피망	10g	버터	300g	밀가루	300g
청피망	10g	브라운소스	12Lt	당근	150g
가지	15g	양파	250g	Dried Thyme	20g
주키니	20g	월계수잎	2ea	화이트와인	100ml
애기당근	15g	토마토퓨레	1Lt	레드와인	2Lt
아스파라거스	10g				(350인분)
양파	20g	*감자그라탕*			1인분 : 60g
로즈메리	5g	감자	3kg	파마산치즈	200g
소금, 후추	To taste	크림	1Lt	Emmentaler Cheese	200g
		양파	100g		
		마늘	50g	소금, 후추	To taste
					(30인분)
					*섭씨 : 5/9(F-32)
					*화씨 : 9/5(C+32)

❁ 만드는 법

1. 안심의 기름과 날개부분, 힘줄을 제거한 후 160g으로 자른다.
2. 피망, 가지, 호박, 애기당근은 가로 1cm, 세로 1cm 두께 0.3cm로 자르고 양파와 감자는 슬라이스한다.
3. 슬라이스한 감자를 약간 삶은 다음 물기를 제거하고 생크림, 넛맥, 소금, 모짜렐라치즈, 파마산치즈를 섞은 것을 같이 버터 바른 깊은 팬에 담고 치즈와 소스를 뿌려 200℃ 오븐에서 약 25분 정도 굽는다.
4. 달군 팬에 고기를 색깔 내어 오븐 250℃에서 약 8분 정도 구워 둔다.
5. 달군 팬에 채소를 넣고 센 불에서 소금, 후추로 간하여 재빨리 볶는다.
6. 슬라이스 한 양파는 으깬 통후추를 뿌리고 소금, 후추 간하여 센 불에서 재빨리 볶는다.
7. 적포도주를 제외한 모든 재료를 넣고 끓여 걸러준 후 다른 팬에 적포도주를 졸이고 걸러 놓은 소스와 브라운소스를 넣어 농도 맞게 졸여 마지막에 버터몬테한다.
8. 접시 사이드에 감자그라탕을 놓고 중앙에 더운 채소를 놓은 후 그 위에 구운 안심과 볶은 양파를 담고 레드와인소스를 뿌리고 로즈마리로 장식한다.

등심스테이크와 통후추소스

Roasted Striploin of Beef with Peppercorn Sauce Seasonal Wegetalbes Steamed Rice

PORTION: 50

재료	단위	용량	재료	단위	용량
소등심	kg	8	소금		
냉동그린빈스	pak	2	후추		
냉동베이비케롯	pak	2	올리브유	ml	200
새송이	pak	2	페퍼소스	oz	150
밥	kg	2	버터물		
청피망	ea	2	버터	g	300
홍피망	ea	2	소금		적당량
양파	ea	1	후추		적당량
당근	ea	1	물	kg	2
버터	g	200	설탕	g	200
			레몬주스	g	200

❁ 만드는 법

1. 소등심은 160g씩 잘라 준비한다.
2. 브로콜리는 버터물을 끓여 데친다.
3. 베이비케롯은 버터물에 설탕과 레몬주스를 넣어 끓인다.
4. 고기는 그릴에 격자무늬로 구워 색깔을 낸다.
5. 4를 180도 오븐에서 5분간 구워낸다.
6. 채소들은 다져서 버터에 밥과 볶아 볶음밥을 만들어 놓는다.
7. 새송이는 세로로 4등분하여 올리브유와 소금, 후추 간하여 그릴에 구워 놓는다.
8. 페퍼소스를 뿌려 완성한다.

❁ 담기

- 왼쪽부터 볶음밥, 브로콜리, 당근 순으로 담고 중앙에 고기를 담고 그 위에 새송이를 얹는다.
- 소스를 뿌려 완성한다.

❁ 참고사항

- 고기의 익은 정도 체크 필수

갈비살 구이와 적포도주소스 더운채소와 볶음밥

Roasted Rib-eye of Beef with Red Wine Sauce Hot Vegetable and Fried Rice

PORTION: 50

재료	단위	용량	재료	단위	용량
갈비살	kg	8	소금		
냉동그린빈스	pak	2	후추		
냉동베이비케롯	pak	2	올리브유	ml	200
새송이	pak	2	적포도주소스	oz	150
밥	kg	2	버터물		
청피망	ea	2	버터	g	300
홍피망	ea	2	소금		적당량
양파	ea	1	후추		적당량
당근	ea	1	물	kg	2
버터	g	200	설탕	g	200
			레몬주스	g	200

❁ 만드는 법

1. 갈비살은 160g씩 잘라 준비한다.
2. 브로콜리는 버터물을 끓여 데친다.
3. 베이비케롯은 버터물에 설탕과 레몬주스를 넣어 끓인다.
4. 고기는 그릴에 격자무늬로 구워 색깔을 낸다.
5. 4를 180도 오븐에서 5분간 구워낸다.
6. 채소들은 다져서 버터에 밥과 볶아 볶음밥을 만들어 놓는다.
7. 새송이는 세로로 4등분하여 올리브유와 소금, 후추로 간하여 그릴에 구워 놓는다.

❁ 담기

- 왼쪽부터 볶음밥, 브로콜리, 당근 순으로 담고 중앙에 고기를 담고 그 위에 새송이를 얹는다.
- 소스를 뿌려 완성한다.

❁ 참고사항

- 고기의 익은 정도 체크 필수

소고기 안심스테이크와 마데리아소스 더운채소

Fillet of Beef Stephanie with Madeira Sauce Seasonal Vegetalbe

PORTION: 50

재료	단위	용량	재료	단위	용량
소안심	kg	8	양송이	g	500
냉동베이비케롯	pak	2	발사믹		
버터	g	200	마요네즈		
소금			버터물		
후추			버터	g	300
올리브유	ml	200	소금		적당량
거위간소스	oz	150	후추		적당량
가지	ea	10	물	kg	2
호박	ea	10	설탕	g	200
15×15도우	ea	50	레몬주스	g	200
달걀	ea	20			

❁ 만드는 법

1. 고기는 160g씩 잘라 준비한다.
2. 고기는 그릴에 격자무늬로 구워 색깔을 낸 다음 오븐에 5분간 익힌다.
3. 다진양송이는 버터에 볶다가 소금, 후추, 생크림을 부어 국물이 없어지게 졸여 식힌다.
4. 도우에 양송이를 얹고 고기를 얹은 다음 테두리에 달걀물 처리후 고기를 싼다.
5. 4에 달걀물을 골고루 바른 후 180도 오븐에서 10분간 구워낸다.
6. 베이비케롯은 버터물에 설탕과 레몬주스를 넣어 끓인다.
7. 가지와 호박은 올리브유, 소금, 후추 간하여 구워 놓는다.
8. 발사믹은 반으로 졸여서 식혀 놓는다.
9. 마요네즈는 화이트와인, 설탕과 함께 끓여 놓는다.

❁ 담기

- 소스를 중앙에 뿌려 놓는다.
- 고기를 중앙에 올리고 삼각구도로 담는다.
- 호박, 가지, 당근을 삼각으로 세군데 담는다.
- 발사믹과 마요네즈로 장식한다.

❁ 참고사항

- 고기의 익은 정도 체크 필수

왕새우 요리와 소고기 안심스테이크

Grilled King Prawn and Beef Tenderloin Steak with Seasonal Vegetables

PORTION: 50

재료	단위	용량	재료	단위	용량
소안심	kg	6	베이키드감자	ea	25
65g새우	마리	50	사와크림	통	1
냉동브로콜리	pak	2	생크림	통	1//4
냉동베이비케롯	pak	2	버터물		
표고버섯	ea	50	버터	g	300
버터	g	200	소금		적당량
소금			후추		적당량
후추			물	kg	2
페퍼소스	oz	150	설탕	g	200
아스파라거스 냉동		2pak	레몬주스	g	200
비스큐소스	oz	60			

❁ 만드는 법

1. 고기는 120g씩 잘라 두들겨 준비한다.
2. 새우는 손질하여 등을 반으로 갈라 소금, 후추로 간한다.
3. 손질한 새우는 등 쪽으로 세워서 버터를 뿌려 준비한다.
4. 브로콜리는 버터물을 끓여 데친다.
5. 베이비케롯은 버터물에 설탕과 레몬주스를 넣어끓인다.
6. 표고는 십자가 모양으로 손질하여 페퍼소스와 생크림에 졸여낸다.
7. 고기는 그릴에 격자무늬로 구워 색깔을 낸다.
8. 새우와 고기를 180도 오븐에서 10분간 구워낸다.
9. 아스파라거스는 밑둥을 잘라내고 껍질을 벗긴 다음 버터물에 데쳐 놓는다.
10. 감자는 반으로 갈라 호일에 싸서 굽는다.
11. 사와크림과 생크림을 잘 섞어 소금, 후추로 간한다.

❁ 담기

- 감자는 십자가 모양으로 잘라 벌려서 담는다.
- 감자 위에 사와크림 만든 것을 한 스푼 올린다.
- 구운 베이컨찹과 차이브찹으로 장식한다.
- 감자, 당근, 브로콜리, 당근, 표고 순으로 담는다.
- 소스를 깔고 고기와 새우를 얹는다.
- 새우 위에 비스큐를 뿌려 마무리한다.

❁ 참고사항

- 고기의 익은 정도 체크 필수
- 새우의 익은 정도 체크 필수

송아지 등심요리와 버섯소스 파스타와 계절채소

Broiled Veal Loin with Mushroom Sauce Pasta and Seasonal Vegetables

PORTION: 50

재료	단위	용량	재료	단위	용량
송아지등심	kg	9	춘권피		2팩
냉동브로콜리	pak	2	아스파라거스		2팩
냉동베이비케롯	pak	2	버터물		
새송이	pak	2	버터	g	300
버터	g	200	소금		적당량
소금			후추		적당량
후추			물	kg	2
올리브유	ml	200	설탕	g	200
양송이소스	oz	150	레몬주스	g	200

❁ 만드는 법

1. 고기는 180g씩 잘라 준비한다.
2. 브로콜리는 버터물을 끓여 데친다.
3. 베이비케롯은 버터물에 설탕과 레몬주스를 넣어 끓인다.
4. 고기는 그릴에 격자무늬로 구워 색깔을 낸다.
5. 4를 180도 오븐에서 6분간 구워낸다.
6. 춘권피는 바스켓 모양으로 튀겨서 기름을 빼놓는다.
7. 새송이는 어슷하게 썰어 올리브유와 소금, 후추로 간하여 그릴에 구워 놓는다.
8. 파스타는 7분간 삶아 소금, 후추로 간한 후 기름에 비벼 놓는다.
9. 아스파라거스는 밑둥을 제거한 뒤 껍질을 벗겨 버터물에 데처 놓는다.

❁ 담기

• 바스켓에 파스타를 담고 브로콜리, 당근, 새송이, 아스파라거스를 담고 중간에 고기를 담아 소스를 뿌려 완성한다.

❁ 참고사항

• 고기의 익은 정도 체크 필수

소고기 안심, 양갈비, 왕새우구이와 더운채소

Grilled Madallions of Beef, Lamb Chop & Prawns(Garlic Sauce, Mint Jelly Sauce) Hot Vegetable and Patato

PORTION: 50

재료	단위	용량	재료	단위	용량
소안심	kg	4	메쉬포테이토	kg	1
양갈비	kg	5	가루		
새우(65g까지)	마리	50	우유	pak	2
냉동브로콜리	pak	2	갈릭소스	oz	150
냉동베이비케롯	pak	2	버터물		
버터	g	200	버터	g	300
소금			소금		적당량
후추			후추		적당량
페퍼소스	oz	150	물	kg	2
아스파라거스냉동	pak	2	설탕	g	200
비스큐소스	oz	60	레몬주스	g	200

❁ 만드는 법

1. 고기는 80g씩 잘라 두들겨 준비한다.
2. 새우는 손질하여 등을 반으로 갈라 소금, 후추로 간한다.
3. 손질한 새우는 등쪽으로 세워서 버터를 뿌려 준비한다.
4. 양갈비는 올리브유, 간마늘, 로즈마리, 소금, 후추에 마리네이드 한다.
4. 브로콜리는 버터물을 끓여 데친다.
5. 베이비케롯은 버터물에 설탕과 레몬주스를 넣어끓인다.
7. 새송이는 길이로 4등분하여 올리브유, 소금, 후추로 간하여 구워 놓는다.
8. 고기들는 그릴에 격자무늬로 구워색깔을 낸다.
9. 새우와 고기들를 180도 오븐에서 8분간 구워낸다.
10. 아스파라거스는 밑둥을 잘라내고 껍질을 벗긴 다음 버터물에 데쳐 놓는다.
11. 메쉬는 우유와 물, 소금, 후추를 넣어 끓여 풀어가며 농도를 맞춰 준비한다.
12. 11을 팬에 모양을 내서 담은 다음 오븐에 갈색이 나게 구워 놓는다.

❁ 담기

- 먼저 감자를 정중앙에 놓고 삼각구도로 고기와 새우를 놓는다.
- 그 사이 사이에 채소들을 넣고 소스들을 뿌려 마무리한다.

❁ 참고사항

- 고기의 익은 정도 체크 필수
- 새우의 익은 정도 체크 필수
- 감자의 색깔을 예쁘게 하기 위해서는 달걀노른자를 넣어주면 예쁜 색이 나온다.

구운 도미와 소고기 안심스테이크 다양한 채소와 볶음밥

Grilled Red Snapper and Beef with Market Vegetables

PORTION: 50

재료	단위	용량	재료	단위	용량
소안심	kg	6	페퍼소스	oz	150
냉동리마빈스	pak	2	시금치	단	2
냉동베이비케롯	pak	2	메쉬가루	g	500
새송이	pak	2	우유	kg	1
밥	kg	2	냉동도미살	kg	5
청피망	ea	2	버터물		
홍피망	ea	2	버터	g	300
양파	ea	2	소금		적당량
당근	ea	1	후추		적당량
버터	g	200	물	kg	2
소금			치킨베이스		
후추			레몬주스	g	200
올리브유	ml	200	설탕		200

만드는 법

1. 소안심은 120g씩 잘라 모양을 잡아 두드려 준비한다.
2. 도미살은 30g씩 똑같은 모양으로 잘라 소금, 후추로 간하여 준비한다.
3. 베이비케롯은 버터물에 설탕과 레몬주스를 넣어 끓인다.
4. 도미살은 밀가루를 발라 기름두른 팬에 노릇하게 구워 놓는다.
5. 고기는 그릴에 격자무늬로 구워 색깔을 낸다.
6. 고기와 도미살을 180도 오븐에서 9분간 구워낸다.
7. 채소들은 다져서 버터에 밥과 볶아 볶음밥을 만들어 놓는다.
8. 새송이는 세로로 4등분하여 올리브유와 소금, 후추로 간하여 그릴에 구워 놓는다.
9. 메쉬는 우유와 물, 소금, 후추를 넣어 끓여 풀어가며 농도를 맞춰 준비한다.
10. 9를 팬에 모양을 내서 담은 다음 오븐에 갈색이 나게 구워 놓는다.
11. 다듬은 시금치는 살짝데쳐 간하여 기름에 볶아 놓는다.
12. 리마빈스는 버터 두른 팬에 볶다. 설탕, 소금, 치킨베이스 간하여 전분 처리한다.

담기

- 구운 메쉬를 먼저 놓고 그 위에 도미살을 놓는다.
- 도미살 위에 시금치를 뭉쳐 담고 그 옆에 고기를 놓는다.
- 왼쪽부터 리마빈스, 밥, 당근, 버섯 순으로 담아 완성한다.

참고사항

- 고기의 익은 정도 체크 필수

소고기 안심스테이크와 바닷가재구이 파스타와 더운채소

Fillet of Beef and Grill Lobster with Herb's Sauce Pasta and Hot Vegetable

PORTION: 50

재료	단위	용량	재료	단위	용량
소안심	kg	6	비스큐소스	oz	150
랍스터테일	마리	25	마늘	ea	50
냉동브로콜리	pak	2	버터물		
냉동베이비케롯	pak	2	버터	g	300
새송이	g	500	소금		적당량
버터	g	200	후추		적당량
소금			물	kg	2
후추			설탕	g	200
페퍼소스	oz	150	레몬주스	g	200
파스타	팩	10			

❁ 만드는 법

1. 고기는 120g씩 잘라 두들겨 준비한다.
2. 랍스터는 반을 잘라 한쪽을 뒤집어 모양을 낸 후 소금, 후추로 간하고 버터를 바른다.
3. 새송이는 어슷하게 썰어 올리브유, 소금, 후추로 간하여 구워 준비한다.
4. 브로콜리는 버터물을 끓여 데친다.
5. 베이비케롯은 버터물에 설탕과 레몬주스를 넣어 끓인다.
6. 파스타는 7분간 삶아 소금, 후추로 간한 후 기름을 발라 놓는다.
7. 고기는 그릴에 격자무늬로 구워 색깔을 낸다.
8. 랍스터와 고기를 180도 오븐에서 10분간 구워낸다.
9. 마늘은 튀겨 놓는다.

❁ 담기

- 중앙에 파스타를 말아 놓고 좌우로 고기와 랍스터를 얹는다.
- 사진과 같이 채소들을 배열하여 담는다.
- 소스를 뿌려 마무리한다.

❁ 참고사항

- 고기의 익은 정도 체크 필수
- 랍스터의 익은 정도 체크 필수

5. Set메뉴

세트메뉴 A

진미의 호박죽
최상급 갈비안살 오븐구이와 적포도주 소스 밥과 더운 채소
잔치 국수 또는 메밀소바
신선한 계절채소와 싸우전 아일랜드 드레싱
웨딩특별 과일후식
수정과 또는 식혜

세트메뉴 B

탕평채
건강식 호박죽
소안심구이와 데리야키 소스 밥과 더운 채소
계절채소 샐러드와 동양식 드레싱
잔치국수 또는 메밀소바
신선한 계절 과일
수정과 또는 식혜

세트메뉴 C

해산물 숙회와 초고추장 소스
전복죽 또는 호박죽
소안심 석쇠구이와 포토와인 소스 백반과 더운 채소
해파리 냉채
잔치국수 또는 메밀소바
신선한 계절 과일과 딸기 아이스크림
수정과 또는 식혜

세트메뉴 D

4가지 냉채
전복죽, 호박죽 또는 잣죽
탕수육
알등심 구이에 포토 소스 밥과 더운 채소
잔치국수 또는 메밀소바
신선한 과일 샐러드
오미자차

세트메뉴 E

중국식 모듬 냉채
전복죽, 호박죽 또는 잣죽
토마토 퐁듀를 곁들인 패주 요리
매콤한 푸른 후추 소스를 곁들인 소안심 스테이크 밥과 더운 채소
탕평채
잔치국수 또는 메밀소바
후르츠 칵테일과 아이스크림
식혜 또는 수정과

세트메뉴 F

훈제연어와 전복에 칵테일 소스
게살과 상어지느러미 수프
전가복
연한 소안심 구이에 양파 소스 밥과 더운 채소
웨딩특별 샐러드와 발사믹 드레싱
잔치국수 또는 메밀소바
신선한 계절과일
수정과

세트메뉴 G

다섯가지 냉채
게살과 상어지느러미 수프
새우 칠리 소스
소안심 구이 스테이크와 발사믹 소스 밥과 3종류의 더운 채소
홍어회
잔치국수 또는 메밀소바
최고급 계절과일과 찹살떡 튀김
오미자차

Western Set Menu 4 Course

Western Set Menu 5 course

4Course Wesrern Set menu 7

호박 크림수프

Pumpkin CreamSoup PORTION: 50

재료	단위	용량	재료	단위	용량
호박	g	80	감자	g	20
생강	g	2	크림	ml	10
양파	g	10	마늘	g	5
치킨스톡	ml	100	소금, 후추		To taste
버터	g	10	밀가루		As Needed
우유	ml	20			

만드는 법

- 호박과 생강, 양파는 슬라이스하고, 마늘은 살짝 으깬다.
- 팬에 양파, 마늘을 볶다가 호박과 감자를 색이 나지 않게 넣고 소금, 후추 간하여 볶는다.
- 볶은 채소에 치킨스톡을 넣어 20분 정도 끓이다가 생크림 넣고 끓인다.
- 농도 맞게 끓인 수프를 믹서기에 간 후 한 번 더 끓여준다.
- Soup Bowl에 담고 허브로 가니쉬한다.

강낭콩수프

RedBeanSoup PORTION: 50

재료	단위	용량
강남콩캔	kg	3
양파	g	800
대파	g	200
버터	g	100
치킨스톡	kg	5
월계수잎	ea	3
백후추	g	50

기물 준비

큰냄비

만드는 법

1. 양파, 대파를 알맞게 썬다.
2. 강남콩은 물기를 제거한다.
3. 버터를 두른 팬에 채소를 충분히 눌지 않게 볶는다.
4. 채소가 볶이면 강남콩를 넣고 충분히 볶아준다.
5. 치킨스톡과 향신료 주머니를 넣고 은근한 불에서 40분이상 끓여준다.
6. 5를 믹서에 갈아서 고운망에 거른다.
7. 6을 끓이면서 치킨베이스 우유, 휘핑크림, 소금 등으로 간한다.

담기

- 씨리얼이나 프로페트롤로 장식한다.

참고사항

- 옥수수수프는 설탕을 좀 넣어도 좋다.

아스파라거스 수프

Asparagus Soup PORTION: 50

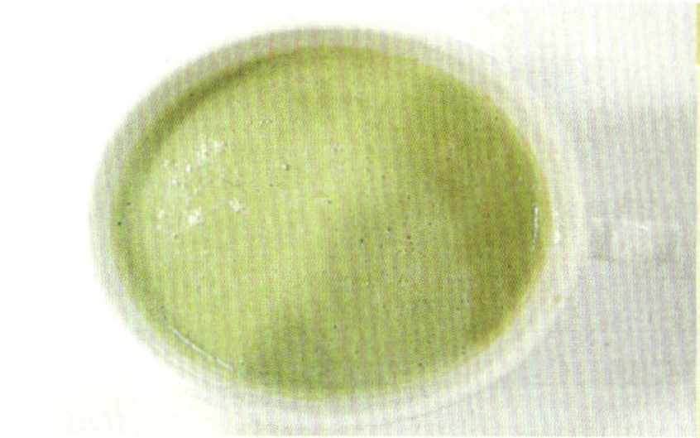

재료	단위	용량	재료	단위	용량
아스파라거스	kg	3	감자	g	600
양파	g	500	셀러리	g	100
대파	g	200	월계수잎	ea	3
버터	g	100	백후추	g	50
치킨스톡	kg	5			
마늘	g	100			

기물 준비	만드는 법	담기
큰냄비	1. 양파, 대파를 알맞게 썬다. 2. 아스파라거스 캔은 국물과 함께 쓴다. 3. 버터를 두른 팬에 채소를 충분히 눌지 않게 볶는다. 4. 채소가 볶이면 아스파라거스를 넣고 충분히 볶아준다. 5. 치킨스톡과 향신료 주머니를 넣고 은근한 불에서 40분 이상 끓여준다. 6. 5를 믹서에 갈아서 고운망에 거른다. 7. 6을 끓이면서 치킨베이스 우유, 휘핑크림, 소금 등으로 간한다.	• 씨리얼이나 프로페트롤로 장식한다.

완두콩 수프

Green Peas Soup PORTION: 50

재료	단위	용량	재료	단위	용량
냉동완두콩	kg	3	감자	g	600
양파	g	600	월계수잎	ea	3
대파	g	300	백후추	g	50
버터	g	100			
치킨스톡	kg	5			
마늘	g	100			

기물 준비	만드는 법	담기
큰냄비	1. 양파, 대파를 알맞게 썬다. 2. 완두콩은 충분히 녹여 놓는다. 3. 버터를 두른 팬에 채소를 충분히 눌지 않게 볶는다. 4. 채소가 볶이면 완두콩를 넣고 충분히 볶아준다. 5. 치킨스톡과 향신료 주머니를 넣고 은근한 불에서 40분 이상 끓여준다. 6. 5를 믹서에 갈아서 고운망에 거른다. 7. 6을 끓이면서 치킨베이스 우유, 휘핑크림, 소금 등으로 간한다.	• 씨리얼이나 프로페트롤로 장식한다.

마늘크림 수프

GarlicCreamSoup PORTION: 50

재료	단위	용량	재료	단위	용량
마늘	kg	1.5	월계수잎	ea	3
양파	g	700	백후추	g	50
대파	g	300			
버터	g	100			
치킨스톡	kg	5			
감자	g	600			

❁ 만드는 법

1. 양파, 대파를 알맞게 썬다.
2. 마늘은 뿌리를 제거한다.
3. 버터를 두른 팬에 채소를 충분히 눌지 않게 볶는다.
4. 채소가 볶이면 마늘을 넣고 충분히 볶아준다.
5. 치킨스톡과 향신료 주머니를 넣고 은근한 불에서 40분이상 끓여준다.
6. 5를 믹서에 갈아서 고운망에 거른다.
7. 6을 끓이면서 치킨베이스 우유, 휘핑크림, 소금 등으로 간한다.

❁ 담기

- 씨리얼이나 프로페트롤로 장식한다.

양송이 수프

Mushroom Cream Soup PORTION: 50

재료	단위	용량	재료	단위	용량
양송이	kg	3	마늘	g	100
양파	g	600	감자	g	600
대파	g	300	월계수잎	ea	3
버터	g	100	백후추	g	50
치킨스톡	kg	5			

❁ 기물 준비

큰냄비

❁ 만드는 법

1. 양파, 대파를 알맞게 썬다.
2. 양송이는 칼로 듬성듬성 썰어 준비한다.
3. 버터를 두른 팬에 채소를 충분히 눌지 않게 볶는다.
4. 채소가 볶이면 양송이를 넣고 충분히 볶아준다.
5. 치킨스톡과 향신료 주머니를 넣고 은근한 불에서 40분이상 끓여준다.
6. 5를 믹서에 갈아서 고운망에 거른다.
7. 6을 끓이면서 치킨베이스 우유, 휘핑크림, 소금 등으로 간한다.

❁ 담기

- 씨리얼이나 프로페트롤로 장식한다.

❁ 참고사항

- 양송이는 흙이 많이 나오므로 깨끗이 씻어준다.

인삼버섯크림 수프

Ginsang Mushroom CreamSoup　　PORTION: 50

재료	단위	용량	재료	단위	용량
양송이	kg	3	감자	g	600
양파	g	600	인삼	g	500
대파	g	300	월계수잎	ea	3
버터	g	100	백후추	g	50
치킨스톡	kg	5			
마늘	g	100			

❁ 기물 준비

큰냄비

❁ 만드는 법

1. 양파, 대파를 알맞게 썬다.
2. 양송이는 칼로 듬성듬성 썰어 준비한다.
3. 버터를 두른 팬에 채소를 충분히 눌지 않게 볶는다.
4. 채소가 볶이면 인삼과 양송이를 넣고 충분히 볶아준다.
5. 치킨스톡과 향신료 주머니를 넣고 은근한 불에서 40분 이상 끓여준다.
6. 5를 믹서에 갈아서 고운망에 거른다.
7. 6을 끓이면서 치킨베이스 우유, 휘핑크림, 소금 등으로 간한다.

❁ 담기

• 씨리얼이나 프로페트롤로 장식한다.

미네스트로니 수프

Minestroni Soup　　PORTION: 50

재료	단위	용량	재료	단위	용량
양파	ea	5	파마산치즈가루	BTL	1
당근	ea	5	월계수잎	ea	4
양배추	통	1/3	오레가노		
토마토페이스트	BTL	⅔	타임		
베이컨	ea	⅓	로즈마리		
비프스톡	kg	20	바질		
비프베이스		적당량	설탕		
치킨베이스		적당량	소금, 후추		

❁ 만드는 법

1. 채소들은 다이아몬드 모양으로 얇게 썰어 준비한다.
1. 냄비에 버터를 두르고 베이컨을 볶다가 어느 정도 익으면 페이스트를 넣고 볶아준다.
2. 페이스트의 신맛이 어느 정도 날아가면 채소들을 넣고 같이 볶아준다.
3. 채소가 볶이면 스탁을 넣고 향신료들을 넣은 다음 끓인다.
4. 파마산 치즈가루와 설탕 조금을 넣은 후 소금, 후추로 마무리한다.

❁ 담기

• 파스타(팬네)를 삶아 어슷하게 썰어 수프 위에 뿌려준다.

옥수수 수프

Cornchowder Soup

PORTION: 50

재료	단위	용량	재료	단위	용량
옥수수통조림	kg	3	월계수잎	ea	3
양파	g	800	백후추	g	50
대파	g	200			
버터	g	100			
치킨스톡	kg	5			

❁ 기물 준비

큰냄비

❁ 만드는 법

1. 양파, 대파를 알맞게 썬다.
2. 스위트콘은 물기를 제거한다.
3. 버터를 두른 팬에 채소를 충분히 눌지 않게 볶는다.
4. 채소가 볶이면 옥수수를 넣고 충분히 볶아준다.
5. 치킨스톡과 향신료 주머니를 넣고 은근한 불에서 40분이상 끓여준다.
6. 5를 믹서에 갈아서 고운망에 거른다.
7. 6을 끓이면서 치킨베이스 우유, 휘핑크림, 소금 등으로 간한다.

❁ 담기

• 씨리얼이나 프로페트롤로 장식한다.

❁ 참고사항

• 옥수수 수프는 설탕을 좀 넣어도 좋다.

콘소메 수프

Beef Consomme Soup

PORTION: 50

재료	단위	용량	재료	단위	용량
우민찌	kg	3	월계수잎	g	5
우스지	kg	1.5	타임	g	5
달걀	ea	20	로즈마리	g	10
당근	g	200	레드와인	kg	1
양파	g	300	마늘	g	500
셀러리	g	50	비프베이스	g	500
통후추	g	10			

❁ 기물 준비

큰냄비

❁ 만드는 법

1. 모든 재료는 민찌기로 간 다음 손으로 잘 섞은 후 비프스탁을 넣고 끓인다.
2. 끓을 때까지 저어준 후 중간에 홈을 파고 8~10시간 은근한 불에 끓인다.
3. 끓는 중간에 비프베이스를 넣어준다.

닭가슴살 꼬치

Ckicken Breast Skwer PORTION: 50

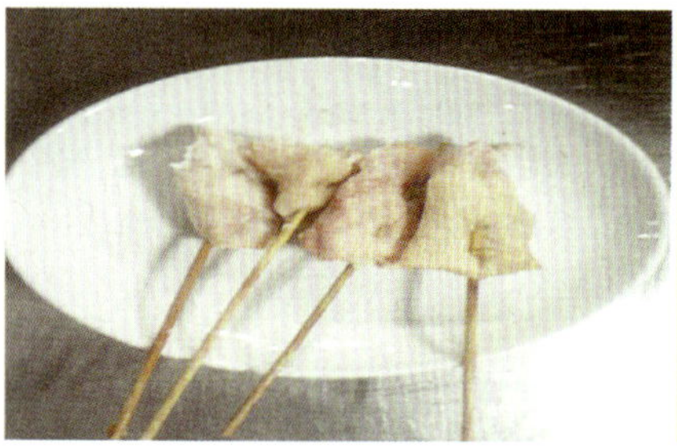

재료	단위	용량	재료	단위	용량
닭가슴살	kg	5	백후추	g	50
카레파우다	g	100	간마늘	g	50
올리브오일	g	200	백포도주	g	50
케이준파우더	g	50	다임		
15cm꼬치	ea	50	소금		
월계수잎	ea	3	후추		

❁ 기물 준비

사각인서트

❁ 만드는 법

1. 닭가슴살은 껍질과 기름기를 제거한 후 얇게 포를 떠 4~5cm 크기로 잘라 준비한다.
2. 재료들을 2조각씩 대꼬치에 물결무늬로 끼운다.
3. 준비된 양념들을 잘 섞은 후 닭꼬치에 발라 2시간 이상 재워둔다.
4. 재워둔 꼬치를 BBQ행사시 즉석에서 구워 제공한다.

❁ 참고사항

- 행사 나가기 전 160도 오븐에서 5분 정도 초벌구이 해나가면 좋다.

돼지고기 꼬치(와인숙성 삼겹살)

Porkskwer PORTION: 50

재료	단위	용량
와인숙성 삼겹살	PK	5
갈비양념	kg	2
소금		
후추		

❁ 기물 준비

사각인서트

❁ 만드는 법

1. 와인숙성 삼겹살을 해동한 후 개수만큼 준비해 놓는다.
2. 해동된 와인숙성 삼겹살을 대꼬치에 곧게 꽂아 둔다.
3. 갈비양념에 2시간 이상 재워둔다.
4. 재워둔 꼬치를 BBQ행사시 즉석에서 구워 제공한다.

❁ 참고사항

- 행사 나가기 전 160도 오븐에서 5분 정도 초벌구이해 나가면 좋다
- 양념을 강하게 하고 싶다면 전 분처리하여 서버전에 한번 더 발라주면 좋다.

소시지꼬치

Sausage skewer　　PORTION: 50

재료	단위	용량
포크소시지	kg	1
포크치폴라타	kg	1
15cm꼬치	ea	50
소금		
후추		

❁ 기물 준비	❁ 만드는 법	❁ 참고사항
사각인서트	1. 포크소시지는 어슷썰기하고 포크치폴라타는 칼집을 내 모양을 내둔다. 2. 준비된 재료를 보기 좋게 꼬치에 꽂는다. 3. 준비된 꼬치에 소금, 후추 간하여 둔다. 4. 재워둔 꼬치를 BBQ행사시 즉석에서 구워 제공한다.	• 행사 나가기전 160도 오븐에서 5분 정도 초벌구이해 나가면 좋다.

쭈꾸미 꼬치

Baby Squid skewer　　PORTION: 50

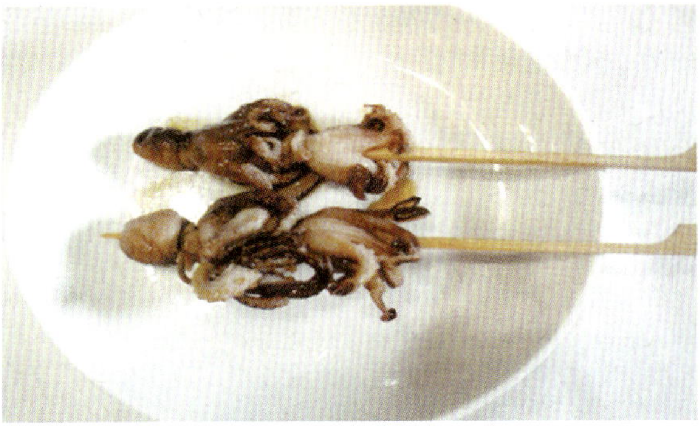

재료	단위	용량
쭈꾸미(소)	마리	100
데리야끼	kg	2
15cm꼬치	ea	50
소금		
후추		

❁ 기물 준비	❁ 만드는 법	❁ 참고사항
사각인서트	1. 쭈꾸미는 소금물에 깨끗이 씻어준다. 2. 재료들을 2마리씩 대꼬치에 물결무늬로 끼운다. 3. 준비된 재료들을 데리야끼 양념에 2시간 이상 재워둔다. 4. 재워둔 꼬치를 BBQ행사시 즉석에서 구워 제공한다.	• 행사 나가기전 160도 오븐에서 5분 정도 초벌구이해 나가면 좋다.

새우꼬치

Shrimp Skewer PORTION: 50

재료	단위	용량
51/60새우	마리	100
15cm꼬치	ea	50
소금		
후추		
파프리카시즈닝		

❁ 기물 준비	❁ 만드는 법	❁ 참고사항
사각인서트	1. 해동된 새우를 준비한다. 2. 재료들을 2마리씩 대꼬치에 끼운다. 3. 준비된 꼬치에 소금, 후추, 파프리카시즈닝을 뿌려 놓는다. 4. 재워둔 꼬치를 BBQ행사시 즉석에서 구워 제공한다.	• 행사 나가기전 160도 오븐에서 5분 정도 초벌구이해 나가면 좋다.

채소버섯 꼬치

Vegetableand Mushroom Skewer PORTION: 50

재료	단위	용량
양송이버섯	g	800
양파	g	800
대파	g	800
청피망	g	800
홍피망	g	800
15cm꼬치	ea	50
소금		
후추		

❁ 기물 준비	❁ 만드는 법	❁ 참고사항
사각인서트	1. 양송이는 반으로 자르고, 양파, 청홍피망, 대파는 2.5×2cm 크기로 준비해 놓는다. 2. 재료들을 대파, 청피망, 양파, 홍피망, 양송이 순으로 꽂는다. 3. 준비된 꼬치들에 소금, 후추를 뿌려 간을 맞춘다. 4. 재워둔 꼬치를 BBQ행사시 즉석에서 구워 제공한다.	• 행사 나가기전 160도 오븐에서 5분 정도 초벌구이해 나가면 좋다.

두부꼬치

Bean Curd Skewer　　　PORTION: 50

재료	단위	용량
두부	모	4
15cm꼬치	ea	50

❁ 기물 준비	❁ 만드는 법
사각인서트	1. 두부는 3×4cm 크기로 잘라 놓는다. 2. 꼬치에 바로 꽂으면 부서지므로 170도 온도 기름에 살짝 튀겨낸다. 3. 튀겨진 두부를 대꼬치에 꽂는다. 4. 준비된 꼬치를 BBQ행사시 즉석에서 구워 제공한다.

양파꼬치

Onion Skewer　　　PORTION: 50

재료	단위	용량
양파	kg	5
15cm꼬치	ea	50
소금		
후추		

❁ 만드는 법

1. 양파를 2cm 두께로 링으로 자른 후 4등분한다.
2. 4등분한 양파에 2쪽씩 대꼬치에 꽂아둔다.
3. 재워둔 꼬치를 BBQ행사시 즉석에서 구워 제공한다.

옥수수 꼬치

Whole Corn Skewer PORTION: 50

재료	단위	용량
cob corn	ea	25
우유	ml	1000
설탕	g	500
버터	g	500
15cm꼬치	ea	50
소금		
후추		

❁ 기물 준비

사각인서트

❁ 만드는 법

1. cob corn은 해동후 2등분해 준비한다.
2. 냄비에 준비된 우유, 버터, 설탕을 넣고 끓이다 옥수수를 넣고 졸여준다.
3. 양념이 배인 옥수수를 170도 오븐에서 8분가량 구워낸다.
4. 재워둔 꼬치를 BBQ행사시 즉석에서 구워 제공한다.

닭다리 꼬치

Chicken Leg Skewer PORTION: 50

재료	단위	용량
닭다리	ea	50
BBQ양념	kg	2
케이준파우더	g	50
소금		
후추		

❁ 기물 준비

사각인서트

❁ 만드는 법

1. 닭다리를 기름기를 제거한 후 소금, 후추, 케이준 파우더로 2시간가량 재워둔다.
2. 재워진 닭다리를 170도 온도의 오븐에서 15분간 익혀준다.
3. 준비된 닭다리를 BBQ행사시 즉석에서 BBQ양념을 발라가며 한번 더 구워낸다.

❁ 참고사항

- BBQ양념이 타지 않도록 주의하며 굽는다.

관자꼬치

Scallop Skewer PORTION: 50

재료	단위	용량
21-25관자	ea	100
15cm꼬치	ea	50
소금		
후추		

기물 준비

사각인서트
냄비

만드는 법

1. 관자는 끓는 물에 살짝 데쳐낸다(으스러짐 방지)
2. 데쳐진 관자를 대꼬치에 2개씩 꽂아낸다.
3. 재워둔 꼬치를 BBQ행사시 즉석에서 구워 제공한다.

양고기

Lamb Chop PORTION: 50

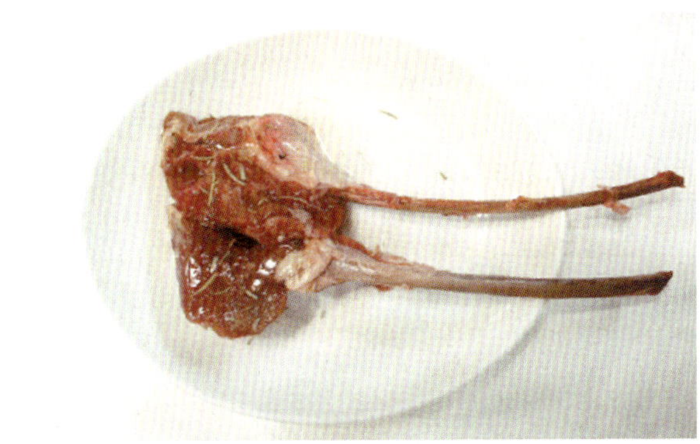

재료	단위	용량
양갈비	kg	5
간마늘	g	100
머스타드	g	100
올리브오일	g	200
월계수잎	ea	3
로즈마리	g	50
소금		
후추		
민트젤리	g	500

기물 준비

사각인서트

만드는 법

1. 양갈비는 기름기를 제거후 뼈단위로 손질해 놓는다.
2. 손질해진 양갈비에 위 재료들을 섞어 2시간 이상 재워둔다.
3. 재워둔 꼬치를 BBQ행사시 즉석에서 구워 제공한다.

참고사항

- 행사 나가기전 160도 오븐에서 5분 정도 초벌구이해 나가면 좋다.
- 별도로 민트젤리를 제공해 기호에 맞게 찍어 먹을 수 있게 준비한다.

밤베이컨 꼬치

Baked Rolled Bacon Chetnut PORTION: 50

재료	단위	용량
베이컨	pak	2
밤통조림	can	1/2
15cm꼬치	ea	50

❁ 기물 준비

오븐, 팬

❁ 만드는 법

1. 베이컨은 반으로 잘라 준비
2. 밤을 1/2로 자르고, 베이컨으로 감싼다
3. 오븐에 베이컨이 반정도 익힌다.
4. 익혀진 베이컨을 꼬치에 꽂는다.

❁ 참고사항

• 베이컨으로 밤을 분리되지 않도록 잘 말아준다.

장어꼬치

Eel Skewer PORTION: 50

재료	단위	용량
강장어	마리	25
데리야끼	kg	2
15cm꼬치	ea	50

❁ 기물 준비

사각인서트

❁ 만드는 법

1. 해동된 강장어를 4등분해 썰어 놓는다.
2. 등분된 강장어를 다시 가로방향으로 잘라 2조각씩 꽂아준다.
3. 준비된 꼬치를 BBQ행사시 즉석에서 데리야끼 소스를 발라가며 구워 제공한다.

❁ 참고사항

• 행사 나가기전 160도 오븐에서 5분 정도 초벌구이해 나가면 좋다.

게살케이크

crabCake

PORTION: 50

재료	단위	용량
냉동게살파이	pk	1
달걀	ea	3
밀가루	g	300
버터		
씨리얼		

❁ 기물 준비	❁ 만드는 법
오븐	1. 팬에 버터를 바른 후 밀가루를 발라 털어낸다. 2. 1에 게살파이를 깐 후 노른자를 발라 준다. 3. 낮은 온도의 오븐에서 구워낸다. 4. 팬에 씨리얼을 깐 후 그 위에 게살파이를 올려 마무리한다.

미니버거

mini burger

PORTION: 50

재료	단위	용량	재료	단위	용량
소방심민찌	kg	1	생크림	큰술	1
돈방심민찌	kg	1	머스터드	큰술	1
셀러리	대	1	케첩	큰술	1
양파	ea	1	올스파이스	g	2
페퍼소스			후추		
<양념>			미원		
달걀	ea	2	넛맥	g	2
마늘	큰술	1	빵가루		적당량

❁ 기물 준비	❁ 만드는 법
오븐, 버너	1. 셀러리와 양파는 곱게 다져 기름두른 팬에 볶은 후 식혀 놓는다. 2. 양념들은 전부 고르게 섞어 놓는다. 3. 우민찌와 돈민찌를 섞은 다음 1을 넣고 골고루 섞는다. 4. 3에 양념을 섞어 골고루 비벼준다. 5. 빵가루로 농도를 맞춘다. 6. 틀에 놓고 찍은 다음 170도 오븐에서 10분간 굽는다. 7. 그릇에 담은 다음 끓인 페퍼소스를 부어 완성한다.

불고기

Bulgogi PORTION: 50

재료	단위	용량
우목심	kg	3
불고기양념	kg	3
양파	ea	1
파	ea	2
당근	ea	1
느타리	g	200

❁ 기물 준비

팬

❁ 만드는 법

1. 방심은 하루 전에 냉동에서 냉장으로 옮겨놓는다.
2. 방심을 슬라이스머신(눈금 15)에 밀어 먹기 좋게 손으로 찢는다.
3. 하루 전에 양념에 재워놓는다.
4. 느타리버섯은 반으로 찢고 당근, 양파, 대파는 0.5×4cm 크기로 슬라이스하여 준비한다.
5. 불고기 먼저 볶은 다음 익어가면 채소들을 볶아 마무리한다.

불고기양념

Bulgogi Sauce PORTION: 50

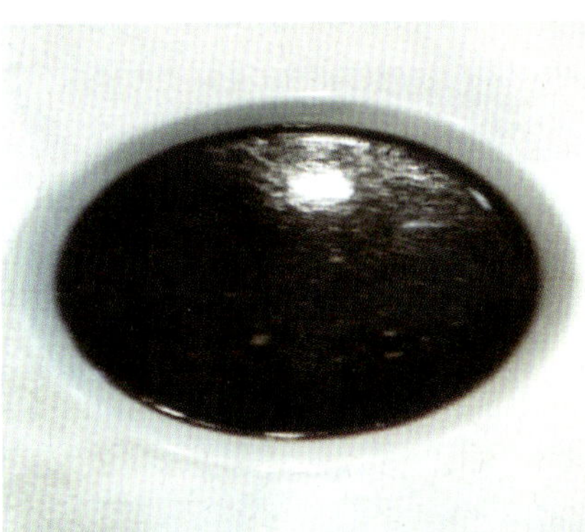

재료	단위	용량	재료	단위	용량
양파	ea	3	설탕	ml	350
파	ea	3	물엿	ml	300
배	ea	1	참기름	ml	200
키위	ea	2	미원		
사과	ea	1	후추		
물	kg	3	정종	ml	100
생강	쪽	2			
간장	ml	800			

❁ 기물 준비

10kg짜리 큰통

❁ 만드는 법

준비된 채소들은 전부 물과 함께 갈아 믹서기로 간 후에 나머지 재료를 넣어 골고루 저어준다.

소시지양파볶음, 생선

sauted Sausage onion, fish PORTION: 50

재료	단위	용량
포크비엔나	봉	1/3
포크치폴라타	봉	1/3
양파	ea	1/2
사워크라웃	g	50
케첩		
<허니마스터드>		
킹구살	kg	3
토마토쿨리	g	800
소금, 후추		

❁ 만드는 법

1. 소시지들은 모양(반으로 어슷썰기, 칼집내기 등)을 내서 준비해 놓는다.
2. 끓는 물에 살짝 데쳐서 다시 기름두른 팬에 볶는다.
3. 양파는 얇게 슬라이스하여 사워크라웃과 함께 볶는다.
4. 접시에 소시지를 담고 그 위에 3을 얹은 다음 케첩과 허니마스터드를 뿌려 완성한다.

생선

1. 킹구살은 한입크기로 잘라 소금, 후추 양념 후 오븐에 익힌다.
2. 토마토쿨리는 소금 간하여 끓인다.
3. 킹구 위에 쿨리를 뿌린 후 그린올리브, 칵테일어니언 등으로 가니쉬 해준다.

❁ 참고사항

- 쿨리소스는 묽게 처리하여 뿌린다(뷔페음식이므로 쉽게 말라보인다).

LA갈비

La Rib PORTION: 50

재료	단위	용량
갈비	kg	3
불고기양념	kg	3

❁ 만드는 법

갈비는 냉동일 때 7mm 너비로 썰어 불고기 양념에 하루 정도 재워둔다.

❁ 담기

- 금방 말라보일 수 있으므로 다 담은 후 소스를 넉넉히 끼얹어 윤기나게 한다.

❁ 참고사항

- 갈비 크기 조절 필수

연어구이

Baked Salmon　　PORTION: 50

재료	단위	용량
연어	kg	2
양파	ea	2
데리야끼소스	g	200

기물 준비

오븐, 사라만다

만드는 법

1. 연어는 손질하여 적당한 크기로 자른다(2×3cm).
2. 손질한 연어를 팬에 담아 180도 오븐에서 10분간 익힌다.
3. 익은 연어 위에 데리야끼를 붓으로 발라가며 갈색이 나게 굽는다.
4. 양파를 볶아 접시 바닥에 깔고 그 위에 연어를 올려 마무리한다.

참고사항

- 데리야끼에 전분처리하여 마지막에 발라주면 모양과 맛이 살아난다.

닭튀김(뷔페용)

Fried Chicken wing　　PORTION: 50

재료	단위	용량
치킨골드윙	봉	1
식용유	봉	1/4
당면		

기물 준비

튀김용팬

만드는 법

1. 180도의 기름에서 당면을 튀겨낸다.
2. 175도 이상의 기름에 골드윙을 넣어 12분간 튀겨낸다.

담기

- 바닥에 잡채 튀긴 것을 깐 후 담는다.

베이컨 생률

Bacon Chestnut PORTION: 50

재료	단위	용량
베이컨	pak	2
밤통조림	can	1/2

❁ 기물 준비	❁ 만드는 법	❁ 참고사항
오븐, 팬	1. 베이컨은 반으로 잘라 준비 2. 밤을 1/2로 자르고, 베이컨으로 감싼다. 3. 오븐에 베이컨이 익을 때까지 익혀 완성한다.	• 베이컨으로 밤을 분리되지 않도록 잘 말아준다.

스파게티

Spageti PORTION: 50

재료	단위	용량
스파게티면	봉	1
토마토쿨리	can	1/3
생크림	ml	100
오레가노		
소금		
후추		

❁ 기물 준비	❁ 만드는 법	❁ 담기
냄비	1. 쿨리는 토마토홀, 오레가노, 소금, 후추, 고춧가루 그리고 물 200ml를 넣고 끓인다. 2. 면은 소금을 넣은 끓는 물에 7~8분간 삶아 물기를 제거한다. 3. 생크림을 끓인 다음 면을 넣고 살짝 볶아준 후 마무리한다.	• 면과 소스는 따로 담아 놓는다.

장어구이(뷔페용)

BakedEel PORTION: 50

재료	단위	용량
냉동장어	kg	5
데리야끼	g	300
양파	g	300
생강채	g	10

기물 준비

오븐, 사라만다

만드는 법

1. 장어는 오븐에 익혀낸다.
2. 1에 데리야끼를 발라가며 사라만다에 구워낸다.
3. 양파를 데리야끼에 볶아놓는다.
4. 구워진 장어는 3~4cm 정도의 길이로 잘라 보기 좋게 담는다.
5. 생강을 얇게 슬라이스하여 가니쉬 해주면 좋다.

담기

- 양파를 바닥에 깐 후 그 위에 장어를 얹는다.

피자

Pizza PORTION: 50

재료	단위	용량
도우	판	1
양파	ea	2
청피망	ea	2
홍피망	ea	2
양송이	g	200
햄	g	200
토마토쿨리	g	200

기물 준비

피자팬, 오븐

만드는 법

1. 도우는 제과에 주문한다.
2. 야체는 모두 채썬 다음 기름두른 팬에 볶는다(햄포함).
3. 도우를 오븐에 익혀낸다.
4. 도우 위에 토마토쿨리를 펴 바르고 2를 얹는다.
5. 4위에 모짜렐라치즈, 편으로 썬 블랙올리브로 장식한다.
6. 180도 오븐에서 5~10분 정도 익혀 완성한다.

참고사항

- 도우는 포크 등으로 찔러 평평하게 굽는다.

낙지볶음

SautedOctopus　　PORTION: 50

재료	단위	용량	재료	단위	용량
낙지	kg	2	설탕	g	20
양파	ea	2	물엿	g	20
파	ea	1	간장	g	20
호박	ea	1	소금		
당근	ea	1	후추		
풋고추	ea	2	미림	큰술	2
<양념장>			미원		
고춧가루	g	200	마늘		
고추장	g	50	참기름		

❁ 기물 준비

팬

❁ 만드는 법

1. 낙지는 손질하여 3cm 정도 먹기 좋은 크기로 썬다.
2. 당근, 호박, 양파(0.5×3cm)로 슬라이스하고, 대파, 청, 홍고추들은 어슷하게 모양있게 썰어 준비해 놓는다.
3. 낙지는 끓는 물에 살짝 데쳐서 준비한다.
4. 기름두른 팬에 낙지와 양념장을 넣어 볶아준다.
5. 낙지가 색깔이 나면 채소를 넣고 볶고 마지막에 참기름으로 마무리한다.

돼지안심(뷔페용)

bakedPorkTenerloin　　PORTION: 50

재료	단위	용량
돼지안심	kg	1
머스터드		적당량
소금		
후추		
페퍼소스		

❁ 기물 준비

오븐

❁ 만드는 법

1. 돼지안심에는 머스터드, 소금, 후추를 뿌려 170도 오븐에서 20분간 익혀 놓는다.
2. 페퍼소스는 끓여놓는다.
3. 1의 안심을 먹기 좋게(0.3cm 정도의 두께) 썰어 돌려가며 담는다.
4. 3에 2를 뿌려서 마무리

볶음밥

Fried Rice PORTION: 50

재료	단위	용량
밥	kg	3
믹스채소	g	500
달걀	ea	3
굴소스		
소금		
미원		
후추		
식용유		

❁ 기물 준비

팬

❁ 만드는 법

1. 기름을 두른 팬에 달걀을 넣고 저어가며 볶는다.
2. 달걀이 익어가면 믹스채소를 넣고 소금, 후추, 굴소스, 미원을 넣고 볶는다.
3. 살짝 볶다가 밥을 넣고 볶아준 후 마무리 간한 다음 마무리한다.

새우튀김(뷔페용)

Fried Shrimp PORTION: 50

재료	단위	용량
빵새우	마리	50
식용유	봉	1/4
당면		

❁ 기물 준비

튀김팬

❁ 만드는 법

1. 180도의 기름에 당면를 튀겨낸다.
2. 175도의 기름에 8분간 새우를 튀겨낸다.

❁ 담기

• 당면튀김을 깔고 난 후 담는다.

❁ 참고사항

• 튀김 중에 새우가 휘지 않도록 주의하여 튀겨야 한다.

양다리

Lamb Leg PORTION: 50

재료	단위	용량
양다리	kg	3
머스타드		
소금		
후추		
식용유		
마늘		

❁ 만드는 법

1. 양다리는 올리브유, 마늘, 머스터드, 소금, 후추, 로즈마리에 마리네이드하여 놓는다.
2. 180도 오븐에서 20분간 익힌다.
3. 먹기 좋은 크기로 썰어(두께 0.3cm×길이 3cm) 담고 끓인 페퍼소스를 뿌려 마무리한다.

❁ 참고사항

• 튀긴 마늘로 가니쉬 해주며 소스는 묽게 처리한다.

찹스테이크

ChopSteak PORTION: 50

재료	단위	용량	재료	단위	용량
안심	kg	1	A.1소스	g	50
양파	ea	2	타바스코	g	30
피망	ea	2	마스터드	g	20
홍피망	ea	2	소금		
양송이	g	200	후추		
케첩	g	100	와인	ml	10
페퍼소스	g	100	식용유		

❁ 기물 준비

팬

❁ 만드는 법

1. 소고기 안심은 식용유와 후추, 마스터드, 소금, 간마늘로 재워놓는다.
2. 채소(청, 홍피망, 양파, 양송이 버섯)들은 먹기 좋은 크기로 썰어 놓는다(2.5×2.5).
3. 기름두른 팬에 안심을 살짝 볶다가 레드와인을 넣어 준 후 채소들을 넣고 볶는다.
4. 케첩, 페퍼소스, A.1소스. 타바스코를 넣어 볶아준 후 고기가 익으면 마무리한다.

❁ 참고사항

• 소스를 적당량 넣어 자칫 스튜가 되지 않도록 주의한다.

현장 실전메뉴

C.H.A.P.T.E.R 03

한식메뉴
Korean Menu

호두조림

Soy Sauce Glazed Walnut PORTION: 50

재료	단위	용량	재료	단위	용량
깐호두	kg	1.5	꿀	G	200
잣	G	300	미림	G	200
물엿	G	800	식용유	G	250
참기름	G	200	물	L	4
진간장	G	200			
설탕	G	200			

❁ 기물 준비

사기 찬그릇
뷔페용 샐러드볼

❁ 만드는 법

1. 깐호두는 떫은 맛을 제거하기 위해 끓는 물에 데쳐낸다.
2. 데쳐낸 호두를 찬물에 넣고 3번 정도 헹군다.
3. 식용유를 넣고 호두를 약한 불에서 볶아 준다.
4. 미림, 꿀 물엿, 진간장, 설탕, 물을 넣고 끓여서 소스를 만든다.
5. 소스가 끓으면 호두와 잣을 넣고 조려 준다.
6. 다 조려진 호두와 잣을 넓은 그릇에 펴서 담고 식혀 준다.
7. 다 식으면 참기름을 넣고 잘 섞어준다.

❁ 담기

- set menu시 찬- 찬그릇에 호두와 잣을 섞어서 담아 준다.
- 그릇에 소복하게 잣과 호두를 골고루 섞어서 담는다.

❁ 참고사항

- 한조식 또는 여러 korea set menu시 찬류.
- 뷔페에 찬류에 조림으로 사용한다.

건꼴뚜기조림

Soy Sauce Glazed Beka squid PORTION: 50

재료	단위	용량	재료	단위	용량
건꼴뚜기	kg	1.5	미림	G	100
물엿	G	800	식용유	G	400
설탕	G	200	풋고추	G	0.1
물엿	G	100	홍고추	G	0.1
진간장	G	100			
다진마늘	G	100			

❁ 만드는 법

1. 건꼴뚜기는 물에 30분 정도 불려 소쿠리나 체에 받쳐 물기를 제거한다.
2. 팬에 식용유를 두르고 꼴뚜기를 볶아 준다.
3. 간장, 물, 설탕, 물엿, 다진마늘을 넣고 끓여서 소스를 만든 후, 꼴뚜기를 넣고 조려 준다
4. 풋고추와 홍고추를 얇게 썰어서 조린 꼴뚜기에 섞어 준다.
5. 조린 꼴뚜기를 넓은 그릇에 담아 식혀준 후, 참기름과 깨소금을 넣고 섞어준다

멸치조림

Soy Sauce Glazed Anchovi PORTION: 50

재료	단위	용량	재료	단위	용량
가이리멸치	kg	1.5	식용유	G	400
물엿	G	800	고운	G	200
설탕	G	200	고춧가루		
물엿	G	100			
진간장	G	100			
다진마늘	G	100			
미림	G	100			

❁ 만드는 법

1. 멸치를 식용유 없이 팬에 넣고 약한 불에서 볶아준다.
   (기름 없이 첨에 볶아주어야지 비린내가 나지 않는다)
2. 볶은 멸치의 부스러기 등을 제거한 후 식용유를 넣고 다시 한번 볶아준다.
3. 팬에 간장 다진마늘, 미림, 설탕, 물엿, 고운고춧가루, 물을 넣고 소스를 만든다.
4. 위의 소스에 멸치를 넣고 볶으면서 조려준다.
5. 참기름과 참깨를 넣고 골고루 섞어준다.

버섯볶음(느타리, 새송이, 표고)

Sauted Mushroom PORTION: 50

재료	단위	용량	재료	단위	용량
느타리, 새송이	kg	2	참기름	G	10
표고 버섯			참깨	G	5
홍피망	G	5	소금	G	100
청피망	G	50	다진마늘	G	30
백후추	G	조금			
식용유	G	50			

❁ 만드는 법

1. 버섯은 한입크기 정도로 썰어서 끓는 물에 살짝 데친다.
2. 청피망, 홍피망은 1×4cm로 썰어서 적은 양의 식용유에 살짝 볶아서 식혀 둔다.
3. 느타리를 소금, 다진마늘, 후추 조금을 넣고 버무려준 후, 식용유를 넣고 볶아준다.
4. 간을 맞추고 볶은 버섯에 청피망, 홍피망을 넣고 참기름 , 참깨를 넣고 잘 섞어준다.
   (느타리는 2등분 정도로 찢어주고, 새송이는 반을 썰어 3등분, 표고는 4등분 정도 썰어준다)
   (표고버섯의 피망은 2.5×2.5cm로 썰어준다)

호박나물

seasoned Squash PORTION: 50

재료	단위	용량
애호박	ea	10
새우(또는 관자)	kg	0.5
다진마늘	조금	
소금	조금	
후추	조금	
미원	조금	
참기름		
참깨		

❁ 만드는 법

1. 호박을 두께 3mm 정도로 썰어서 소금에 절여둔다.
2. 새우나 관자는 데쳐서 반을 갈라준다
3. 호박에 소금, 마늘을 넣고 간을 해준 후 살짝 볶아준다
4. 볶아서 식혀준 후 호박과 새우에 참기름, 참깨를 넣고 잘 버무려준다.

❁ 담기

• set menu시 찬- 찬그릇에 소복하게 담는다.

❁ 참고사항

• 한조식 또는 여러 korea set menu시 찬류.

숙주나물

seasoned mung bean sprout PORTION: 50

재료	단위	용량
숙주	kg	1
미나리	G	500
마늘	G	30
참기름	G	20
참깨	G	10
소금	G	20

❁ 만드는 법

1. 숙주를 끓는 물에 살짝 삶아서 찬물에 식혀 물기를 빼준다.
2. 미나리도 끓는 물에 소금을 넣고 살짝 데쳐서 찬물에 헹궈놓는다.
3. 숙주, 미나리, 소금, 참기름, 깨소금을 넣고 무친다.

❁ 담기

• set menu시 찬- 찬그릇에 소복하게 담는다.
• 뷔페- 그릇에 소복하게 골고루 섞어서 담는다.

❁ 참고사항

• 한조식 또는 여러 korea set menu시 찬류.
• 뷔페에 찬류에 나물로 사용한다.

참취나물

PORTION: 50

재료	단위	용량	재료	단위	용량
참취나물	kg	2	된장	G	10
소금	G	30	고추장	G	10
참기름	G	10			
깨소금	G	5			
다진마늘	G	30			

만드는 법

1. 참취나물은 거친 것을 제거한 후 끓는 물에 소금을 넣고 삶아준다(너무 무르지 않게 한다).
2. 찬물에 깨끗이 씻어서 물기를 제거한다.
3. 취나물을 짜서 물기를 제거한 후, 참기름, 소금, 깨소금, 다진마늘을 넣고 무친다(된장을 약간 넣고 무쳐도 된다).

담기

- set menu시 찬- 찬그릇에 소복하게 담는다.
- 뷔페- 그릇에 소복하게 골고루 섞어서 담는다.

참고사항

- 한조식 또는 여러 korea set menu시 찬류.
- 뷔페에 찬류에 나물로 사용한다.

참나물

PORTION: 50

재료	단위	용량	재료	단위	용량
참나물	kg	2	된장	G	10
소금	G	20	고추장	G	10
참기름	G	10			
깨소금	G	5			
마늘	G	20			

만드는 법

1. 참나물을 다듬어 놓는다.
2. 끓는 물에 소금을 약간 넣고 삶는다(너무 무르지 않도록).
3. 찬물에 헹구어 물기를 제거한다.
4. 물기를 짜준 후, 참기름, 소금, 깨소금, 마늘 등을 넣고 무친다(된장을 넣고 무쳐도 된다).

담기

- set menu시 찬- 찬그릇에 소복하게 담는다.
- 뷔페- 그릇에 소복하게 골고루 섞어서 담는다.

참고사항

- 한조식 또는 여러 korea set menu시 찬류.
- 뷔페에 찬류에 나물로 사용한다.

더덕무침

PORTION: 50

재료	단위	용량	재료	단위	용량
깐 더덕	kg	2	고춧가루	G	200
쪽파	G	조금	다진마늘	G	50
깨소금	G	20	다진생강	G	20
소금	G	20	물엿	G	500
설탕	G	800			
고추장	G	800			

❁ 만드는 법

1. 더덕을 방망이로 두드려서 소금물에 1시간 정도 담근다.
2. 물기를 제거하고 고추장, 고춧가루, 다진마늘, 다진생강, 물엿, 설탕, 소금, 고춧가루를 넣고 무친다.
3. 깨소금과 실파를 넣고 섞는다.

❁ 담기

• set menu시 찬- 찬그릇에 소복하게 담는다.

❁ 참고사항

• 한조식 또는 여러 korea set menu시 찬류

원추리나물

PORTION: 50

재료	단위	용량
원추리	kg	2
소금	G	30
마늘	G	30
참깨	G	20
참기름	G	30
(닭고기 등을 이용해도 된다)		

❁ 만드는 법

1. 원추리 나물을 소금을 넣고 삶아서 물에 식혀 놓는다.
2. 양념을 넣고 무친다.
3. 닭고기 등을 찢어서 같이 무쳐도 좋다,

❁ 담기

• set menu시 찬- 찬그릇에 소복하게 담는다.

❁ 참고사항

• 한조식 또는 여러 korea set menu시 찬류.
• 뷔페에 찬류에 나물로 사용

냉이나물

PORTION: 50

재료	단위	용량
냉이	kg	3
소금	G	20
다진마늘	G	30
참깨	G	20
참기름	G	30
또는		
된장	G	10
고추장	G	10
(북어채나 조개살 등을 넣어서 무쳐도 좋다)		

❁ 만드는 법

1. 냉이를 잘 손질하여 소금을 넣고 삶는다.
2. 모든 양념을 넣고 무친다(된장이나 고추장으로 무쳐도 된다).

❁ 담기

• set menu시 찬- 찬그릇에 소복하게 담는다.

❁ 참고사항

• 한조식 또는 여러 korea set menu시 찬류.

달래무침

PORTION: 50

재료	단위	용량
달래	kg	3
초고추장	G	30

❁ 만드는 법

1. 달래를 깨끗이 씻어 4cm 정도로 썬다.
2. 초고추장에 무쳐준다.
2. 깨를 위에 살짝 뿌려준다.

❁ 담기

• set menu시 찬- 찬그릇에 소복하게 담는다.

❁ 참고사항

• 한조식 또는 여러 korea set menu시 찬류.
• 뷔페에 찬류에 나물로 사용한다.
• 초고추장은 일식 소스류 참조
• 돗나물과 같이 키위드레싱이나 요거트드레싱으로 샐러드로 무쳐도 좋다.

배추김치

PORTION: 50

재료	단위	용량
배추김치	kg	5

❁ 만드는 법

1. 배추김치를 발주한다.
2. 들어온 배추김치를 먹기 좋게 익힌 후, 먹기 좋은 크기로 썬다.
3. 썰은 김치를 김치볼에 담고 김치 국물도 살짝 뿌려 준다.

❁ 담기

- 한조식이나 한식 set menu일 경우 – 김치볼에 깨끗하게 담아준다, 김치 국물도 살짝 뿌려 준다.
- 도시락일 경우에는 베이킹 컵에 담는다.

❁ 참고사항

나박김치

PORTION: 50

재료	단위	용량
한성식품	kg	5
나박김치		
오이	ea	3
배	ea	2
사이다	g	300
쪽파	g	200

❁ 만드는 법

1. 발주해 들어온 김치를 실온에서 하루 정도 먹기 좋게 익힌다.
2. 오이는 3.5×3.5cm 정도로 두께는 0.3cm 정도로 썰어준다,
3. 배도 껍질을 깎아 오이와 비슷한 크기로 썬다.
4. 쪽파는 깨끗이 씻어 다듬은 후 3cm 정도로 썬다.
5. 위의 재료를 나박김치에 넣고 사이다를 넣어 준 후 간을 맞춘다.

❁ 담기

- 찬그릇에 쪽파와 고추 등이 보이게 채소를 골고루 담은 후 국물을 부어 준다.

❁ 참고사항

- 한조식이나 한정식에 찬으로 이용.
- 회덮밥이나 비빔밥 메뉴에는 꼭 사용한다.

명란젓

PORTION: 50

재료	단위	용량
명란젓	kg	1.5
참기름	G	20
참깨	G	10
쪽파	G	20

❁ 만드는 법

1. 명란젓을 한입크기로 자른다.
2. 쪽파는 얇게 썰어 놓는다.
3. 그릇에 자른 명란젓을 3개 정도 넣고 참기름을 살짝 뿌린다.
4. 쪽파와 참깨를 뿌려준다.

❁ 담기

• 젓갈볼이나 베이킹컵에 담을 때 그릇옆 부분이 지저분해지지 않도록 해서 담는다,

❁ 참고사항

• 세미나 메뉴나 한정식 메뉴에 사용되고 한식 도시락에도 사용된다.
• 한식 찬에 이용된다.

어리굴젓

PORTION: 50

재료	단위	용량
어리굴젓	kg	1
쪽파	G	300
참깨	G	30
참기름	G	30
생률	G	100
배	EA	1
무	G	300

❁ 만드는 법

1. 쪽파는 slice해 준다.
2. 밤과 배와 무는 얇게 채를 썬다.
3. 어리굴젓에 쪽파, 밤, 무를 넣고 나머지 양념을 넣어 무친다.

❁ 담기

• 젓갈볼에 담을 때 그릇 옆부분이 지저분해지지 않도록 해서 담는다.

❁ 참고사항

• 세미나메뉴나 한정식 메뉴에 등.
• 한식 찬에 이용된다.

창란젓

PORTION: 50

재료	단위	용량
창란젓	kg	1
쪽파	G	300
다진마늘	G	300
청양고추	G	300
고운 고춧가루	G	300

만드는 법

1. 청양고추는 얇게 어슷썰기해 놓는다.
2. 쪽파는 얇게 어슷썰기해 놓는다.
3. 창란젓에 양념과 청양고추, 쪽파, 마늘을 넣고 무쳐준다.

담기

- 젓갈볼이나 베이킹컵에 담을 때 그릇 옆부분이 지저분해지지 않도록 해서 담는다.

참고사항

- 세미나메뉴나 한정식 메뉴에 사용되고 한식 도시락에도 사용된다.
- 한식 찬에 이용된다.

오징어젓갈

PORTION: 50

재료	단위	용량
오징어젓	kg	1
마늘	G	300
청양고추	G	30
참기름	G	30
참깨	G	30
고운 고춧가루	G	300
다진 마늘	G	30

만드는 법

1. 마늘은 편으로 얇게 어슷썰기해 놓는다.
2. 청양고추도 얇게 어슷썰기해 놓는다.
3. 오징어젓에 마늘과 청양고추, 양념들을 넣고 무쳐준다.

담기

- 젓갈볼에 담을 때 그릇 옆부분이 지저분해지지 않도록 해서 담는다.

참고사항

- 세미나메뉴나 한정식 메뉴에 등.
- 한식 찬에 이용된다.

북어국

PORTION: 50

재료	단위	용량
북어채	kg	3
무	kg	2
두절콩나물	kg	3
달걀	G	350
물	L	18
대파	G	500
들기름	G	40
소금	G	100
마늘	G	40

만드는 법

1. 북어채를 물에 헹구어 준 후, 물기를 살짝 제거한다.
2. 냄비에 북어채를 넣고 들기름을 넣어준 후 볶아준다.
3. 뿌연 국물이 나올 정도로 볶아준 후, 물을 넣어준다.
4. 물이 끓기 시작하면 무를 넣어주고, 조금 끓인 후에 콩나물을 넣는다(콩나물은 미리 씻어서 물기를 제거해 주고, 무는 3×3cm 정도로 두께는 0.2~0.3 정도로 썰어둔다).
5. 대파는 길이 5cm×폭 1cm 정도로 썰어둔다.
6. 무가 익을 정도가 되어서 썰어둔 대파와 다진 마늘을 넣어준다.
7. 소금으로 간을 맞춘다.
8. 마지막에 달걀을 풀어서 넣어준 후 저어준다.

담기

- 탕 그릇에 북어채와 채소들을 먼저 건져서 골고루 넣어 준 후 국물을 넣어 준다.
- 볶을 때에는 뿌연 국물이 나올 때까지 볶아주어야지 북어향이 많이 난다.

소고기 무국

PORTION: 50

재료	단위	용량
차돌양지	kg	3
무	kg	3
대파	G	500
생강	G	5
마늘	G	20
물	L	18
소금	G	100
양파	G	300
참기름	ML	5
국간장	G	3
마늘	G	5
대파	G	10

❁ 만드는 법

1. 차돌양지는 해동시킨 후 5시간 정도 물에 넣고 핏물을 뺀다.
2. 냄비에 양지와 대파, 양파, 마늘을 넣고 3시간 정도 푹 끓여 준다.
3. 양지가 익으면 양지는 건져서 식혀 주고, 나머지 재료는 고운 체에 걸러서 맑은 국물을 만든다.
4. 양지는 식은 후에 결대로 찢어서 참기름, 국간장, 마늘, slice한 대파를 넣고 양념을 해준다.
5. 무는 3×3cm 크기로 썰어서(북어국 무와 비슷) 둔다.
6. 걸러낸 맑은 국물을 끓인다. 국물이 끓으면 무를 넣고 끓여준다.
7. 생강을 다져서 넣어준다.
8. 무가 익으면 무를 건져내고 국물의 간을 맞춰준다.
9. 대파를 얇게 slice한다.

❁ 담기

• 미리 건져 놓은 무를 그릇에 넣고 양념한 고기를 위에 올리고 파를 올려 준 후 고명이 흐트러지지 않게 국물을 넣어 준다.

❁ 참고사항

• 세미나메뉴시 비빔밥, 한식도시락 L1, L2, korea breakfast,

냉이국

PORTION: 50

재료	단위	용량	재료	단위	용량
냉이	kg	4	건다시마	G	50
다시멸치	G	500	물	L	18
대파	G	500	조갯살	kg	1
마늘	G	40			
고추장	G	200			
된장	kg	1			

❁ 만드는 법

1. 냉이는 씻어서 뿌리를 손질한 후 물에 깨끗이 헹궈준다.
2. 냄비에 물을 넣고 다시멸치, 대파, 건다시마를 넣고 육수를 만든다.
3. 20분 정도 끓인 후 육수안의 재료를 건져낸 후, 고추장을 넣어준 후 된장을 체에 받쳐서 풀어준다.
4. 3에 손질한 냉이와 조갯살을 넣어 준 후, 다진마늘과 잘게 썬 대파를 넣고 간을 맞춘다.

❁ 담기

• 국그릇에 건더기와 국물을 알맞게 담아 준다.

❁ 참고사항

• 세미나의 갈비찜 또는 한정식에 계절에 맞춰서 사용한다.

쑥국

PORTION: 50

재료	단위	용량	재료	단위	용량
생쑥	kg	4	건다시마	G	50
된장	kg	1	들깨	kg	1
대파	G	500	다시멸치	G	500
마늘	G	40	소금	G	10
물	L	18			

❁ 만드는 법

〈쑥 손질〉

1. 쑥 50g은 티를 골라내고 깨끗이 씻어 소쿠리에 건져 물기를 뺀다.
2. 밀가루 2큰술을 솔솔 뿌린다.
3. 달걀흰자 1개를 입힌다.

〈움파손질〉

1. 움파 80g은 5cm 길이로 자른 뒤 밀가루 2큰술을 솔솔 뿌린다.
2. 달걀 노른자 1개를 풀어 입힌다.

〈끓이기〉

1. 육수 5컵, 청망 1큰술, 소금 1/2큰술을 넣어 끓인다.
2. 쑥과 움파를 떠 넣는다.
3. 끓일 때 남은 달걀 1개를 풀어서 줄알을 친다.

얼갈이해장국

PORTION: 50

재료	단위	용량	재료	단위	용량
얼갈이배추	kg	8	생강	G	10
두절콩나물	kg	2	고춧가루	G	300
무	kg	2	물	L	18
차돌양지	kg	3	양파	G	250
대파	kg	1	된장	G	500
마늘	G	50			

❁ 만드는 법

1. 양지는 해동시킨 후 5시간 정도 물에 넣어서 핏물을 빼준다.
2. 핏물이 빠진 양지는 냄비에 물을 넣고 양지, 대파, 양파, 생강을 넣고 3시간 정도 끓여준다.
3. 양지가 익으면 식혀서 4×3cm 정도로 썰어둔다(두께는 최대한 얇게).
4. 얼갈이 배추는 2등분에서 3등분으로 (6~7cm) 정도로 썰어서 씻어준 후, 삶아서 물에 담궈둔다.
5. 양지를 삶은 육수에 건더기를 건져낸 후, 된장을 풀고 우거지, 콩나물, 3×3cm 정도로 썬 무를 넣어 끓여주다가 고춧가루, 다진마늘, 길게 썬 대파를 넣고 간을 맞추어 준다(대파는 북어국 대파정도로 썰어 준다).
6. 건더기는 건져 놓는다.

아욱국

PORTION: 50

재료	단위	용량	재료	단위	용량
아욱	kg	8	건다시마	G	50
된장	kg	1	마늘	G	40
고추장	G	200	조갯살이나	G	300
다시멸치	G	500	건새우	G	500
대파	G	500	물	L	18

❁ 만드는 법

1. 아욱은 거친 부분을 다듬어 깨끗이 씻어 물기를 제거해 둔다.
2. 냄비에 물을 넣고 건다시마, 다시멸치, 대파를 넣고 20분 정도 끓이다가 건져준다.
3. 된장을 풀고 고추장을 넣어 준 후, 다듬은 아욱을 넣고 건새우나 조갯살을 넣어준다,
4. 다진마늘과 길게 썬 파를 넣고 간을 맞춘다.

❁ 담기

- 그릇에 아욱과 함께 국물 양을 맞춰서 담는다.

❁ 참고사항

- 세미나의 갈비찜또는 한정식에 계절에 맞춰서 사용한다.

소꼬리곰탕

PORTION: 50

재료	단위	용량	재료	단위	용량
소꼬리	kg	10	<소스>		
사골	kg	5	간장	G	500
물	kg	50	물	ML	500
파	G	500	설탕	G	500
소금	G	30	다진마늘	G	200
후추	G	조금	식초	ML	300
			겨자	G	100
			양파	G	200

만드는 법

1. 꼬리는 먹기 좋은 크기로 잘라 물에 담궈 핏물을 제거한다.
2. 사골도 물에 담궈 핏물을 제거한 후, 물을 넣고 은근히 오래 끓여 사골 육수를 만든다.
3. 꼬리는 3시간 정도 물에 삶아 놓는다.
4. 끓인 사골 육수에 간을 한다.
5. 파는 얇게 슬라이스한다.

소스

겨자는 따뜻한 물에 개어 발효시킨다.
양파와 겨자를 뺀 나머지 재료를 넣고 섞어준 후 겨자로 간을 맞춘다.
양파는 얇게 slice하여 놓는다.

담기

- 데워놓은 탕그릇에 꼬리를 3~4개 정도 넣고 사골 육수를 넣고 파를 올린다.
- 소스는 종지에 양파를 넣고 소스를 부어준다.

참고사항

- 세미나 꼬리곰탕
- 한식 웨딩메뉴에도 사용(소스는 제외)

흰쌀밥

PORTION: 50

재료	단위	용량
쌀	kg	6
물	kg	12

만드는 법

1. 쌀을 물에 1시간 정도 불려 둔다.
2. 쌀이 불면 물을 맞춘 후에 밥을 한다.
3. 밥이 다 되면 잘 저어준 후 담는다.

담기

- SET MENU일 경우는 밥을 누르지 않고 고슬 고슬하게 담는다.
- 뷔페일 경우는 전기밥솥에 담는다.

참고사항

- 한조식, 세미나, 한정식, 뷔페, 한식도시락 등에 이용한다.

갈비탕

PORTION: 50

재료	단위	용량	재료	단위	용량
갈비	kg	10	당면	G	500
차돌양지	kg	3	지단	G	200
물	L	50	감초	G	100
무	kg	1	황기	G	100
마늘	G	300	소금	G	50
파	G	500	후추	G	5

❁ 만드는 법

1. 갈비는 3~5cm 크기로 잘라 물에 담궈 핏물을 제거한다.
2. 양지도 물에 담궈 핏물을 제거한다.
3. 끓는 물에 갈비를 한번 삶고, 찬물에 행군다.
4. 물에 양파, 파, 마늘, 무를 넣고 양지를 삶는다. 양지를 삶다가 황기와 감초를 넣고 거품을 걷어가며 서서히 끓여준다.
5. 양지와 무가 익으면 건져 내고 고운체로 육수를 걸러낸다.
6. 육수를 다시 끓여서 간을 한다.
7. 육수에 갈비를 한번 더 삶아 건져 낸다.
8. 당면은 미리 찬물에 담궈둔다.
9. 황백지단을 부쳐 채썬다.
10. 파는 얇게 슬라이스한다.
11. 건진 양지는 얇게 썰어준다.
12. 건져낸 무도 3×4cm 두께 0.2cm 정도로 썰어둔다.

❁ 담기

- 미리 데워놓은 탕그릇에 당면을 넣고 무를 넣어준 후 갈비 2~3개, 양지 2~3개를 넣고 지단과 파를 올려준다.

❁ 참고사항

- 세미나 갈비탕

녹두죽

PORTION: 50

재료	단위	용량
깐녹두	kg	2
멥쌀	kg	2
소금	G	10
설탕	G	5
물	L	6

기물 준비

사기 죽그릇

만드는 법

1. 쌀을 1시간 정도 물에 불렸다가 믹서기에 살짝 갈아준다.
2. 깐 녹두는 3시간 정도 물에 불린다. 껍질을 제거하기 위해 여러 번 물을 바꿔준다.
3. 불린 녹두를 믹서기에 살짝 갈아 준다.
4. 쌀을 푹 끓인 다음, 녹두를 넣고 같이 끓인 다음 푹 퍼지면 소금과 설탕을 넣고 간을 맞춘다.

담기

- 따뜻하게 데워둔 죽그릇에 죽을 7부 정도 담는다.

참고사항

- 갈비찜 정식에 사용

호박죽

PORTION: 50

재료	단위	용량
냉동늙호박	kg	2
냉동단호박	kg	2
설탕	G	500
소금	G	20
물	L	4
찹쌀가루	kg	2
삶은팥	G	600

기물 준비

사기 죽그릇
뷔페용 죽통

만드는 법

1. 늙은호박과 단호박을 물을 넣고 삶아서 믹서기에 곱게 간다.
2. 간호박을 다시 끓여준다, 끓으면 물에 푼 찹쌀가루를 넣어준다.
3. 뭉치지 않도록 잘 저어주면서 넣는다.
4. 소금과 설탕으로 간을 맞춘다.
5. 그릇에 담고 삶은 팥을 넣어 준다.

담기

- 따뜻하게 데워둔 죽그릇에 죽을 7부 정도 담고 팥이 가운데 보이도록 넣는다.
- 뷔페용도 죽통에 담고 팥을 넣어 준다.

참고사항

- 갈비탕 정식, 뷔페, 한정식1에 사용

채소죽

PORTION: 50

재료	단위	용량
멥쌀	G	500
물	L	6
애호박	G	300
당근	G	200
양파	G	200
표고버섯	G	200
시금치	G	100
소금	G	20
참기름	G	20
물	L	10

❁ 기물 준비

사기 죽그릇, 양식 SOUP볼

❁ 만드는 법

1. 멥쌀은 3시간 정도 불려서 믹서기에 살짝 갈아준다.
2. 당근, 양파, 애호박, 표고버서은 곱게 다져 준다.
3. 시금치는 다듬고 깨끗이 씻어 바구니나 체에 받쳐 둔 후, 채로 썰어준다.
4. 냄비에 참기름을 두르고 간 쌀을 넣어서 볶아 준다.
   쌀을 볶으면서 물을 조금씩 넣으면서 저어준다,
5. 쌀이 푹 퍼지도록 끓여준 후 채소를 넣고 한번 더 끓여준다.
6. 채소가 익으면 소금으로 간을 한 후 시금치 채썬 것을 넣는다.
7. 마지막으로 참기름을 넣어준 후, 그릇에 담아 준다.

❁ 담기

• 따뜻하게 데워둔 죽그릇에 죽을 7부 정도 담는다.

❁ 참고사항

• 회덮밥, 뷔페, 한정식2에 사용

게살죽

PORTION: 50

재료	단위	용량
멥쌀	G	500
홍게 다리살	G	300
소금	G	20
참기름	G	10
물	L	6

기물 준비

사기 죽그릇

만드는 법

1. 멥쌀을 3시간 정도 물에 불려서 믹서기에 살짝 갈아준다.
2. 냄비에 쌀을 넣고 물을 넣어서 쌀이 푹 퍼질 때까지 끓여준다.
3. 홍게 다리살은 팬에 참기름을 두르고 볶아준다.
4. 끓인 쌀에 게살을 넣고 조금더 끓여준 후 소금으로 간을 하고 참기름을 넣어서 그릇에 담는다.

담기

- 따뜻하게 데워둔 죽그릇에 죽을 7부 정도 담는다.

참고사항

- 꼬리곰탕정식에 이용

닭죽

PORTION: 50

재료	단위	용량
생닭	kg	3
통마늘	G	200
소금	G	20
찹쌀	kg	2
물	Lt	6

기물 준비

사기 죽그릇

만드는 법

1. 닭은 마늘과 함께 푹 삶아서 살만 골라서 찢는다.
2. 찹쌀은 물에 담가서 불린다.
3. 불린 찹쌀을 냄비에 물과 같이 넣고 푹 익혀 준 후, 닭을 넣고 조금 더 끓여준다.
5. 소금으로 간을 맞춘다.

담기

- 따뜻하게 데워둔 죽그릇에 죽을 7부 정도 담는다.

참고사항

- 비빔밥메뉴에 이용
- 한정식3에도 이용

전복죽

PORTION: 50

재료	단위	용량
전복	kg	1
소금	G	100
참기름	G	100
멥쌀	kg	3
물	L	6

❁ 기물 준비

사기 죽그릇

❁ 만드는 법

1. 전복은 입쪽을 잘라내고 내장을 손질한다.
2. 손질한 전복을 다지고, 내장도 다진다.
3. 쌀은 물에 불려둔다.
4. 냄비에 참기름을 넣고 전복을 넣어서 볶다가 쌀을 넣고 같이 볶아준다. 물을 조금씩 넣으면서 쌀이 푹 퍼지도록 한다.
5. 쌀이 퍼지기 시작하면 물을 마저 넣고 끓여 준다.
6. 쌀이 푹 퍼져서 익으면 소금으로 간을 한 후 참기름을 넣어서 저어준다.

❁ 담기

- 따뜻하게 데워둔 죽그릇에 죽을 7부 정도 담는다.
- 그 위에 김가루를 살짝 올린다.

❁ 참고사항

- 한식 웨딩메뉴에 이용

잣죽

PORTION: 50

재료	단위	용량
잣	kg	2
멥쌀	G	5
소금	G	20
물	L	4
고명용잣	G	300

❁ 기물 준비

사기 죽그릇

❁ 만드는 법

1. 잣은 믹서기에 물을 조금 넣고 갈아서 체에 걸러 준다.
2. 쌀도 물에 3시간 정도 불렸다가 믹서기에 곱게 갈아준다.
3. 쌀과 잣, 물을 넣고 끓여 준다.
4. 쌀이 푹 퍼지면 소금을 넣고 간을 한다.
5. 잣죽은 잘 삭으므로 한쪽으로만 저어야 된다.

❁ 담기

- 따뜻하게 데워둔 죽그릇에 죽을 7부 정도 담는다.
- 고명으로 잣을 올려 준다.

❁ 참고사항

- 잣죽은 먹을 때 소금을 넣어야 잘 삭지 않는다.
- 한정식과 한식 웨딩메뉴에 사용

생선전

PORTION: 50

재료	단위	용량
동태포	kg	3
달걀	EA	7
밀가루	G	100
소금	G	20
후추	G	5

❁ 기물 준비

행사에 따라 뷔페용 라운드小차핑, 사기 원형 전그릇, 웨딩용 원형접시

❁ 만드는 법

1. 동태를 포를 떠서 소금, 후추로 밑간한다.
2. 1.의 동태살에 밀가루 달걀옷을 입혀 부쳐낸다.
3. 부치면서 고명으로 쑥갓잎을 올려 장식한다.

❁ 담기

• 행사에 맞게 다른 전과 색을 맞추어서 담는다.

❁ 참고사항

• 뷔페, 갈비탕정식, 한정식, 한식웨딩 메뉴, 한식 도시락에 이용

애호박전

PORTION: 50

재료	단위	용량
애호박	EA	3
밀가루	G	200
달걀	EA	5
소금	G	10

❁ 기물 준비

행사에 따라 뷔페용 라운드小차핑, 사기 원형 전그릇
웨딩용 원형접시

❁ 만드는 법

1. 애호박을 두께가 0.3cm 되게 자른 다음 소금을 약간 뿌려 절여둔다.
2. 절여둔 호박의 물기를 제거하고 밀가루와 달걀옷을 입혀 부쳐낸다.
3. 부치면서 고명으로 검은깨를 올려 장식한다.

❁ 담기

• 행사에 맞게 다른 전과 색을 맞추어서 담는다.

❁ 참고사항

• 뷔페, 갈비탕정식, 한정식, 한식웨딩 메뉴에 이용

오징어전

PORTION: 50

재료	단위	용량	재료	단위	용량
물오징어	kg	1	마늘	G	30
동태살	G	500	조선부추	G	100
밀가루	kg	1	소금	G	20
당근	G	100	후추	G	10
양파	G	50			

❁ 기물 준비

행사에 따라 뷔페용 라운드小 차핑, 사기 원형 전그릇
웨딩용 원형접시

❁ 만드는 법

1. 물오징어는 내장을 제거하고 깨끗이 손질한다.
2. 물오징어살, 동태살, 당근, 양파, 마늘을 넣고 민찌기에 갈아 놓는다.
3. 2의 갈아 놓은 재료에 밀가루로 농도를 맞추고 소금 , 후추로 간한다.
4. 조선부추를 1cm 정도로 썰어 섞어 반죽을 마무리한다.
5. 기름을 두르고 부쳐낸다.

❁ 담기

• 행사에 맞게 다른전과 색을 맞추어서 담는다.

❁ 참고사항

• 뷔페, 갈비탕정식, 한정식, 한식웨딩 메뉴에 이용

표고전

PORTION: 50

재료	단위	용량	재료	단위	용량
표고	kg	2	달걀	EA	6
돼지민찌	kg	1	참기름	G	30
두부	G	500	소금	G	5
마늘	G	20	후추	G	2
생강	G	5	밀가루	G	200
쪽파	G	200			

❁ 기물 준비

행사에 따라 뷔페용 라운드 小차핑, 사기 원형 전그릇
웨딩용 원형접시

❁ 만드는 법

1. 표고는 꼭지를 따고 표고 등 위에 별 모양을 낸다.
2. 표고는 끓는 물에 소금을 약간 넣고 삶아낸다.
3. 삶은 표고를 행주로 물기를 제거한 후 마늘, 소금, 후추로 밑간한다.
4. 돼지민찌는 달걀, 쪽파, 마늘, 생강, 참기름, 소금, 후루를 넣고 양념해서 준비한다.
5. 표고의 안쪽에 밀가루를 묻히고 돼지민찌를 채운다.
6. 밀가루, 달걀 옷을 입혀 부쳐낸다.

❁ 담기

• 행사에 맞게 다른 전과 색을 맞추어서 담는다.

❁ 참고사항

• 뷔페, 갈비탕정식, 한정식, 한식웨딩 메뉴에 이용

굴전

PORTION: 50

재료	단위	용량
생굴	G	500
밀가루	G	200
달걀물	G	6
소금	G	5

❁ 기물 준비

행사에 따라 뷔페용 라운드小차핑, 사기 원형 전그릇
웨딩용 원형접시

❁ 만드는 법

1. 생굴은 씻어서 껍질이 있는지 확인하고 물기를 제거한다.
2. 밀가루를 묻히고 달걀물을 묻힌다.
3. 팬에 기름을 두르고 약한 불에서 노릇노릇하게 구워준다.
4. 굴전은 센 불에서 할 경우 탈 수 있으므로 약한 불에서 부친다.

❁ 담기

- 행사에 맞게 다른 전과 색을 맞추어서 담는다.

❁ 참고사항

- 뷔페, 갈비탕정식, 한정식, 한식웨딩 메뉴에 이용

수정과

PORTION: 50

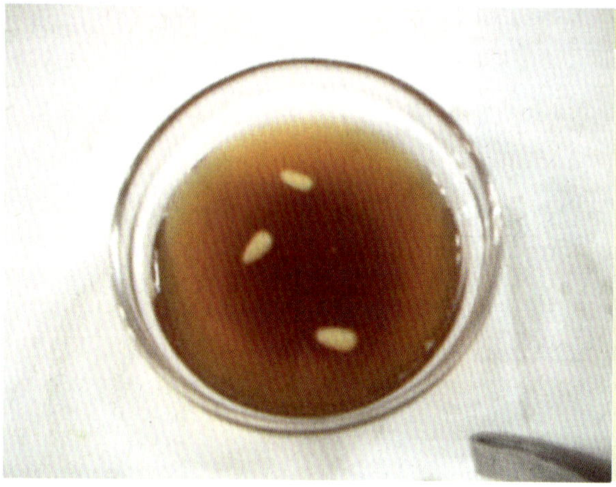

재료	단위	용량
물	L	40
통계피	kg	3
깐생강	kg	4
흑설탕	kg	1
백설탕	kg	4
건대추	kg	1
고명	G	100
잣	G	200
곶감	G	50
깐호두	G	30
대추		

기물 준비

일인용 유리볼, 뷔페 펀치볼

만드는 법

1. 깐생강은 너무 작지 않게 썰어준다.
2. 통계피는 물에 한번 씻어준다.
3. 대추도 물에 씻어준다.
4. 냄비에 물과 함께 위의 재료를 넣고 2시간 정도 향이 우러나도록 약하게 끓여 준다.
5. 4에 흑설탕과 백설탕을 넣어 간을 맞춘 후, 조금 더 끓여 준다.
6. 식혀서 냉동시킨다.

고명

잣은 2~3개 정도 올려 준다.
꽂곶감-곶감은 한쪽만 반을 갈라 씨를 빼고 호두를 넣어 말아 준다. 그런 후에 얇게 썰어준다.
꽃대추-대추도 씻어서 한쪽만 반을 갈라 씨를 빼고 말아서 얇게 썰어준다.

담기

- 그릇에 담은 후 잣과 꽂곶감은 1개, 꽃대추는 2개 정도씩 올려 준다.

참고사항

- 뷔페 · 세미나 한정식 등 한식 메뉴에 디저트로 이용된다.

식혜

메뉴: **식혜** PORTION: 50

재료	단위	용량	재료	단위	용량
엿기름	kg	5			
쌀	kg	3			
설탕	G	500			

❁ 기물 준비

전기밥솥, 일인용 유리볼, 뷔페 펀치볼

❁ 만드는 법

1. 엿기름은 물에 담궈서 불린다.
2. 쌀은 물에 불렸다가 전기 밥솥에 밥을 한다.
3. 엿기름은 치대어서 고운 체에 걸러 준다.
4. 거른 물을 나두어서 건더기를 가라 앉힌다.
5. 밥이 다 되면 4의 윗물만 떠서 밥과 함께 썩어준다,
6. 전기밥솥을 보온으로 6시간 정도 삭혀 준다(밥알이 뜰 때까지).
7. 밥알이 떠오르면 건져서 찬물에 헹궈준다.
8. 밥을 건지고 남은 물을 다시 끓여 설탕으로 간을 하고 식혀서 밥알과 섞는다.

❁ 담기

• 밥알과 같이 그릇에 담는다.

❁ 참고사항

• 뷔페와 세미나 , 한정식 , 한식 메뉴에 디저트로 사용한다.

대추차

메뉴: **대추차** PORTION: 50

재료	단위	용량	재료	단위	용량
물	L	15	<고명>		
건대추	kg	1.5	건대추	G	100
꿀	kg	1			

❁ 기물 준비

사기 찻잔

❁ 만드는 법

1. 냄비에 물과 씻은 대추를 넣고 3~4시간 정도 약한 불에서 끓여준다.
2. 꿀을 넣고 당도를 맞춘다.

● 고명

꽃대추 만들기

❁ 담기

• 데워둔 찻잔에 뜨거운 차를 부어준 후 꽃대추를 두 개 정도 올려준다.

❁ 참고사항

• 겨울용 디저트나 전통차에 사용한다.

유자차

PORTION: 50

재료	단위	용량
유자차	kg	2
꿀	G	200
물	L	10

❁ 기물 준비

사기 찻잔

❁ 만드는 법

물을 끓인 후에, 유자차를 넣고 꿀로 당도를 맞춘다.

❁ 담기

• 데워둔 찻잔에 뜨거운 차를 부어준 후 꽃대추를 두 개 정도 올려 준다.

❁ 참고사항

• 겨울용 디저트나 전통차에 사용

인삼차

PORTION: 50

재료	단위	용량
3년근인삼	kg	1
물	L	10
꿀	kg	1

❁ 기물 준비

사기 찻잔

❁ 만드는 법

1. 인삼을 깨끗이 씻어서 냄비에 물과 함께 약한 불에서 2시간 정도 끓여 준다.
2. 인삼 맛이 우러나면 꿀로 당도를 맞춘다.

❁ 담기

• 데워둔 찻잔에 뜨거운 차를 부어준 후 잣을 띄워 준다.

❁ 참고사항

• 겨울용 디저트나 전통차에 사용

잡채

메뉴: **잡채** PORTION: 50

재료	단위	용량	재료	단위	용량
(당면 육수)			참기름	OZ	2.5
물	CC	6500	당면	PK	3
통마늘			목이버섯	G	300
양파, 대파	EA	2	양파	EA	6
물엿	G	700	청피망	EA	8
양조 진간장	CC	500	홍피망	EA	5
소금		약간	당근	EA	2
식용유	OZ	4	시금치	kg	1

❁ 기물 준비

찬그릇
뷔페용 샐러드볼

❁ 만드는 법

1. 당면육수
   1) 냄비에 양파, 대파, 통마늘을 넣고 끓여준다.
   2) 15분 정도 끓여 채소가 물러지면 건져낸다.
   3) 2)에 물엿, 참기름, 식용유를 넣어준다.
2. 채소는 4×0.3cm로 썰어서 색깔별로 소금 간하여 볶는다.
3. 양파, 적양파, 청피망, 호부추, 홍피망 순으로 볶아 식혀준다.
4. 1)의 육수에 당면을 넣고 삶아준다.
5. 면이 익으면 식힌 후에 채소를 넣고 섞어 준 후 소금, 설탕으로 간을 맞춰준다.
6. 참기름과 깨를 고루 뿌려준다.
7. 접시에 담아 서브한다.

육회

메뉴: **육회** PORTION: 50

재료	단위	용량	재료	단위	용량
육회용 방심	kg	1	통마늘	G	10
슬라이스	G	20	잣가루	EA	1
소금	G	30	달걀노른자	EA	1
설탕	G	20	오이	EA	1
참기름	G	20	배		
간마늘	EA	1			

❁ 만드는 법

1. 마늘의 2/3는 편으로 썰고, 나머지는 파와 함께 곱게 다진다.
2. 배는 껍질을 벗긴 후 0.3×0.3cm 굵기로 채 썰어 설탕물에 담근다.
3. 소고기는 힘줄과 기름을 제거하고 결 반대방향으로 0.3×0.3cm가 되도록 채 썰어 양념(파, 마늘, 설탕, 깨소금, 후춧가루, 간장, 참기름) 한다.
4. 잣은 고깔을 떼고 종이 위에서 곱게 다진다.
5. 배는 물기를 빼고 접시의 가장자리에 돌려담고 가운데 육회를 소복이 담는다.
6. 마늘편을 육회에 기대어 돌려남고, 육회 위에 고명(잣가루)를 뿌려낸다.

❁ 담기

- 뷔페용 샐러드 볼

❁ 참고사항

- 얼큰하게 먹으려면 고추장과 물엿을 넣어도 된다(고추장 200g, 물엿 100g 정도).

배추김치

PORTION: 50

재료	단위	용량
배추김치	kg	5

❁ 만드는 법

1. 배추김치를 구매한다.
2. 김치를 채에 받쳐 어느 정도 수분을 제거한다.
3. 4~5cm 정도의 한 입크기로 썰어둔다.
4. 50인을 기준으로 하여 대략 40쪽 정도를 쌓아 담는다.
5. 김치국물을 뿌려준다.

❁ 담기

• 뷔페용 샐러드 볼

오이소박이

PORTION: 50

재료	단위	용량
오이소박이	kg	3

❁ 기물 준비

뷔페용 샐러드 볼

❁ 만드는 법

1. 한성식품 오이소박이를 구매한다.
2. 50인을 기준으로 하여 대략 40쪽 정도를 돌려담는다.
3. 건더기를 올려 먹음직스럽게 한다.
4. 고명으로 깨를 올려준다.

백김치

PORTION: 50

재료	단위	용량
백김치	kg	3

❁ 만드는 법

1. 한성식품 백김치를 구매한다.
2. 한 포기를 5~6cm 정도로 썰어 담는다.
3. 대추, 홍고추, 잣 등의 고명을 얹는다.
4. 국물도 흥건히 담아낸다.

홍어무침

PORTION: 50

재료	단위	용량	재료	단위	용량
홍어(손질)	kg	3	〈소스〉		
오이	ea	9	고추장	g	600
무	ea	3	고춧가루(거친)	kg	2
소금	g	600	식초	kg	1.5
설탕	g	900	설탕	kg	1.5
식초	kg	1.5	소금	g	100
			마늘 생강 다진 것	g	200
			깨소금		

❁ 만드는 법

1. 홍어를 식초물(또는 막걸리)에 담궈둔다.
2. 오이와 무를 홍어와 비슷하게 1.5×4~5cm 정도로 썰어 소금, 설탕에 절여둔다.
3. 위의 소스를 만들어 홍어와 채소를 함께 버무린다.
4. 그릇에 담아낸다.

❁ 담기

• 뷔페용 샐러드 볼

❁ 참고사항

• 막걸리에 담그는 것은 홍어살이 탄력있게 하기 위함이다.

도토리묵 & 마늘장아찌

PORTION: 50

재료	단위	용량	재료	단위	용량
도토리묵	PK	2	〈묵간장 양념장〉		
마늘장아찌	G	30	진간장	g	200
오이	EA	0.5	국간장	g	200
			깨	조금	100
			고춧가루	g	2
			참기름	ea	
			파		

❁ 만드는 법

1. 쌉쌀한 도토리묵을 구매한다.
2. 치즈칼을 이용해 한 입 크기로 썬다.
3. 오이를 타원형으로 썰어 샐러드 볼에 깔아준다.
4. 마늘절임을 오더한다.
5. 오이 위에 도토리묵을 돌려 담고 가운데에 마늘절임을 올린다.

❁ 담기

• 뷔페용 샐러드 볼
• 묵간장은 따로 담아서 세팅한다.

오곡밥

PORTION: 50

재료	단위	용량	재료	단위	용량
찹쌀	kg	3	팥	G	300
서리태	G	300	소금	G	30
수수	G	300	설탕	G	30
조	G	300			

❁ 만드는 법

1. 찹쌀, 서리태, 팥, 수수, 조를 깨끗이 씻어 불려둔다.
2. 팥은 따로 냄비에 담아 삶아 낸다. – 밥 할 때 다시 쪄내므로 너무 익히지 않는다.
3. 1.의 곡류를 모두 넣고 소금, 설탕으로 간한다.
4. 물을 맞추어 밥을 쪄낸다.

게장

PORTION: 50

재료	단위	용량	재료	단위	용량
꽃게	kg	2	미림	G	50
<양념>			참기름	G	30
굵은고춧가루	G	500	소금	G	20
고은고춧가루	G	500	설탕	G	40
물엿	G	500	청양고추	G	20
간장	G	800	쪽파	G	30
생강	G	20	양파	G	200
마늘	G	30			

❁ 만드는 법

1. 꽃게는 깨끗이 손질하여 준비한다.
2. 위의 재료로 양념을 만든다.
3. 양념으로 꽃게를 버무려 숙성시킨다.

만두

PORTION: 50

재료	단위	용량
만두	kg	1

❁ 만드는 법

1. 미소리 손만두를 구매한다.
2. 컨벡션 오븐에 20분간 쪄낸다.
3. 전과 함께 돌려 담아낸다.

❁ 담기

- 연회 HOT 기물 사용
- 小

양배추말이

PORTION: 50

재료	단위	용량	재료	단위	용량
양배추	kg	4	소금		조금
홍게다리살	pk	2	참기름		조금
청피망	ea	6			
홍피망	ea	4			
양파	Ea	3			

❁ 만드는 법

1. 양배추는 잘 벗겨지도록 윗 부분을 잘른 후 깊숙이 칼집을 넣어준다
2. 끓는 물에 양배추를 넣고 한 잎씩 찢어지지 않도록 떼어내며 삶아준다.
3. 양배추가 투명해지도록 익으면, 찬물에 식혀 준 후, 물기를 제거한다.
4. 홍게다리살은 소금 간하여 팬에서 익혀준다.
5. 채소들도 채썰어 소금 간하여 익혀준다.
6. 홍게다리살과 채소를 식힌 후, 참기름을 살짝 넣으며 섞어준다.
7. 삶은 양배추의 억센 부위를 잘라낸 후, 위에서 만든 속을 넣어서 단단하게 말아준다.
8. 썰어서 접시에 서브한다.

탕평채

PORTION: 50

재료	단위	용량	재료	단위	용량
청포묵	pk	10	설탕		
소고기	g	200	참기름		
표고 버섯	g	200	소금, 후추		
미나리	g	200	깨		
참기름			김가루		
맛소금					

❁ 만드는 법

1. 청포묵은 냉장고에 넣어서 2일 정도 굳힌 후, 8×0.3cm 정도로 채썰어 끓는 물에 데친 후 빨리 식혀낸다.
2. 고기와 표고버섯은 양념한 후 살짝 볶아낸다.
3. 미나리는 끓는 물에 살짝 데쳐준다.
4. 위의 재료를 넣고 맛소금과 참기름으로 간을 맞춘다.
5. 고명으로 김가루를 올려 접시에 서브한다.

❁ 참고사항

- 바로 먹을 수 있을 때는 숙주나물을 넣어도 좋다.
- 김은 믹서기에 갈아 뿌려줘도 좋다.

황태구이

PORTION: 50

재료	단위	용량	재료	단위	용량
황태포	ea	10	참기름		
<양념장>			마늘		
다린간장	kg	1	고춧가루	g	300
물엿	g	200			
쪽파	G	100			

만드는 법

1. 황태포를 미지근한 물에 3시간 정도 불린다.
2. 물에서 건져 물기를 제거한 후, 머리와 지느러미를 제거한다.
3. 용기에 차곡차곡 넣으면서 만들어 놓은 양념을 부어준다.
4. 하루 정도 재워서 숙성시킨다.
5. 양념이 어느 정도 스며들면 팬에 식용유를 두루고 살이 있는 면부터 익혀준다.
6. 앞 뒤로 익혀준 후 고명으로 실파와 깨를 뿌려 접시에 서브한다.

참고사항

- 고춧가루와 고추장을 넣지 않고 불고기 양념으로 해도 좋다.

더덕구이

PORTION: 50

재료	단위	용량	재료	단위	용량
깐 더덕	kg	3	다진 마늘	조금	
쪽파	g	3	참깨	조금	300
<양념장>			참기름	조금	300
고추장	g	500	<유장>		
고춧가루	g	400	간장	g	
진간장	조금		식용유	g	
물엿	g	400			

만드는 법

1. 더덕은 씻어서 껍질을 벗기고 길이는 반을 가른 후 소금물에 담가 쓴 맛을 우려낸다.
2. 손질된 더덕은 물기를 제거하고 방망이로 자근자근 두들겨 편편하게 한다.
3. 파·마늘은 곱게 다진다.
4. 유장(참기름 : 간장 = 3:1)과 양념장(마늘, 물엿, 깨소금, 간장, 참기름, 고추장)을 만든다.
5. 더덕에 유장을 골고루 바르고 유장처리한 더덕을 애벌구이(초벌구이)한다.
7. 애벌구이 한 더덕은 고추장 양념을 골고루 발라서 타지 않도록 구워낸다.
8. 그릇에 더덕의 모양을 살려서 담아낸다.

참고사항

- 구이를 하지 않고 초장으로 새콤달콤하게 묻히기도 한다.

인삼 오이말이와 유자 소스

PORTION: 50

재료	단위	용량
오이	EA	10
인삼3년근	G	600
무순	PK	2
당근	EA	3
<유자소스>		
유자차	kg	1
소금	G	5
꿀	G	10
올리브오일	G	30
사이다	G	10

❁ 만드는 법

1. 오이는 개끗이 씻어 슬라이스 머신으로 얇게 밀어 준다, (길게 모양 그대로)
2. 당근과 인삼은 길이 4cm 정도로 채썰어준다.
3. 무순은 살짝 물에 헹궈준다.
4. 얇게민 오이에 당근과 인삼, 무순을 넣고 말아준다.
5. 소스를 만든다.

❁ 담기

• 그릇에 돌려가며 담고 위에 소스를 뿌려준다.

양송이볼

PORTION: 50

재료	단위	용량
양송이	kg	4
새우	kg	2
청피망	ea	3
홍피망	ea	3
소금		
후추		

❁ 만드는 법

1. 양송이는 껍질을 벗기고 손질한다.
2. 새우는 갈아준다.
3. 청피망, 홍피망은 0.5mm로 라이스하여 준비한다.
4. 새우살과 청, 홍피망을 섞고 소금, 참기름으로 간한다.
5. 양송이는 끓는 물에 소금을 넣고 살짝 데쳐낸다.
6. 양송이 안에 새우살을 채워 접시에 서브한다.

밀전병말이

재료	단위	용량	재료	단위	용량
<밀전병반죽>			<속재료>		
밀가루	kg	2	당근	EA	2
감자전분	G	300	애호박	EA	500
소금, 설탕	G	15	표고채	G	500
달걀	EA	2	우방심채	G	10
청·홍피망	EA	1.5	참기름	G	
물	kg	2			

❁ 만드는 법

● 속재료 만들기

1. 당근과 애호박은 채로 썰어서 소금에 절였다가 꼭짜서 다진 마늘을 넣고 식용유에 볶아준 후 색이 변하지 않도록 빨리 식혀준다.
2. 표고버섯은 채를 썰어준 후 삶아서 찬물에 식힌 후 물기를 제거하고 다진마늘, 간장, 미림, 참기름을 넣고 볶아준다.
3. 우방심채도 표고버섯과 양념과 같이 해서 볶아준다.
4. 위의 재료를 식힌 후, 참기름 조금 넣고 잘 섞어준다.

● 밀전병 반죽 만들기

1. 청피망과 홍피망은 따로 손질해서 잘게 썰어서 물을 조금 넣고 믹서에 갈아 체에 받친다.
2. 재료를 모두 섞어서 반죽한 후, 고운 체에 내려준다.
3. 밀전병 반죽을 3으로 나누어 청피망물, 홍피망물, 맹물을 넣고 삼색 반죽을 한다.
4. 전판에 동그랗고 얇게 부친다.

❁ 참고사항

• 속의 재료는 일품요리 밀전병처럼 게살 등을 이용해도 무관하다.

머위, 곰취 나물 쌈밥

재료	단위	용량	재료	단위	용량
머위 또는 곰취나물	G	800	청양고추	G	15
쌀밥	kg	1	우방심채	G	30
<쌈장재료>			오돌뼈	G	30
된장	G	500	참기름	G	10
고추장	G	250	식용유	G	5
간마늘	G	30	물	G	20
양파	G	30			

❁ 만드는 법

1. 머위, 곰취나물은 깨끗이 손질하여 뜨거운 물에 살짝 데친 후, 찬물에 헹궈 물기를 제거하여 둔다.
2. 쌈장만들기
   - 양파와 청양고추는 잘게 썰어, 나머지 재료들을 모두 섞어서, 냄비에 넣고 끓여준다.
   - 눌러 붙지 않게 저어주면서 고기와 나머지 재료들이 충분히 익을 수 있게 낮은 불에서 오래 끓여준다. 물기가 적어지고 고기가 익으면 불을 끓고 식혀 준다.
3. 데쳐둔 나물을 한장 펼친 후, 한입크기의 밥을 넣고 쌈장을 넣어서 잘 싸준다.
4. 그릇에 예쁘게 담는다.

❁ 참고사항

• 호박잎 등 계절에 맞춰 나물을 사용해도 괜찮다.

게살을 넣은 달걀찜

PORTION: 50

재료	단위	용량
달걀	EA	20
홍게다리살	G	300
물	G	2800
소금	G	30
표고버섯	G	500

❁ 만드는 법

1. 달걀과 물을 넣고 풀어서 여러 번 체에 걸러 준다. 그후 소금으로 간을 맞춘다.
2. 홍게 다리살은 잘게 썰어 둔다.(1×1cm)
3. 표고버섯과 홍게다리살도 비슷한 크기로 썰어서 삶아 둔다.
4. 찬 그릇을 50개 준비한 후 1개당 홍게다리살 3~4개, 표고버섯 3~4개를 넣은 후 달걀물을 넣고 13분 정도 찐다.

❁ 담기

• 찜그릇 그대로 주의 지저분해진 것을 닦은 후, 서빙한다.

생선구이

PORTION: 50

재료	단위	용량
계절에 맞는 생선		
삼치	kg	5
자반고등어		
이면수		
갈치		
참기름	G	10
식용유	G	30

❁ 만드는 법

1. 계절에 맞는 생선을 발주하여 손질한 후 5×6cm 정도로 썬다.
2. 팬에 식용유를 두른 후 생선을 노릇하게 구워 준다.
3. 참기름을 생선에 살짝 발라준다.

❁ 담기

• 따뜻하게 데워둔 그릇에 생선을 일인당 한조각씩 담는다.

달걀찜

PORTION: 50

재료	단위	용량	재료	단위	용량
달걀	EA	20	깐은행	G	30
백시바새우	G	500	물	G	2800
표고버섯	G	500	소금	G	

만드는 법

1. 달걀을 깬 후 물을 넣고 풀어준 후, 여러 번 체에 걸러 준 후 소금을 넣어 달걀을 맞춘다.
2. 백시바새우를 삶아서 식힌다.
3. 깐 은행의 기름에 살짝 볶아서 속껍질을 제거하고 익혀둔다.
4. 표고버섯은 은행 크기로 썰어둔다.
5. 그릇에 새우, 은행, 표고버섯을 3~4개 정도 넣어 준 후 달걀물을 부어준다.
6. 13분 정도 찐다.

담기

• 찜그릇 그대로 주의 지저분해진 것을 닦은 후 서빙한다.

참고사항

• 해장국 메뉴

해파리겨자채

PORTION: 50

재료	단위	용량	재료	단위	용량
해파리	kg	3	<소스>		
식초	G	30	식초	G	300
설탕	G	30	설탕	G	100
소금	G	15	소금	G	20
오이	EA	5	겨자	G	50
배	EA	3	마늘	G	100
오양맛살	G	20	미림		50

만드는 법

1. 해파리를 끓는 물에 살짝 데친다.
2. 데친 해파리를 찬물에 담가 7시간 정도 불려준다(물은 자주 바꾸어 준다).
3. 불린 해파리를 건져 물기를 짜준 후, 식초, 소금, 설탕을 넣고 살짝 버무려준 후, 하루 정도 둔다.
4. 소스재료로 소스를 만든다(겨자는 따뜻한 물에 풀어 발효시킨 후 사용한다).
5. 오이는 깨끗이 씻어 채썰어준다.
6. 배는 껍질을 까서 채썰어준다
7. 오양 맛살은 길이 5cm 정도로 잘라서 얇게 찢어준다.
8. 음식이 나가기 전에 해파리에 오이와 배, 맛살을 넣어준 후, 소스를 넣어서 버무린다.

담기

• 해파리와 채소 등을 색깔이 잘 어울리도록 둥글게 말아 그릇에 소복히 담은 후 소스를 조금 더 뿌려 준다.

참고사항

• 세미나 갈비찜 정식

소갈비찜

PORTION: 50

재료	단위	용량	재료	단위	용량
갈비	kg	10	파	G	300
〈양념〉			〈고명〉		
물	kg	20	무	kg	3
간장	kg	3	당근	kg	5
설탕	kg	1.5	생률	EA	50
물엿	kg	1	은행	G	700
무	kg	1	지단(황백)	G	300
사과	EA	2	브로콜리	kg	1
배	EA	1	대추	EA	50
키위	EA	1	인삼	G	20
마늘	G	300			

❁ 기물 준비

1인용 사기 찜그릇

❁ 만드는 법

1. 갈비는 3~5cm 정도 크기로 잘라 물에 담가 핏물을 제거한다.
2. 끓는 물에 갈비를 삶고 건져낸다.
3. 양념장 만들기- 무, 사과, 배, 키위, 마늘, 파는 거름망에 넣어준다.
   나머지 재료로 양념을 만든다.
4. 양념장에 갈비를 넣고 끓여 준다. 거품을 걷어가며 간이 배도록 1시간 정도 끓여준다.
5. 고명 준비
   - 무와 당근은 2×3cm에 두께 2.5cm 정도로 깍두기 모양으로 썰어 모서리를 다듬어준다.
   - 다듬은 무와 당근은 익혀준다.
   - 생률도 익혀준다.
   - 대추는 깨끗이 씻어 앞뒤를 잘라준 후 익혀준다.
   - 은행은 기름에 튀겨 속껍질까지 제거해준다.
   - 지단은 황백을 따로 부쳐 다이아몬드 모양으로 잘라둔다.
   - 브로콜리는 한입크기로 썰어 익혀둔다.
   - 인삼은 얇게 어슷썰어 준다.
6. 갈비찜 양념을 조금 덜어내서 끓인 후 물전분을 이용해 농도를 내준다.

❁ 담기

- 데워놓은 찜기에 갈비 3~4개 정도를 넣어주고 고명을 하나씩 올린 후에(인삼은 2개, 은행은 3알 정도) 양념을 조금 뿌려준다.

❁ 참고사항

- 세미나 갈비찜 정식
- 한식 웨딩메뉴에도 사용
- 뷔페도 사용

비빔밥

PORTION: 50

재료	단위	용량	재료	단위	용량
고사리	kg	3	양파(간것)	EA	1
두절콩나물	kg	3	다진마늘	G	30
애호박	kg	3	참기름	G	30
당근	kg	2	국간장	G	10
표고버섯	kg	2	소금	G	30
우방심채	kg	2	다진마늘	G	50
취나물	kg	2	참기름	G	20
달걀	EA	50	식용유	G	30
<약고추장>			깨	G	10
고추장	kg	2	미림	G	10
간 소고기	kg	1	진간장	G	10
배(간것)	EA	1			

❁ 기물 준비

사기 탕그릇과 사기 밥그릇

❁ 만드는 법

1. 약고추장 만들기
   - 위의 재료를 넣고 볶아 준다(약고추장은 식힌 후 찬그릇 중 젓갈볼에 담고 참기름을 살짝 뿌리고 참깨를 살짝 올린다).
2. 비빔밥 나물
   - 고사리는 삶아서 찬물에 식힌 후 5cm 정도로 잘라 국간장, 소금, 다진마늘을 넣고 양념하여 식용유에 볶아 준 후 참기름을 조금 넣고 무친다.
   - 두절콩나물은 삶아서 찬물에 식힌 후 물기를 제거하고 소금 다진마늘, 참기름, 참깨를 넣고 무쳐놓는다.
   - 당근과 애호박은 채로 썰어서 소금에 절였다가 꼭 짜서 다진마늘을 넣고 식용유에 볶아준 후 색이 변하지 않도록 빨리 식혀준다.
   - 취나물은 다듬은 후 삶아서 찬물에 식힌 후 꼭 짜서 다진 마늘, 소금을 넣고 식용유에 살짝 볶아준 후 참기름과 참깨를 넣고 살짝 무쳐준다.
   - 표고버섯은 채를 썰어준 후 삶아서 찬물에 식힌 후 물기를 제거하고 다진마늘, 간장, 미림, 참기름을 넣고 볶아준다.
   - 우방심채도 표고버섯과 양념과 같이 해서 볶아준다.
3. 달걀은 프라이를 하는 데 뒤집지 않고 반숙으로 익힌다.

❁ 담기

- 그릇에 고사리, 두절콩나물, 애호박, 당근, 표고버섯, 취나물순서(색에 맞춰서) 둥글게 담은 후, 가운데에 고기 볶은 것을 넣고 달걀 프라이를 올려 준다.

❁ 참고사항

- 세미나 비빔밥

한식도시락-11

PORTION: 50

재료	단위	용량	재료	단위	용량
<생선초회>			<소고기 산적>		
적양배추싹	G	100	느타리버섯		
그린	G	100	소고기		
도사카노리	G	100	쪽파		
양상추	G	100	밀가루		
상추	G	500	달걀물		
활광어회	G	500	<고기양념>		
초장	G	100	간장	G	20
날치알	G	20	물	G	10
참깨			다진마늘	G	5
<생선구이>			설탕	G	5
메로	kg	3	참기름		
소금	G	15			
후추	G	5			

기물 준비

한식도시락

만드는 법

생선초회

1. 상추는 채를 썰고 양상추는 한잎을 5등분해준다.
2. 그린도사카노리는 흐르는 물에 소금기를 빼준다, 적양배추싹은 찬물에 헹군다.
3. 광어회는 얇게 체를 썰어 준비한고 날치알은 마른 가제에 물기를 짜준다.
4. 양상추에 그린토사카노리를 놓고 상추와싹을 올리고 회를 2~3점 올리고 날치알을 올린다.

생선구이

메로를 60g 정도로 잘라서 소금간을 하고 구워준다.

소고기 산적

1. 느타리는 끓는 물에 데쳐 낸 후 , 소금 마늘을 넣고 살짝 무쳐 준다.
2. 소고기는 길이 6cm×2cm 정도로 썰어 칼집을 준다(나중에 오그라 들지 않게 하기 위해).
3. 고기양념재료를 섞어 위의 고기를 재어둔다.
4. 쪽파는 길이 5cm 정도로 썰어둔다.
5. 이쑤시개에 쪽파-버섯-고기-쪽파 순서로 꽂아준다.
6. 5에 밀가루를 묻히고 달걀물을 묻혀 전을 부쳐 준다.

한식도시락-Ⅱ

PORTION: 50

재료	단위	용량	재료	단위	용량
<불고기>			간장	G	500
우방심	kg	2	설탕	G	300
양파	EA	1	참기름	G	100
당근	G	50	물엿	G	70
파	EA	1	<달걀말이>		
<고기양념>			달걀	EA	30
양파	EA	2	당근	EA	1
파	EA	2	양파	EA	1
생강	EA	1	청피망	EA	2
마늘	G	200	소금	G	10
배	G	100	<구운햄>		
사과	G	100	김밥용햄	PK	1
키위	G	30	식용유	G	20
물	kg	2			

❁ 기물 준비

한식도시락

❁ 만드는 법

불고기

1. 고기는 얇게 slice한다.
2. 양파, 파, 당근은 slice한다.
3. 양념만들기 : 채소는 모두 믹서기에 갈아주고 나머지 재료를 모두 섞어준다.
4. 양념장에 고기를 재어둔 후, 팬에 고기와 채소를 넣고 볶아 준다.

달걀말이

1. 달걀은 깨서 풀어준 후 간을 한다.
2. 양파, 당근, 청피망은 잘게 썰어준다.
3. 썰어놓은 채소와 달걀을 섞어주고 프라이팬에서 익히면서 말아준다.
4. 다 말아진 달걀말이를 살짝 식힌 후에 썰어준다(3×5cm 두께 0.3cm 정도).

구운햄

햄을 4×5cm 두께 0.5정도로 썰어 팬에 식용유를 두르고 구워준다.

한식도시락-L2

PORTION: 50

재료	단위	용량
〈문어초회〉		
초문어	G	600
레드		
토사카노리	G	500
〈소스〉		
간장	G	200
식초	G	200
레몬	EA	1
물	G	500
〈옥수수튀김〉		
옥수수캔	CAN	1
튀김가루	kg	1
〈피클〉		
피클슬라이스	G	500

❁ 기물 준비

한식도시락, 베이킹컵大(40mm)

❁ 만드는 법

문어초회

1. 초문어를 물기를 짜서 준비한다.
2. 레드토사카노리는 흐르는 물에 소금기를 빼준다.
3. 소스 만들기
   산장 식초 레몬즙, 물을 넣고 잘 섞어 준비한다.
4. 레드토사카노리를 밑에 깔고 그 위에 문어를 2점 올리고 그 위에 소스를 뿌린다,

옥수수튀김

1. 옥수수캔 그대로 용기에 담은 다음 튀김가루를 섞어 간을 하고 적당한 크기로 모양을 내서 기름에 튀겨 준다(180도에서 2~3분 정도 튀겨 준다).

피클

슬라이스 피클을 베이킹컵에 두 조각 정도 담는다.

왕게살말이

PORTION: 50

재료	단위	용량	재료	단위	용량
<밀전병>			홍피망	EA	2
밀가루	kg	1.5	<게살속>		
전분	G	150	홍게다리살	PK	1
소금	G	45	양파	EA	1
설탕	G	45	청피망	EA	1
물	L	3	홍피망	EA	1
식용유	G	300	소금	G	10
계란흰자	EA	3	참기름	G	5
청피망	EA	2			

만드는 법

1. 밀전병 만들기
   - 청피망과 홍피망은 따로 손질해서 잘게 썰어서 물을 조금 넣고 믹서에 갈아 체에 받친다.
   - 밀전병 반죽을 3으로 나누어 청피망물, 홍피망물, 맹물을 넣고 삼색 반죽을 한다.
   - 전판에 동그랗고 얇게 부친다.
2. 게살속 만들기
   - 홍게다리살을 해동해서 프라이팬에 식용유를 두르고 볶아준다.
   - 양파와 청피망 , 홍피망을 채썰어서 따로따로 볶아준다.
   - 볶은 게살과 채소를 넣고 소금과 참기름을 넣어서 간을 맞춘다.
3. 밀전병에 속을 넣고 말아준다.

메로 간장구이(은대구 구이)

PORTION: 50

재료	단위	용량	재료	단위	용량
메로(은대구)	kg	5	데리야끼소스 - 일식 소스류 참조		
소금	–	조금	겨자잎 혹은	G	500
후추	–	조금	특수채소	G	30
정종	–	조금			

만드는 법

1. 메로(은대구)를 100g씩 자른 후, 소금, 후추로 간하고 정종을 살짝 뿌린 후에 구이용 팬에 담는다.
2. 170 도 오븐에서 10분간 구어준다.
3. 생선에 데리야끼소스를 발라주며 살라만다에서 2~3번 정도 더 구워서 갈색이 나도록 한다.

담기

- 그릇에 잘게썬 겨자잎(특수채소)을 깔고 그 위에 생선을 올린다.

버섯불고기

PORTION: 50

재료	단위	용량	재료	단위	용량
느타리버섯	kg	1	배	G	100
우방심 혹은	kg	3	사과	G	100
우목심			키위	G	30
양파	EA	2	물	kg	2
파	EA	2	간장	G	500
당근	EA	1	설탕	G	300
<불고기양념>			참기름	G	100
양파	EA	2	물엿	G	70
파	EA	2	청고추	G	20
생강	EA	1	홍고추	G	20
마늘	G	200			

❁ 기물 준비

사기 원형 접시

❁ 만드는 법

1. 고기는 하루 전에 미리 꺼내서 해동시킨다.
2. 고기를 슬라이스 머신(눈금자 15mm)로 썰어 먹기 좋게 손으로 찢는다.
3. 양념장 만들기
   - 채소는 믹서에 간다.
   - 나머지 재료와 간 채소를 섞는다.
4. 양념장에 고기를 24시간 재어 둔다.
5. 고기를 팬에 볶는다.
6. 청고추 홍고추를 어슷썬다.

❁ 담기

- 그릇에 고기와 채소를 골고루 담고 국물을 뿌려준 후 썰어놓은 고추를 얹고 참깨를 뿌려 준다.

해물겨자채

PORTION: 50

재료	단위	용량	재료	단위	용량
갑오징어살	G	800	<소스>		
참소라	G	400	식초	G	300
PTO51-60			설탕	G	100
냉동새우	G	400	소금	G	20
깐피조개살	G	200	겨자	G	50
			마늘	G	100
			미림		50

❁ 만드는 법

1. 갑오징어와 참소라는 slice한다.
2. 새우는 껍질과 꼬리를 제거한다.
3. 위의 재료와 간 피조개살을 잘 섞어 데쳐준다.
4. 소스재료로 소스를 만든다(겨자는 따뜻한 물에 풀어 발효시킨 후 사용한다).

❁ 담기

- 그릇에 10분씩 담고 소스를 뿌려서 버무려 준다.

모듬숙회

PORTION: 50

재료	단위	용량
냉동반가리비	EA	50
해드온21-25	EA	50
냉동새우	G	600
초 문어	G	200
그린토사카로리		
초장 - 일식 소스류 참조		
	kg	1

✿ 기물 준비	✿ 만드는 법	✿ 담기
B.B접시	1. 냉동반가리비와 새우는 하루 전에 해동시켜 꾸르뷔이용(양식 COLD참조)에 데쳐서 식힌다. 2. 초문어는 물기를 짜서 준비해 둔다. 3. 그린토사카로리는 흐르는 물에 소금기를 빼준다.	• 그릇에 그린 토사카로리를 중앙에 담고 삼각형 모양으로 새우, 가리비, 문어 2점을 얹는다. • 웨딩-멜라닌 접시에 10분씩 담는다. • 초고추장은 종지에 담아서 따로 세팅한다.

소갈비구이와 더운채소

PORTION: 50

재료	단위	용량
갈비	kg	5
<불고기양념>-불고기 양념 참조		
새송이	G	1
냉동브로콜리	G	1
<브로콜리 양념>		
버터	G	50
소금	G	20
설탕	G	20
레몬주스	G	20
물	L	1

✿ 기물 준비	✿ 만드는 법	✿ 담기
사기 원형 접시	1. 갈비는 50g씩 잘라 얇게 사각으로 포를 뜬다. 2. 하루 전에 불고기 양념에 재워둔다. 3. 새송이는 세로로 4등분하여 소금, 후추 간하여 기름을 두르고 팬에 익혀 준다. 4. 브로콜리는 해동하여 모양을 살려가며 다듬은 다음 위의 양념으로 버터물을 만들어 살짝 데쳐준다.	• 접시에 고기와 채소를 보기 좋게 담는다.

인삼유자무침

PORTION: 50

재료	단위	용량	재료	단위	용량
3년근 인삼	kg	1	<유자소스>		
오이	EA	2	유자차	kg	1
당근	EA	2	소금	G	5
생률	EA	20	꿀	G	10
			올리브오일	G	30
			사이다	G	10

❁ 기물 준비	❁ 만드는 법	❁ 담기
원형 사기그릇	1. 인삼은 깨끗이 씻어 껍질을 벗기고 채로 썰어준다. 0.2×5cm 2. 오이와 당근도 인삼과 같은 크기로 채썰어준다. 3. 밤도 채썰어 준다. <소스만들기> - 믹서기에 유자차를 갈면서 사이다와 올리브오일을 넣어서 농도를 맞추고 소금과 꿀로 간을 맞춘다. 4. 인삼과 채소 등을 섞어준다.	• 그릇에 채소를 담고 소스를 위에 뿌려 준다.

채소와 갑각류 볶음

PORTION: 50

재료	단위	용량	재료	단위	용량
갑오징어롤	kg	2	참기름	G	30
냉동새우	kg	1	다진마늘	G	30
참소라	kg	1	대파	G	20
죽순채	G	50	소금	G	30
식용유	G	20	잣가루	G	20

❁ 기물 준비	❁ 만드는 법	❁ 담기
사기 월형접시	1. 갑오징어는 칼집을 내어 먹기 좋게 썰어놓고, 참소라도 얇게 먹기 좋은 크기로 썰어준다. 2. 팬에 식용유를 두르고 갑오징어, 깐새우, 참소라를 볶다가 죽순과 길게 썬 대파를 넣고 소금간을 하고 나머지 양념을 넣고 같이 볶다가 참기름을 넣고 조금 더 볶아 준다.	• 그릇에 담고 잣가루를 뿌려 준다.

신선로

PORTION: 50

❁ 기물 준비

신선로 그릇

재료	단위	용량	재료	단위	용량
소고기(양지)	kg	1.5	<장국고기양념>		
소의양	kg	1.5	간장	G	20
무	kg	2	다진마늘	G	10
당근	kg	1	참기름	G	10
소고기(우둔)	kg	1.5	후추	G	3
미나리	G	500	(완자양념)	G	10
표고버섯	G	200	소금	G	20
석이버섯	G	100	다진마늘	G	10
밤	G	300	참기름	G	3
달걀	EA	20	후추		
잣	G	50	<탕거리 양념>		
소금	G	30			
은행	G	100			
밀가루	G	50	간장	G	20
간장	G	20	다진마늘	G	10
두부	G	500	참기름	G	20
			후추	G	
			생선전-전류 참조		

❁ 만드는 법

1. 곰탕거리 삶기
   양지는 핏물을 빼서 냄비에 무와 당근을 통째로 넣고 함께 익힌다.
2. 장국고기와 완자빚기
   - 소고기 운둔살은 100g은 얇게 썰어 고기 양념장으로 고루 무치고, 나머지는 두부를 으깨어 합하여 완자 양념으로 고루 주물러서 지름 1.2cm의 완자를 빚는다.
3. 지단 부치기
   - 석이버섯은 더운물에 불려 깨끗이 씻어 다진 다음 달걀을 흰자 노른자 불리하여 소금을 넣고 풀어준다. 흰자는 반으로 나누어 한쪽에 다진 석이를 섞어서 백색, 황색, 흑색, 지단을 부친다.
4. 미나리초대
   - 미나리는 잎을 다듬고 대고치에 위아래로 번갈아 꿰어 네모지게 한장을 만들어, 밀가루를 묻혀 게란물을 묻힌 다음 팬에서 구워준다.
5. 생선전은-전류 참조
   - 고기 완자도 밀가루와 달걀물을 묻혀 팬에서 굴리면서 익혀준다.
6. 표고버섯은 물에 불려준다.
7. 은행은 볶아서 속껍질을 벗겨준다. 잣은 고깔을 떼어 놓는다.
8. 위에 준비한 재료들을 길이를 맞추고 너비 3cm 정도로 썰어준다.
9. 고기와무는 건져서 납작하게 썬다.

❁ 담기

- 신선로 그릇에 썬 고기와 무를 탕거리 양념하여 신선로 바닥에 깔고 장국고기를 고르게 놓고 그 위층에 골패모양으로 썰은 재료를 색맞추어 고르게 돌려 담는다. 그 위에 잣과 은행 등 고명을 올린다. 육수에 간을 맞추고 위의 재료에 덮어준 후 화통에 숯을 피워 나간다.

잔치국수

PORTION: 50

재료	단위	용량	재료	단위	용량
<국수장국>			<고명>		
물	L	18	당근	EA	5
양파	EA	2	애호박	EA	7
무	kg	5	표고버섯	EA	5
대파	kg	3	우방심채	G	600
다시마	PK	2	지단	G	200
다시멸치	G	500	김가루	G	100
국간장	G	50			
소금	G	30			
소면	PK	3			

❁ 기물 준비

사기탕그릇

❁ 만드는 법

1. 물에 양파, 무, 대파, 다시멸치를 넣고 끓여준다.
2. 채소가 어느 정도 무르면 다시마를 넣고 다시 끓여준다.
3. 다시마가 풀어지고 어느 정도 국물이 우러나면 모든 재료를 건져낸다.
4. 국간장과 소금으로 간을 맞춘다.
5. 소면은 끓는 물에 1인분 분량으로 나눠 담는다.
6. 고명만들기
   - 당근과 애호박은 채로 썰어서 소금에 절였다가 꼭짜서 다진마늘을 넣고 식용유에 볶아준 후 색이 변하지 않도록 빨리 식혀준다.
   - 표고 버섯은 채를 썰어준 후 삶아서 찬물에 식힌 후 물기를 제거하고 다진마늘, 간장, 미림, 참기름을 넣고 볶아준다.
   - 우방심채도 표고버섯과 양념과 같이 해서 볶아준다.
   - 지단은 채를 썰어준다.

❁ 담기

- 그릇에 소면을 담고 고명을 얹은 후 김가루를 올려주고 국물을 부어준다.

❁ 참고사항

- 한식웨딩메뉴
- 뷔페용 잔치국수와는 차이가 있다.

현장 실전메뉴

C.H.A.P.T.E.R 04

중식메뉴

Chiness Menu

탕수육

PORTION: 50

재료	단위	용량	재료	단위	용량
돈등심채	kg	1	레몬	kg	0.2
당근	kg	0.1	생강	kg	0.1
오이	kg	0.1	진간장	kg	0.15
양파	kg	0.2	감자전분	kg	0.5
백설탕	kg	0.3	소금	kg	0.02
환만식초	kg	0.1	마늘	kg	0.04
물	kg	0.2	후추가루	kg	조금
대파	kg	0.1	달걀	EA	8

❁ 만드는 법

1. 돼지고기등심을 술, 간장, 소금, 후추, 마늘로 밑간을 한다(고기는 4×1cm로 썬 다음 핏물을 빼서 밑간 한다).
2. 밑간한 돼지고기를 불린전문과 달걀으로 반죽하여 튀김옷을 만든 후 170~180℃에서 두 번 튀겨 준비한다.
3. 오이, 당근, 양파를 모양나게 썰어 물에 데쳐서 준비한다(채소의 크기는 1×4cm로 어슷하게 편으로 썰어 준비한다).
4. 팬에 레몬, 대파, 생강, 물을 넣어 향을 내고 준비된 간장, 식초, 설탕을 넣어 간을 한 후 끓어오를 때에 물전분으로 농도를 맞춘 후 2번의 튀김과 재빠르게 섞어 접시에 담아낸다(소스의 농도는 흘러내리는 정도가 물엿의 질감 정도면 된다).

❁ 참고사항

1. 소스는 따로 준비하여 예약시간에 맞추어 버무려준다.
2. 광동식 탕수육은 간장 대신 케첩을 넣어준다.
3. 불린전분은 물과 전분을 1:1로 하여 섞어준 뒤 아래쪽에 전분이 가라앉으면 윗물은 따라 버린 후 사용하면 된다.

해파리 냉채

PORTION: 50

재료	단위	용량	재료	단위	용량
해파리채	kg	1.5	미림	kg	0.02
오이	kg	0.3	마늘	kg	0.05
백설탕	kg	0.05	겨자	kg	0.03
식초	kg	0.05			
소금	kg	0.02			

❁ 만드는 법

1. 해파리는 끓는 물에 1분간 데친 후 흐르는 찬물에 하루 정도 담구어 염분과 잡내를 제거후 체반에 받쳐 물기를 뺀 후 오이채와 섞어 사용한다.
2. 준비된 기물에 해파리와 오이를 섞어 마늘 겨자 소스를 뿌린다(오이채는 5cm 정도로 2mm로 슬라이스 하여 채썰어 준다).

게살수프

PORTION: 50

재료	단위	용량	재료	단위	용량
홍게다리살	kg	0.2	참기름	kg	0.05
죽순채	kg	0.1	치킨베이스	kg	0.08
표고버섯	kg	0.1	소금	kg	0.02
팽이버섯	kg	0.1	닭육수	kg	2
난백	EA	2	마늘	kg	0.05
전분	kg	0.15			

❁ 만드는 법

1. 홍게 다리살은 해동후 그릇에 담아 생강과 대파를 넣고 찜기에 10분간 쪄서 준비한다.
2. 팽이 버섯은 밑둥을 제거후 준비하고 죽순과 표고버섯은 5cm 길이로 채썰어 분비한다.
3. 팬에 육수를 넣고 1번과 2번의 재료를 넣고 양념을 한다.
4. 끓으면서 생기는 거품을 제거후 팽이버섯을 넣어 끓인 후 끓어 오를 때에 물전분으로 농도를 맞춘 후 달걀 흰자를 넣고 뭉치지 않게 잘 풀어준다(수프는 농도가 약간 묽게 준비해야 한다. 농도는 국자로 흘렸을 때 바로 주루룩 흘러 내릴 정도로 해준다).
6. 마지막으로 참기름으로 마무리한다.

소고기 피망 볶음(마라우육)

PORTION: 50

재료	단위	용량	재료	단위	용량
소고기등심	kg	0.7	대파	kg	0.02
청피망	EA	1	마늘	kg	0.05
홍피망	EA	1	두반장	kg	0.1
양파	EA	1	굴소스	kg	0.15
죽순편	kg	0.1	설탕	kg	0.05
난백	EA	2	녹말	kg	0.15
후추가루	kg	0.01	생강	kg	0.02
고추기름	kg	0.15	소금	kg	0.01
건고추	EA	3			

❁ 기물 준비

1. 연회 예약시 인원에 비례하여 기물을 준비한다.

❁ 만드는 법

1. 소고기는 길이 4cm, 굵기 1cm로 썰어 핏물을 뺀 후 소금, 후추로 기본 간을 한 후 난백 2개 분량과 전분 1스푼을 넣어 버무려 준비한다.
2. 채소도 고기와 같은 크기로 썰어 준비한다.
3. 팬에 식용유 1컵을 넣고 140도 정도로 가열후 1번의 소고기를 넣어 익혀준다(달걀과 전분 때문에 서로 다라 붙을 수 있으니 잘 풀어 주면서 익혀낸다).
4. 달구어진 펜에 고추기름과 파, 마늘, 건고추를 넣어 향을 낸 후 썰어놓은 채소를 넣어 볶다가 익힌 고기를 넣고 양념을 한 후 물전분으로 걸죽하게 한 다음 고추기름과 참기름으로 마무리 해준다.

팔보채

PORTION: 50

재료	단위	용량	재료	단위	용량
솔방울 잇가	kg	0.5	청경채	kg	0.2
쭈꾸미	kg	0.3	청피망	EA	1
백시바	kg	0.1	홍피망	EA	1
홍해삼	kg	0.2	고추기름	kg	0.1
참소라	kg	0.1	굴소스	kg	0.1
갑오징어살	kg	0.3	소금	kg	0.01
피조개	kg	0.08	전분	kg	0.15
죽순편	kg	0.1	참기름	kg	0.01
표고버섯	kg	0.05	파	kg	0.03
초고버섯	kg	0.05	마늘	kg	0.05
베이비콘	kg	0.03	생강	kg	0.02

❁ 만드는 법

1. 해산물을 4cm로 통일하여 썰고 해삼을 약간 크게 썰어 준비한다.
2. 채소는 해물과 같은 크기로 썰어 준비한다.
3. 뜨거운 물에 채소와 해물을 담아 한번 데친 후 조리를 시작한다.
4. 달구어진 펜에 고추기름과 파, 마늘, 생강을 넣어 향을 낸 후 데쳐놓은 재료를 넣어 재빨리 볶아낸다 중간에 육수 약간과 양념을 첨가한 후 끓어 오를 때에 물전분으로 농도를 맞춘다.
5. 참기름으로 마무리를 한다.

소고기 셀러리 볶음

PORTION: 50

재료	단위	용량	재료	단위	용량
소고기	kg	0.7	소금	kg	0.01
셀러리	kg	0.8	청주	kg	0.06
죽순편	kg	0.4	육수	kg	0.2
난백	EA	2	후추가루	kg	조금
대파	kg	0.03	진간장	kg	0.02
마늘	kg	0.05	참기름	kg	0.01
생강	kg	0.02	파기름	kg	0.15
치킨베이스	kg	0.07			

❁ 만드는 법

1. 셀러리는 껍질을 벗긴 후 사선으로 썰어 준비한다(4×1cm로 썰어준다).
2. 소고기는 길이 4cm, 굵기 1.5cm로 썰어 기본간을 한 후 난백과 전분으로 반죽하여 기름에 데쳐서 준비한다(팬에 1컵 정도의 식용유를 140도까지 올려 풀어주면서 익혀낸다).
3. 달구어진 팬에 파기름을 두른 후 파, 마늘, 생강을 넣어 향을 나게 한 후 셀러리와 죽순을 같이 볶아준다.
4. 미리 기름에 데쳐 놓은 소고기도 함께 넣고 양념을 한 후 육수 약간을 넣고 다시 끓어 오르면 물전분으로 농도를 맞춘 후 참기름으로 마무리지어준다 .

샥스핀 게살수프

PORTION: 50

재료	단위	용량	재료	단위	용량
홍게다리살	kg	0.2	치킨베이스	kg	0.01
죽순채	kg	0.1	소금	kg	0.02
굴소스	kg	0.1	닭육수	kg	2
난백	EA	2	마늘	kg	0.05
샥스핀채	kg	0.2	생강	kg	0.02
팽이버섯	kg	0.1	백후추가루	kg	약간
전분	kg	0.15	정종	kg	0.1
참기름	kg	0.15			

만드는 법

1. 슬라이스 샥스핀을 대파, 생강, 정종을 넣고 10분간 찐 후 준비한다(홍게다리살도 동일한 방법으로 한번 쪄서 준비한다).
2. 펜에 닭육수를 넣고 준비된 채소와 게살, 샥스핀을 넣고 양념을 한다.
3. 끓어 오르는 중간 거품을 걷어내고 팽이버섯을 넣은 후 물전분으로 걸죽하게 농도를 맞춘다.
4. 마지막으로 달걀 흰자를 뭉치지 않게 풀어주고 참기름을 넣어준다.

참고사항

1. 샥스핀 특유의 냄새가 날 수 있으므로 재료는 한번 쪄서 사용한다.

새우칠리 소스

PORTION: 50

재료	단위	용량	재료	단위	용량
깐새우	kg	0.5	식초	kg	0.05
고추기름	kg	0.15	설탕	kg	0.15
오뚜기케첩	kg	0.2	타바스코	kg	0.01
두반장	kg	0.02	완두콩	kg	0.05
달걀	EA	1	후추가루	kg	조금
물	kg	0.7	소금	kg	0.005
전분	kg	0.15			

만드는 법

1. 물기를 뺀 깐새우를 불린 전분과 달걀으로 반죽하여 170도에서 두번 튀겨 준비한다.
2. 분량의 소스로 칠리 소스를 만든 후 끓어 오를 때에 전분으로 농도를 맞춘 후 튀겨놓은 새우와 버무려 접시에 담아 준다.
3. 완성된 요리 위에 완두콩을 뿌려준다.

참고사항

1. 불린전분 만드는 법은 탕수육 참조.
2. 소스의 농도는 묽지 않을 정도로 해 준다. 너무 되거나 묽으면 요리의 질이 떨어진다.

해삼탕

PORTION: 50

재료	단위	용량	재료	단위	용량
홍해삼	kg	0.7	참기름	kg	0.01
청경채	kg	0.15	새송이 버섯	kg	0.3
죽순슬라이스	kg	0.1	파기름	kg	0.1
굴소스	kg	0.1	생강	kg	0.02
진간장	kg	0.1			
전분	kg	0.15			

❁ 만드는 법

1. 홍해삼은 해동후 어슷하게 편으로 4×2cm로 썰어준다
2. 청경채는 편으로 썰고 새송이버섯은 모양을 살려 0.5cm 링으로 썰어준다.
3. 썰어 놓은 재료를 뜨거운 물에 한번 데쳐 준비한다.
4. 달구어진 펜에 파기름을 둘러준 후 파, 마늘, 생강으로 향을 내준다.
5. 향이 나면 1번의 재료를 넣어 신속히 볶으면서 양념을 한다.
6. 양념을 한 후 다시 끓어오를 때 물전분으로 걸죽하게 농도를 낸 후 참기름으로 마무리한다.

❁ 참고사항

1. 해삼에서 물이 많이 나와 다른 요리처럼 육수를 첨가하지 않는다. 전분처리시도 되직하게 갠 후 전분 처리해준다.

바닷가재 칠리

PORTION: 50

재료	단위	용량	재료	단위	용량
랍스타 꼬리	kg	1	전분	kg	0.15
고추기름	kg	0.15	식초	kg	0.05
오뚜기 케찹	kg	0.2	설탕	kg	0.15
두반장	kg	0.02	타바스코	kg	0.01
달걀	EA	1	완두콩	kg	0.05
물	kg	17	후추		조금

❁ 만드는 법

1. 물기를 제거한 랍스타를 3cm로 썰어 불린전분과 달걀으로 반죽하여 170도에서 두번 튀긴다.
2. 분량의 소스로 칠리 소스를 만든 후 끓어 오를 때에 전분으로 농도를 맞춘 후 튀겨놓은 랍스타 꼬리를 넣어 버무려준다.
3. 완두콩을 뿌려준다.

❁ 참고사항

1. 새우칠리와 동일한 조리법을 요한다.

소고기 인삼 셀러리 볶음

PORTION: 50

재료	단위	용량	재료	단위	용량
소고기안심	kg	0.6	소금	kg	0.01
죽순	kg	0.4	청주	kg	0.06
난백	EA	2	육수	kg	0.2
대파	kg	0.03	후추		조금
마늘	kg	0.05	진간장	kg	0.02
셀러리	kg	0.7	파기름	kg	0.15
생강	kg	0.02	참기름	kg	0.01
치킨베이스	kg	0.07	당근	kg	0.05

❁ 만드는 법

1. 셀러리는 껍질을 벗긴 후 사선으로 썰어 준비한다.
2. 소고기는 길이 4cm, 굵기 1.5cm로 썰어 기본간을 한 후 난백과 전분으로 반죽하여 기름에 데쳐서 준비한다.
3. 달구어진 펜에 파기름을 두른 후 파, 마늘, 생강을 넣어 향을 나게 한 후 셀러리와 죽순을 같이 볶아준다.
4. 미리 기름에 데쳐 놓은 소고기도 함께 넣고 양념을 한 후 육수 약간을 넣고 다시 끓어오르면 물전분으로 농도를 맞춘 후 참기름으로 마무리한다.

라조기

PORTION: 50

재료	단위	용량	재료	단위	용량
닭다리살	kg	1	마늘	kg	0.05
청피망	EA	1	생강	kg	0.01
홍피망	EA	1	청주	kg	0.1
죽순편	kg	0.1	두반장	kg	0.1
청경채	kg	0.1	굴소스	kg	0.1
녹말	kg	0.15	후추	kg	조금
표고버섯	kg	0.1	치킨베이스	kg	0.07
고추기름	kg	0.2	난백	EA	2
건고추	kg	0.05	물	kg	0.2
대파	kg	0.03	소금	kg	0.005

❁ 만드는 법

1. 닭고기는 가로 1cm, 세로 4cm, 굵기는 1cm로 썰어준다.
2. 채소는 가로 2cm, 세로 4cm로 썰어 준비한다(한번 데쳐서 준비한다).
3. 닭고기에 기본 양념을 한뒤 불린전분과 달걀으로 반죽을 만들어 170도 전후에서 두 번 튀겨 준비한다.
4. 달구어진 펜에 고추기름을 둘러준 뒤 대파, 마늘, 생강, 건고추를 넣어 향이 나게 볶아준다.
5. 펜에 채소를 넣고 30초간 볶다가 물과 양념을 더해 끓으면 물전분으로 농도를 맞추어준다
6. 걸죽하게 농도가 맞춰졌으면 튀긴 닭고기를 넣고 재빨리 섞어준다.

❁ 참고사항

1. 요리의 특성상 쉽게 튀김이 불어버릴 수 있으니 전분 농도를 잘 맞춘다.
2. "라조"라는 말은 맵다라는 뜻이므로 매콤하게 조리한다.

광동식 잡채

PORTION: 50

재료	단위	용량	재료	단위	용량
당면	kg	0.2	정백당	kg	0.15
양배추	kg	0.1	식용유	kg	0.05
애호박	kg	0.08	호부추	kg	0.1
양파	kg	0.1	치킨파우더	kg	0.01
당근	kg	0.03	후추	kg	0.001
파	kg	0.02	참기름	kg	0.03
마늘	kg	0.02	갑오징어	kg	0.06
간장	kg	0.04	참소라	kg	0.04
노두유	kg	0.05	피조개살	kg	0.04
굴소스	kg	0.08			

만드는 법

1. 당면은 물에 불려 준비한다.
2. 모든 채소는 5cm로 채썰어 준비한다.
3. 불린 당면을 가위로 잘라 끓는 물에 한번 삶아둔다.
4. 달구어진 펜에 식용유를 넣고 파, 마늘을 넣어 향을 낸 후 썰어놓은 해물을 넣은 뒤 해물이 익을 때 나머지 부추를 제외한 채소를 넣어 센 불에 볶아준다.
5. 간장을 넣어 향을 내고 굴소스, 치킨베이스, 설탕, 노두유를 넣고 섞어준 뒤 삶아놓은 당면을 넣고 볶아준다.
6. 당면에 양념이 배어들어 가면 호부추를 넣고 참기름을 넣어 마무리한다.

양장피 잡채

PORTION: 50

재료	단위	용량	재료	단위	용량
양배추	kg	0.1	참소라	kg	0.05
양파	kg	0.1	51-60새우	kg	0.06
당근	kg	0.05	양장피	EA	1
애호박	kg	0.08	진간장	kg	0.03
호부추	kg	0.1	치킨파우더	kg	0.01
오이	kg	0.05	참기름	kg	0.03
해파리	kg	0.1	소금	kg	0.001
달걀	EA	1	팽이버섯	kg	0.05

만드는 법

1. 모든 채소는 채썰어 준비한다.
2. 접시에 오이, 당근, 소라, 새우, 지단, 해파리, 팽이버섯을 보기 좋게 돌려 담아준다.
3. 팬이 달구어지면 식용유를 넣고 파, 마늘을 넣어 향을 낸 후 채썰어 놓은 채소를 넣어 볶아준다
4. 뜨거운 물에 불린 양장피도 함께 넣어 볶으면서 분량의 양념을 넣어준다.
5. 호부추를 넣어 재빨리 볶아준 뒤 참기름으로 마무리한 뒤 2번의 접시 중앙에 보기 좋게 담아낸다.
6. 식사 직전에 겨자소스를 뿌려준다.

차우면

PORTION: 50

재료	단위	용량	재료	단위	용량
중력밀가루	kg	0.5	정백당	kg	0.01
두반장	kg	0.05	간장	kg	0.03
굴소스	kg	0.08	후추	kg	0.001
고추기름	kg	0.04	고추가루	kg	0.02
파	kg	0.02	달걀	ea	1
마늘	kg	0.02	식소다	kg	0.001
생강	kg	0.01	소금	kg	0.002
치킨파우더	kg	0.01	우방심채	kg	0.1
			51-60새우	kg	0.06
			갑오징어	kg	0.06
			참소라	kg	0.05
			피조개살	kg	0.06
			양파	kg	0.15
			양배추	kg	0.15
			호부추	kg	0.05
			애호박	kg	0.05
			당근	kg	0.05
			죽순채	kg	0.05
			표고버섯채	kg	0.04
			참기름	kg	0.03
			육수	kg	0.5
			식용유	kg	0.2

❁ 만드는 법

1. 밀가루에 식소다와 소금, 물을 넣어 반죽 후 냉장에서 숙성하여 재면한다.
2. 준비된 면을 삶아 다시 180도 기름에 튀겨준다.
3. 달구어진 팬에 고추기름을 두른 뒤 파, 마늘, 생강을 넣어 향을 내고 죽순, 표고버섯채를 넣어 볶아준다.
4. 3번에 육수를 넣고 분량의 양념을 넣어준다.
5. 양념이 고루 섞이고 다시 끓어오르면 튀겨놓은 면과 채썬 채소를 넣고 볶아준다.
6. 삶아놓은 해물과 볶아놓은 소고기를 넣고 볶은 뒤에 호부추와 참기름으로 마무리한다.

❁ 참고사항

1. 삶은 면을 튀길 때는 너무 많이씩 튀기지 않도록 한다.

부추잡채

PORTION: 50

재료	단위	용량	재료	단위	용량
죽순채	kg	0.1	후추	kg	0.001
표고버섯채	kg	0.1	소금	kg	0.002
양파	kg	0.1	치킨베이스	kg	0.05
호부추	kg	0.3	난백	ea	1
파	kg	0.02	식용유	kg	0.05
마늘	kg	0.02	진간장	kg	0.03
소고기채	kg	0.1	참기름	kg	0.03
전분	kg	0.05			

❁ 만드는 법

1. 소고기는 기본양념후 난백과 전분으로 반죽하여 식용유를 넉넉히 넣어 볶아준다
2. 달구어진 팬에 식용유를 둘러준뒤 파, 마늘을 넣어 향을 내고 죽순, 표고, 양파를 넣어 볶아준다.
3. 2번에 간장, 치킨베이스, 소금을 넣어 볶아 주면서 볶은 소고기도 넣어준다.
4. 마지막으로 호부추를 넣어 살짝 볶아준 뒤 참기름으로 마무리한다.

짜춘권

PORTION: 50

재료	단위	용량	재료	단위	용량
죽순채	kg	0.1	전분	kg	0.2
표고버섯채	kg	0.1	참기름	kg	0.03
양파	kg	0.05	굴소스	kg	0.03
애호박	kg	0.1	소금	kg	0.002
당근	kg	0.05	후추	kg	0.001
호부추	kg	0.2	달걀	EA	6
파	kg	0.02	중력분	kg	0.03
마늘	kg	0.02	김	EA	3
51-60새우	kg	0.2	식용유	kg	0.06
건해삼채	kg	0.3	치킨파우더	kg	0.02

❁ 만드는 법

1. 달걀으로 지단을 만들어 준비한다(황백분리 없이 섞은 후 전분을 조금 넣어 지단을 만든다).
2. 당근, 양파, 애호박은 채로썰어 준비한다.
3. 죽순채, 표고버섯채, 해삼채, 새우를 끓는 물에 한번 데쳐 놓는다.
4. 팬이 달구어지면 식용유를 넣고 파, 마늘을 넣어 향을 낸 후 3번의 재료를 넣어 볶아준다. 분량의 소스도 같이 넣어준 뒤 채소를 넣어 숨이 죽을 때까지 볶아준다.
5. 물전분으로 농도를 맞추고 호부추와 참기름으로 마무리한다.
6. 볶은 재료를 식혀 준비한다
7. 먼저 지단을 놓고 그 위에 김을 놓고 다시 볶아 놓은 재료를 가지런하게 놓는다.
8. 지단 주변에 물로 갠 밀가루 풀을 발라 준다.
9. 김밥 말아 주듯이 속재료가 빠지지 않게 잘 말아준다. 끝부분에도 밀가루 풀을 발라준다.
10. 불린전문에 난백을 섞어 튀김옷을 만들어 말아놓은 짜춘권을 170도에서 2분간 튀겨준다.
11. 보기 좋게 썰어 담아준다 .

❁ 참고사항

1. 곁들여 나가는 소스는 간장:설탕:식초:겨자 비율울 0.5:1:1:0.2 섞어 같이 곁들여 낸다.

4품냉채

PORTION: 50

재료	단위	용량	재료	단위	용량
해파리	kg	2	해파리 소스	kg	0.3
오이	kg	0.2	칠리소스	kg	0.2
송화단	EA	10	고추기름	kg	0.05
오향장육	kg	1.5	소금	kg	0.02
새우	kg	0.4			

❁ 만드는 법

1. 해파리는 끓는 물에 1분간 데친 후 흐르는 찬물에 하루 정도 담구어 염분과 잡내를 제거한 후 체반에 받쳐 물기를 뺀 후 오이채와 섞어 사용한다.
2. 송화단은 스팀에 30분간 찐 후 식혀 껍질과 불순물 제거후 6등분해서 준비한다.
3. 소고기 사태는 장육소스에 조리후 차갑게 식힌 후 0.2cm로 슬라이스한다.
4. 새우는 껍질과 내장을 제거한 후 소금을 넣어 삶아서 준비한다.
5. 준비된 재료를 보기 좋게 담는다. 가운데에 해파리를 나머지 재료들을 삼면으로 해서 담고 해파리에는 겨자소스, 송화단 위에는 고추기름을, 자숙새우 위에는 칠리소스를 뿌려준다(오이채는 5cm 정도로 2mm로 슬라이스하여 채썰어준다).

산라탕

PORTION: 50

재료	단위	용량	재료	단위	용량
팽이버섯	kg	0.1	닭육수	kg	2
해삼채	kg	0.2	굴소스	kg	0.1
죽순채	kg	0.1	식초	kg	0.1
표고버섯채	kg	0.1	후추	kg	조금
두부	kg	0.2	녹말	kg	0.15
난백	EA	2	고추기름	kg	0.15
코리안더	kg	0.05	소금	kg	0.02
청주	kg	0.05	참기름	kg	0.02

❁ 만드는 법

1. 죽순채, 표버버섯채, 팽이버섯, 두부(가로 0.2cm, 세로 5cm로 썰어 놓는다) 끓는 물에 데쳐 놓는다
2. 팬에 육수를 붓고 청주, 굴소스, 식초, 후추가루, 소금를 넣어 간한 후 데친 재료를 넣고 끓인다.
3. 끓을 때에 물전분으로 농도를 맞춘 후 달걀 흰자를 넣어 주고, 파기름과 고추기름 참기름을 넣어 준 뒤 고수를 쏭쏭 썰어 넣어 준다.

❁ 담기

1. 개인 슾볼에 담아낸다.

❁ 참고사항

1. 식초를 소량 넣어 준다.

중새우 칠리

PORTION: 50

재료	단위	용량	재료	단위	용량
31-35새우	kg	1.5	완두콩	kg	0.05
전분	kg	0.3	칠리소스	kg	0.5
달걀	EA	3			
소금	kg	0.01			
후추	kg	조금			

❁ 만드는 법

1. 새우는 껍질과 내장을 재거후 물기 제거하여 불린 전분과 달걀으로 반죽하여 170도 안팍으로 2번 튀겨 준비한다.
2. 분량의 재료를 조합하여 칠리 소스를 만든후 물전분으로 끓어오를 때 걸죽하게 농도를 맞춘 후 1번의 새우를 버무린 후 마지막으로 완두콩을 뿌려준다.

❁ 참고사항

1. 소스를 미리 준비해 두었다가 코스 시간에 맞추어 버무려 낸다.

소고기 고추잡채 볶음과 꽃빵

PORTION: 50

재료	단위	용량	재료	단위	용량
청피망	kg	1.5	파	kg	0.02
죽순채	kg	0.3	소금	kg	0.01
파기름	kg	0.15	후추가루	kg	조금
소고기	kg	0.5	참기름	kg	0.02
난백	EA	2	꽃빵	EA	50
양파	kg	0.5	표고버섯	kg	0.2
녹말	kg	0.05	마늘	kg	0.05
청주	kg	0.05			

❁ 만드는 법

1. 피망은 0.2로 썰어 준비하고 나머지 재료도 채로 준비한다.
2. 소고기채는 기본간을 한 후 물전분과 난백으로 버무린 후 기름에 데쳐서 준비해 놓는다(소고기는 육회용 방심채를 사용한다. 데칠 때는 펜에 식용유 1컵을 140도 정도에서 데쳐준다).
3. 펜이 달구어지면 파, 마늘을 넣어 향을 내고 양파와 죽순, 표고버섯을 먼저 볶다가 양념을 한 후 데친 소고기와 피망을 넣어준다.
4. 재료가 다 볶아졌으면 마지막으로 참기름을 넣고 그릇에 담아 낸다.
5. 꽃빵은 해동상태에서 찜기에 10분간 쪄서 소고기 고추잡채와 함께 담아 나간다.

❁ 참고사항

피망은 마지막에 넣어 볶아준다.

새우볶음밥

PORTION: 50

재료	단위	용량	재료	단위	용량
새우	kg	0.1	쌀	kg	4
당근	kg	0.2	파기름	kg	0.1
양파	kg	0.1	소금	kg	0.02
청피망	kg	0.3	굴소스	kg	0.05
홍피망	kg	0.3	진간장	kg	0.01
죽순	kg	0.08	달걀	EA	3
표고버섯	kg	0.08	후추가루	kg	조금

❁ 만드는 법

1. 채소는 사방 0.3cm로 깍뚝썰어 준비한다.
2. 새우는 한번 데쳐 준비한다.
3. 팬이 달구어지면 파기름을 두른 후 달걀을 풀어 익을 때까지 볶아준 뒤 1, 2번의 재료를 넣어 볶다가 밥을 넣어 볶으면서 양념을 한다. 센 불에서 잘 볶은 후 참기름으로 마무리한다.

❁ 담기

그릇에 반 정도만 담아 준다.

❁ 참고사항

오래 볶으면 색이 먹음직스럽지 못하므로 단시간에 조리한다.

달걀채소탕

PORTION: 50

재료	단위	용량	재료	단위	용량
달걀	EA	5	후추가루	kg	조금
죽순	kg	0.3	치킨베이스	kg	0.04
표고버섯	kg	0.3	참기름	kg	0.02
팽이버섯	kg	0.2	파	kg	0.05
애호박	kg	0.3	마늘	kg	0.05
청경채	kg	0.15	양파	kg	0.2
소금	kg	0.03	닭육수	kg	3

❁ 기물 준비

1. 개인용 국그릇을 준비한다.

❁ 만드는 법

1. 모든 재료는 채로 준비한다.
2. 팬에 닭육수를 붓고 양념을 한다. 끓어 오를 때에 달걀을 넣고 풀어 준다. 준비된 채소를 넣고 끓인 다음 마지막으로 참기름을 뿌려 나간다.

행인두부

PORTION: 50

재료	단위	용량	재료	단위	용량
우유	kg	1.5	리치	CAN	2
젤라틴	kg	0.8	물	kg	1.5
설탕	kg	0.3			
바닐라엣센스	kg	0.001			
키위	EA	5			

❁ 기물 준비

1. 디져트용 펀치볼을 준비한다.

❁ 만드는 법

1. 먼저 우유에 젤라틴과 설탕 바닐라 엣센스를 넣어 실온에서 30분간 불린 뒤 중탕 해준 뒤 평평한 그릇에 부어 냉장고에서 식혀 둔다. 굳은 우유 젤리를 모양나게 썰어 준비한다.
2. 과일도 모양 나게 썰어 준비한다.
3. 우유와 물 설탕을 넣어 국물을 만들어 냉장고에 넣어둔다.
4. 3번의 국물이 시원해지면 1번과 2번의 재료를 넣어 행인 두부를 만든다.
5. 차갑게 서브한다.

5품냉채

PORTION: 50

재료	단위	용량	재료	단위	용량
해파리	kg	2	칠리소스	kg	0.2
31-35새우	kg	0.4	오이	kg	0.2
오향장육	kg	1.5	고추기름	kg	0.02
송화단	kg	10	소금	kg	0.03
관자	kg	1			
해파리소스	kg	0.3			

❁ 기물 준비

1. 냉채 접시를 준비한다.

❁ 만드는 법

1. 4품냉채와 조리법 동일
2. 4품에 관자만 추가된다. 관자는 절반으로 포를 뜬 후 소금을 넣어 데쳐서 식혀 준비한다.
3. 해파리냉채를 가운데 두고 나머지 제료를 동, 서, 남, 북 방향으로 놓아 준다.
4. 준비된 소스를 뿌려 서브한다.
5. 관자에도 칠리소스를 뿌려준다.

❁ 담기

1. 해파리를 중앙에 두고 나머지 재료를 담아 내준다.

❁ 참고사항

1. 관자와 새우는 칠리소스를 뿌려준다.

설화게살

PORTION: 50

재료	단위	용량	재료	단위	용량
홍게다리살	kg	0.4	소금	kg	0.03
죽순채	kg	0.1	닭육수	kg	2
표고버섯채	kg	0.1	마늘	kg	0.05
팽이버섯	kg	0.2	생강	kg	0.01
난백	EA	4	대파	kg	0.01
전분	kg	0.1			
참기름	kg	0.02			
치킨베이스	kg	0.03			

❁ 기물 준비

1. 슾볼을 준비한다.

❁ 만드는 법

1. 펜에 닭육수와 한번쪄 식힌 홍게 다리살을 넣은 후 채소와 마늘을 넣은 후 양념을 한다.
2. 끓어오를 때 거품을 건져주고 팽이버섯을 넣고 물전분으로 농도를 맞춘 후 달걀흰자를 거품기로 머렝하여 수프에 넣어준다. 참기름으로 마무리하여 서브한다.

❁ 참고사항

1. 달걀흰자 거품을 잘 내준다.
2. 홍게다리살은 해동후 생강과 대파를 넣어 10분간 쩌서 준비한다.

팔진샥스핀

PORTION: 50

재료	단위	용량	재료	단위	용량
샥스핀 홀	kg	5	치킨베이스	kg	0.05
소흥주	kg	0.05	후추가루	kg	조금
대파	kg	0.05	소금	kg	0.01
생강	kg	0.1	참기름	kg	0.03
파기름	kg	0.1	전분	kg	0.1
육수	kg	1	청경채	kg	0.3
진간장	kg	0.05	팽이버섯	kg	1
굴소스	kg	0.8	자연송이	kg	0.05
노두유	kg	0.05			

❁ 만드는 법

1. 냉동된 샥스핀을 해동후 육수와 소흥주 파, 생강을 넣어 찜기에 10~15분가량 찐다.
2. 송이버섯, 팽이버섯과 청경채를 데친 다음 물기를 빼서 준비한다.
3. 팬에 파기름과 샥스핀 쪘을 때 나온 육수와 닭육수 치킨파우더, 굴소스, 노두유, 후추가루, 간장, 소흥주를 분량대로 넣어 끓이고 물녹말로 농도를 맞춘 뒤 참기름으로 마무리한다.
4. 준비된 그릇에 찐샥스핀과 데친 채소를 보기 좋게 담아 놓고 소스를 얹어 낸다.

해삼과 죽순

PORTION: 50

재료	단위	용량	재료	단위	용량
건해삼	kg	1	굴소스	kg	0.2
청경채	kg	0.15	진간장	kg	0.07
죽순	kg	0.2	치킨베이스	kg	0.02
파	kg	0.05	참기름	kg	0.02
마늘	kg	0.05	파기름	kg	0.1
생강	kg	0.02	전분	kg	0.15
소흥주	kg	0.03			

❁ 만드는 법

1. 건해삼을 충분히 불려 내장 제거후 가로 3cm, 세로 6cm로 썰고, 죽순과 청경채는 편으로 썰어 준비한다.
2. 청경채는 식용유와 소금을 넣어 데쳐서 물기를 제거후 준비해 둔다.
3. 해삼과 죽순을 한번 데쳐 준비하고 팬에 파기름을 두른 후 파, 마늘, 생강, 소흥주를 넣어 향을 낸 후 1번의 재료를 넣고 양념을 한 후 물전분으로 농도를 맞춘 후 참기름과 파기름으로 마무리한다.
4. 준비된 그릇에 볶은 재료와 청경채를 보기 좋게 담아 낸다.

새송이 소고기볶음과 꽃빵

PORTION: 50

재료	단위	용량	재료	단위	용량
새송이버섯	kg	0.5	파기름	kg	0.08
소고기	kg	1	진간장	kg	0.05
청경채	kg	0.2	치킨베이스	kg	0.03
난백	EA	3	후추가루	kg	조금
전분	kg	0.2	참기름	kg	0.02
대파	kg	0.03	생강	kg	0.02
마늘	kg	0.03	소금	kg	0.01
청주	kg	0.05			

❁ 만드는 법

1. 대파는 4cm로 썰고 마늘과 생각은 얇게 편으로 썬다.
2. 새송이와 소고기는 편으로 썰어 준비한다. 청경채는 4cm로 썰어 준비한다.
3. 소고기를 기본양념하여 전분과 달걀흰자로 버무린 후 기름에 데쳐 놓는다.
4. 새송이와 청경채를 살짝 데쳐 놓는다.
5. 팬에 파기름을 두른 후 향채를 볶아 향이 우러나면 간장과 청주를 넣고 바로 데쳐놓은 채소를 넣어 10초간 볶다가 양념을 한다.
6. 데쳐놓은 소고기를 넣고 육수를 약간 넣어 준 뒤 물전분으로 걸죽하게 농도를 맞춘 다음 참기름을 넣고 완성한다.
7. 접시에 꽃빵과 함께 담아낸다(꽃빵은 기물에 담아 해동후 찜기에 10~15분 찐 후 사용한다).

❁ 참고사항

1. 소고기는 소금, 후추로 밑간하고 전분과 달걀 흰자로 옷을 입히고 140도 기름에서 풀어 주면서 데쳐놓으면 된다.

메로튀김과 어향소스

PORTION: 50

재료	단위	용량	재료	단위	용량
메로	kg	5	생강	kg	0.02
녹말	kg	0.15	청주	kg	0.05
난백	EA	5	간장	kg	0.05
소금	kg	0.01	고추기름	kg	0.2
후추가루	kg	조금	물	kg	0.5
죽순	kg	0.1	설탕	kg	0.15
셀러리	kg	0.2	굴소스	kg	0.1
대파	kg	0.05	식초	kg	0.2
홍피망	EA	3	두반장	kg	0.2
마늘	kg	0.03			

❁ 만드는 법

1. 메로를 가로 5cm, 세로 5cm 굵기 1.5로 썰어 소금, 후추 간을 한다.
2. 메로에 불린 전분과 달걀으로 반죽하여 170도 내외에서 두번 튀겨 준비한다
3. 어향소스를 만들어 놓고 식사 직전에 튀겨진 메로 위에 뿌려 서브한다(어향소스는 팬에 식용유를 넣고 썰어놓은 채소를 넣고 볶다가 정종 간장 육수를 넣은 다음 호유 후추가루, 식초, 설탕을 넣고 분량의 양념을 하여 사용한다).

❁ 참고사항

1. 소스를 미리 뿌리면 튀김의 바삭함이 사라지므로 식사 직전에 뿌려준다.

소고기 탕수육

PORTION: 50

재료	단위	용량	재료	단위	용량
소고기	kg	2	마늘	kg	0.04
전분	kg	0.2	생강	kg	0.05
달걀	EA	5	레몬	kg	0.2
당근	EA	0.1	양파	kg	0.2
오이	kg	0.1	소금	kg	0.03
목이버섯	kg	0.05	후추가루	kg	조금
간장	kg	0.15	식초	kg	0.1
설탕	kg	0.3	물	kg	0.2
대파	kg	0.1			

❁ 만드는 법

1. 소고기는 가로 0.5, 세로 4cm로 썰어 기본간을 해둔다.
2. 불린 전분과 달걀으로 반죽하여 170도 내외에서 두번 튀겨 준비한다.
3. 채소를 3cm 크기로 모양나게 썰어 뜨거운 물에 한번 데쳐서 준비한다.
4. 분량의 물에 대파, 생강, 레몬을 넣어 향을 낸 후 설탕, 간장, 식초를 넣어 간을 한 후 물전분으로 걸죽하게 농도를 맞추어 놓는다.
5. 4에 만들어진 소스에 튀겨놓은 소고기와 채소를 넣어 버무려 낸다.

깐풍새우

PORTION: 50

재료	단위	용량	재료	단위	용량
31-35새우	kg	1.5	청고추	EA	2
달걀	EA	5	홍피망	EA	2
전분	kg	0.2	진간장	kg	0.15
소금	kg	0.01	설탕	kg	0.5
후추가루	kg	조금	후추가루	kg	조금
양파	kg	0.1	식초	kg	0.3
마늘	kg	0.02	물	kg	0.5
홍고추	EA	2			

❁ 만드는 법

1. 껍질과 내장을 제거후 물기를 제거해서 준비한다.
2. 새우를 불린전분과 달걀으로 반죽옷을 만들어 170도 내외에서 두 번 튀겨 준비한다
3. 소스에 들어갈 채소를 가로 0.5cm, 세로 0.5cm로 썰어서 준비한다.
4. 펜에 물을 넣고 분량의 양념을 넣어 끓인다. 끓어오르면 물전분으로 농도를 맞춘다.
5. 4번에 소스에 채소와 튀긴 새우를 넣어 한번 볶아낸다.
6. 접시에 보기 좋게 담아낸다.

❁ 참고사항

1. 소스가 많지 않게 거의 없게 해주는 것이 좋다.

자장면

PORTION: 50

재료	단위	용량	재료	단위	용량
돼지 고기	kg	0.3	설탕	kg	0.05
양배추	kg	0.5	전분	kg	0.2
양파	kg	0.8	감자	kg	0.6
마늘	kg	0.03	파기름	kg	0.8
대파	kg	0.03	밀가루(중력)	kg	3
애호박	kg	0.5	완두콩	kg	0.1
생강	kg	0.02	달걀	EA	5
춘장	kg	0.5	소금	kg	0.01
조미료	kg	0.02	식소다	kg	0.005

❁ 만드는 법

1. 분량의 재료로 먼저 면반죽을 한 후 냉장고에서 숙성한다.
2. 채소는 가로 1cm, 세로 1cm로 썰어 준비한다.
3. 돼지고기는 기본간을 한 후 준비해준다.
4. 팬에 기름을 두른 후 마늘, 파를 넣어 향을 낸 후 돼지고기를 넣어 볶은 후 채소를 넣어 볶아준다.
5. 채소가 어느 정도 볶아지면 양념을 한 후 춘장을 넣어 풀어주며 볶아준다.
6. 춘장이 풀어지면 육수를 넣어 끓여준다. 물전분으로 농도를 맞춘 후 마무리한다.
7. 숙성된 면반죽을 재면기를 이용면을 뽑아 끓는 물에 삶아서 물기를 뺀 후 그릇에 담아준다.
8. 그릇에 자장소스 뿌려주고 완두콩을 뿌려 마무리한다.

❁ 참고사항

1. 면반죽은 냉장에서 숙성 후 사용한다.
2. 춘장은 미리 한번 볶아 놓는다.

특품냉채

PORTION: 50

재료	단위	용량	재료	단위	용량
해파리	kg	2	해파리	kg	2
오향장육	kg	1.5	고추기름	kg	0.02
송화단	EA	10	해파리소스	kg	0.3
관자	kg	1	마요네즈	kg	0.4
중하새우	kg	0.5	두반장	kg	0.1
전복	kg	1	설탕	kg	0.1
오이	kg	0.2	레몬	EA	1
칠리소스	kg	0.2	소금	kg	0.03

❁ 만드는 법

1. 4품냉채와 조리법 동일
2. 4품에 관자와 전복이 추가된다. 관자는 절반으로 포를 뜨고 전복도 편으로 썰어서 소금을 넣어 데쳐서 식혀 준비한다.
3. 중심에 해파리를 놓고 나머지 5방향에 오향장육, 관자, 새우, 송화단, 전복을 놓아준다.
4. 각각의 재료에 소스를 뿌려 마무리한다(해파리소스, 송화단은 고추기름, 관자와 새우에는 칠리 소스, 전복에는 두반장 마요네즈 소스를 곁들인다).

샥스핀 수프

PORTION: 50

재료	단위	용량	재료	단위	용량
샥스핀채	kg	1.5	닭육수	kg	2.5
팽이버섯	kg	0.1	정종	kg	0.05
죽순채	kg	0.05	굴소스	kg	0.08
백목이버섯	kg	0.1	노두유	kg	0.05
마늘	kg	0.03	참기름	kg	0.02
소금	kg	0.03	파기름	kg	0.02
후추가루	kg	조금	전분	kg	0.2
치킨베이스	kg	0.02			

❁ 만드는 법

1. 샥스핀채는 생강, 대파, 정종, 육수를 넣고 찜기에 10~15분 정도 쪄서 준비한다.
2. 나머지 재료를 뜨거운 물에 데친다.
3. 달구어진 팬에 육수, 파기름 정종을 넣는다.
4. 분량대로 양념을 넣고 1번과 2번의 재료를 넣어 살짝 끓여준다.
5. 물전분으로 농도를 맞추고 파기름과 참기름으로 마무리한다.

해삼, 관자, 죽순볶음

PORTION: 50

재료	단위	용량	재료	단위	용량
건해삼	kg	1	굴소스	kg	0.2
관자	kg	0.5	후추가루	kg	조금
죽순	kg	0.2	녹말	kg	0.15
청경채	kg	0.15	파기름	kg	0.1
마늘	kg	0.05	참기름	kg	0.02
생강	kg	0.02	자연송이	kg	0.1
대파	kg	0.05			
진간장	kg	0.07			

❁ 만드는 법

1. 건해삼을 충분히 불려 내장을 제거한 후 가로 3cm, 세로 6cm로 썰고, 죽순과 청경채는 편으로 썰어 준비한다.
2. 해삼과 채소, 관자를 뜨거운 물에 한번 데쳐서 준비한다.
3. 달구어진 팬에 파, 마늘, 생강으로 향을 내고 데쳐놓은 재료를 넣은 후 분량의 양념을 넣어 재빨리 볶아 준다.
4. 물전분으로 농도를 맞춘 후 참기름과 파기름으로 마무리한다.

❁ 참고사항

1. 건해삼은 충분히 불려 속에 있는 내장과 이물질 제거한 후 사용하도록 한다.

왕새우 칠리 소스

PORTION: 50

재료	단위	용량	재료	단위	용량
왕새우	EA	50	소금	kg	0.01
칠리소스	kg	1	후추	kg	조금
완두콩	kg	0.5			
전분	kg	0.2			
달걀	EA	5			

❁ 기물 준비

1. 접시를 준비한다.

❁ 만드는 법

1. 대하를 수염과 꼬리의 가시를 제거한 후 머리와 꼬리를 살려 몸통껍질 제거하고 내장도 제거해준다(등쪽에 칼집을 넣고 소금, 후추로 밑간을 한다).
2. 물전분과 달걀으로 반죽하여 170도 내외에서 두번 튀겨 준비한다.
3. 접시에 모양나게 담고 소스를 뜨겁게 데워 뿌리고 완두콩을 뿌려 완성한다.

자연송이아스파라거스 관자요리

PORTION: 50

재료	단위	용량	재료	단위	용량
자연송이	kg	1	전분	kg	0.2
아스파라거스	kg	1	파기름	kg	0.08
관자	kg	2	참기름	kg	0.02
죽순편	kg	0.3	생강	kg	0.02
마늘	kg	0.03	육수	kg	0.3
대파	kg	0.02	치킨베이스	kg	0.03
소흥주	kg	0.05	소금	kg	0.02

❁ 기물 준비

1. 접시를 준비한다.

❁ 만드는 법

1. 자연 송이는 모양을 살려 길이대로 썰어 준비한다.
2. 아스파라거스는 사선으로 썰어 준비한다.
3. 관자는 포를 떠서 준비한다.
4. 자연송이와 관자, 아스파라거스, 죽순을 뜨거운 물에 데쳐서 준비한다.
4. 팬에 파기름을 두른 후 파, 마늘, 생강 소흥주를 넣어 향을 내고 데쳐놓은 재료를 넣어 볶아준다. 육수를 넣고 분량의 양념을 한다. 끓어오를 때에 물전분으로 농도를 맞춘 후 참기름으로 마무리한다.

❁ 참고사항

재료를 미리 데쳐놓는 이유는 단시간에 조리하여 재료의 맛이나 향의 손실을 최소화하기 위함이다.

소고기 양상추 쌈

PORTION: 50

재료	단위	용량	재료	단위	용량
소고기	kg	1	굴소스	kg	0.1
표고버섯	kg	0.5	진간장	kg	0.05
홍고추	kg	0.2	후추가루	kg	조금
양상추	EA	5	두반장	kg	0.1
죽순	kg	0.2	소금	kg	0.01
난백	EA	5	참기름	kg	0.02
잣	kg	0.1	파기름	kg	0.1
마늘	kg	0.03	셀러리	kg	0.2
대파	kg	0.03	청주	kg	0.05
생강	kg	0.02	오이	EA	6
양파	kg	1	대파채	EA	5

❁ 참고사항

1. 양상추는 미리씻어 놓고 물기 제거후 사용한다.

❁ 만드는 법

1. 양상추 직경 10cm로 가위로 둥글게 잘라 놓는다.
2. 소고기를 잘게 썰어 전분과 난백으로 반죽한 후 기름에 데쳐 놓는다.
3. 채소도 0.5cm로 썰어 준비한다.
4. 팬에 기름을 두르고 대파, 생강, 마늘을 넣어 향을 낸 후 간장과 청주를 넣고 3의 채소를 넣어 20초 정도 볶아준다.
5. 분량의 양념을 넣고 익힌 소고기를 넣어 20초간 볶는다.
6. 물녹말을 넣어 농도를 맞추고 참기름으로 마무리한다.
7. 양상추 위에 보기 좋게 담아낸다.
8. 오이와 대파채를 위에 가지런히 놓아준다.

채소 은행볶음과 꽃빵

PORTION: 50

재료	단위	용량	재료	단위	용량
죽순	kg	0.5	마늘	kg	0.03
표고버섯	kg	0.3	생강	kg	0.02
양송이	kg	0.5	전분	kg	0.1
영콘	kg	0.2	파기름	kg	0.1
초고버섯	kg	0.2	참기름	kg	0.03
셀러리	kg	0.8	정종	kg	0.5
당근	kg	0.5	간장	kg	0.05
은행	kg	0.3	후추가루	kg	조금
청경채	kg	1	육수	kg	0.5
브로커리	kg	1	꽃빵	EA	50
대파	kg	0.02	소금	kg	0.01

❁ 기물 준비

1. 접시를 준비한다.

❁ 만드는 법

1. 셀러리, 죽순, 표고, 당근, 양송이는 편으로 썰고 영콘은 반으로 어슷하게 썰어 준비한다.
2. 뜨거운 물로 채소를 데쳐서 준비한다.
3. 팬에 기름을 두른 후 파, 마늘, 생강을 넣어 향을 낸 후 정종과 간장은 넣은 후 데쳐놓은 채소를 넣어 20초간 볶아준다.
4. 물전분으로 농도를 맞추고 참기름으로 마무리한다.
5. 참기름으로 마무리 하고 접시에 담는다.

메론과 시미로

PORTION: 50

재료	단위	용량
메론	EA	6
메론시럽	kg	0.15
생크림	kg	0.1
타카오카펄	kg	0.2

❁ 기물 준비

1. 디져트용 펀치볼을 준비한다.

❁ 만드는 법

1. 타카오카펄은 물에 20분간 불렸다가 뜨거운 물에 데친 후 차게 해서 준비한다.
2. 메론 시럽, 메론, 생크림을 넣어 믹서기에 갈아서 준비한다.
3. 펀치볼에 갈은 메론을 넣고 그 위에 시미를 뿌려 서브한다.

전복, 해삼, 송이볶음

PORTION: 50

재료	단위	용량	재료	단위	용량
건해삼	kg	1.5	정종	kg	0.05
전복	kg	0.5	굴소스	kg	0.1
자연송이	kg	0.5	전분	kg	0.15
죽순	kg	0.2	파기름	kg	0.1
청경채	kg	0.15	참기름	kg	0.02
파	kg	0.02	진간장	kg	0.05
마늘	kg	0.03	육수	kg	0.3
생강	kg	0.02			

❁ 만드는 법

1. 건해삼은 충분히 불려 내장과 불순물을 제거한 후 4cm 길이로 어슷하게 썰어 준비한다.
2. 자연송이는 모양을 살려 길이대로 도톰하게 슬라이스하고, 전복은 포를 떠놓는다.
3. 죽순과 청경채도 4cm 길이로 썰어 준비한다.
4. 팬에 파기름을 넣고 파, 마늘, 생강을 넣어 향을 내고 정종과 간장을 넣고 1, 2, 3번 재료를 한번 데쳐놓은 것을 넣어 볶아준다.
5. 육수를 넣고 분량대로 양념을 한 후 끓어오를 때에 물전분으로 농도를 맞춘 후 참기름으로 마무리한다.

바닷가재 마늘콩소스

PORTION: 50

재료	단위	용량	재료	단위	용량
바닷가재	kg	1	홍고추	EA	5
소금	kg	0.01	청주	kg	0.05
후추	kg	조금	간장	kg	0.05
달걀	EA	5	파기름	kg	0.1
전분	kg	0.2	마늘콩소스	Btl	1
마늘콩소스	kg	0.2	물	kg	0.3
대파	kg	0.02	설탕	kg	0.5
생강	kg	0.02	치킨베이스	kg	0.05
마늘	kg	0.03	굴소스	kg	0.1
청고추	EA	5	참기름	kg	0.02

❁ 만드는 법

1. 랍스타는 1.5cm로 썰어 물기 제거 후 불린 전분과 달걀으로 반죽하여 170도 내외에서 두번 튀겨 준비한다.
2. 향이 나는 채소를 먼저 볶다가 청주와 간장을 넣는다.
3. 마늘콩소스와 고추를 넣어 볶다가 육수와 나머지 양념을 분량대로 넣어 소스를 만든다.
4. 식사 직전에 버무려 나간다.

소고기 안심볶음과 꽃빵

PORTION: 50

재료	단위	용량	재료	단위	용량
소고기안심	kg	2	정종	kg	0.05
죽순	kg	0.5	육수	kg	0.3
청경채	kg	1	굴소스	kg	0.2
브로커리	kg	1	진간장	kg	0.05
파	kg	0.02	치킨베이스	kg	0.08
마늘	kg	0.03	소금	kg	0.02
생강	kg	0.02	후추가루	kg	조금
전분	kg	0.15	난백	EA	2
파기름	kg	0.1	꽃빵	EA	50

만드는 법

1. 소고기는 가로 2cm, 세로 3cm로 썰어 전분과 달걀으로 버무린 후 기름에 데쳐 놓는다.
2. 채소를 4cm로 썰어 놓는다. 뜨거운 물에 재료를 데쳐 놓는다.
3. 팬에 식용유를 두른 후 향이 나는 재료를 넣고 간장과 정종을 넣은 후 데쳐놓은 채소를 넣어 볶다가 육수와 양념을 넣은 뒤 소고기 안심을 넣어준다.
4. 끓어 오를 때 물전분으로 농도를 맞춘 뒤 참기름으로 마무리한다.

삼선탕면

PORTION: 50

재료	단위	용량	재료	단위	용량
중력분	kg	3	생강	kg	0.02
갑오징어살	kg	0.3	파기름	kg	0.1
피조개	kg	0.1	청주	kg	0.05
바지락	kg	1	육수	kg	2
31-35새우	EA	50	치킨베이스	kg	0.15
죽순	kg	0.5	소금	kg	0.03
양파	kg	1	후추가루	kg	조금
청경채	kg	1	참기름	kg	0.05
청양고추	kg	0.1	달걀	EA	2
대파	kg	0.03	식소다	kg	0.01
마늘	kg	0.03			

만드는 법

1. 중력분은 반죽을 하여 냉장고에서 숙성시킨 후 삶아놓는다.
2. 오징어는 가로 0.7cm, 세로 4cm로 썰고 채소는 채로 준비한다.
3. 팬에 향이나는 재료를 볶다가 해산물과 채소를 모두 넣고 볶아준다.
4. 채소와 해물을 10초정도 볶다가 육수를 붓는다.
5. 치킨베이스는 소금으로 간을 하고 후추가루를 넣어 준다. 참기름으로 마무리한다.
6. 그릇에 면을 담고 5번의 국물을 부어준다.

참고사항

1. 삶은 국수는 그릇에 담기 직전에 뜨거운 물로 한번 행구어 넣어준다.
2. 계절에 따라 홍합과 굴을 넣어도 좋다.

오향장육

오향장육 PORTION: 50

재료	단위	용량	재료	단위	용량
소고기사태	kg	0.7	산초	kg	0.01
대파	kg	0.1	오향분	kg	0.01
생강	kg	0.03	건고추	kg	0.05
설탕	kg	0.2	마늘	kg	0.07
진간장	kg	0.03	양파	kg	0.1
노두유	kg	0.1	물	kg	2
팔각	kg	0.03			

❁ 만드는 법

1. 소고기 앞사태는 해동후 핏물을 빼준 뒤 기름기를 제거하여 준비한다.
2. 분량의 소스에 채소와 향신료를 넣어 준비한다.
3. 준비된 소스에 소고기 사태를 넣고 끓여준다. 끓기 시작하여 1 시간 30분쯤 불을 끄고 20분 후에 육수에서 건져 차갑게 식힌 후 얇게 썰어 사용한다.

❁ 담기

1. 두껍지 않게 썰어서 서브한다.

❁ 참고사항

1. 오향장육소스는 식혀 기름을 제거후 오향장육과 곁들여 내도 무관하나 불순물을 제거하여 다시장육울 삶을 때 사용해도 무관하다.

홍시 시미로

PORTION: 50

재료	단위	용량
홍시	kg	8
타피오카펄	kg	0.2

❁ 기물 준비

1. 펀치볼을 준비한다.

❁ 만드는 법

1. 꼭지와 씨를 제거한 홍시를 믹서기에 곱게 갈아 준비한다 .
2. 시미로는 20분 정도 물에 불린 후 뜨거운 물에 데친 다음 차갑게 식힌 후 준비한다.
3. 준비된 그릇에 홍시를 담고 그 위에 시미로를 뿌려 차갑게 서브한다.

짜사이 무침

PORTION: 50

재료	단위	용량
짜사이	kg	1.5
대파	kg	0.5
고추기름	kg	0.3
참기름	kg	0.05
설탕	kg	0.15
조미료	kg	0.01

만드는 법

1. 짜사이는 분량 만큼 준비후 찬물에 담가 짠맛을 뺀 후 물기를 짜서 준비한다.
2. 대파는 채썰어 물에 10분 정도 담구어 매운 맛을 뺀 다음 물기를 제거 해서 준비한다.
3. 그릇에 짜사이와 대파채를 넣고 분량의 양념을 넣어 버무려 준다.
4. 마지막으로 참기름으로 마무리하고 준비된 그릇에 보기 좋게 담아낸다.

참고사항

1. 우리나라의 짱아찌와 같아 염분이 많이 함유되어 있으므로 찬물에서 염분을 빼준다.
2. 물기를 재거후 버무려준다.

중국식 오이피클

PORTION: 50

재료	단위	용량
오이	EA	20
굵은소금	kg	0.2
꽃소금	kg	0.2
설탕	kg	0.5
두반장	kg	0.5
고추기름	kg	0.4

만드는 법

1. 오이를 굵은 소금으로 바락 바락 문질러 닦은 후 적당하게 잘라 소금에 2시간 정도 절여 둔다.
2. 소금에 절인 오이를 물에 담가 소금기를 살짝 빼준 후 물기를 제거한다.
3. 두반장, 설탕, 고추기름 을 넣어 오이에 버무려 준다.
4. 하루 이틀 정도 숙성후 사용한다.

참고사항

1. 양파나 무를 같이 담구어도 무방하다.

송화단

PORTION: 50

재료	단위	용량	재료	단위	용량
송화단	EA	10			

❁ 만드는 법

1. 송화단을 찜기에 40분 정도 쪄둔 뒤 차갑게 식혀 껍질과 불순물을 제거후 썰어서 사용한다.

칠리소스

PORTION: 50

재료	단위	용량	재료	단위	용량
오뚜기게찹	kg	1.5	두반장	kg	0.18
마늘	kg	0.1	타바스코	ml	0.02
설탕	kg	0.8			
물	kg	0.5			
고추기름	kg	0.2			

❁ 기물 준비

1. 소스통을 준비한다.

❁ 만드는 법

1. 팬에 고추기름을 두른 뒤 마늘을 넣어 향을 낸다.
2. 케첩과 두반장을 넣어 살짝 볶아준다.
3. 물과 분량의 양념을 넣어 완성한다.

해파리 소스

PORTION: 50

재료	단위	용량	재료	단위	용량
겨자	kg	0.1	레몬	EA	1
식초	liter	1	미림	kg	0.05
소금	kg	0.05			
설탕	kg	0.7			
마늘	kg	0.05			

❁ 기물 준비

1. 소스통을 준비한다.

❁ 참고사항

1. 겨자의 쓴맛을 없에 주려면 발효후 물을 넣어 풀어주지 말고 한번 쓴맛을 우려낸 후 사용한다.

❁ 만드는 법

1. 겨자는 미지근한 물로 갠 후 따뜻한 곳에서 발효한다.
2. 준비된 그릇에 식초와 양념을 넣어 소금과 식초가 녹을 때까지 저어준다.
3. 설탕과 소금이 녹았으면 1번의 겨자와 잘 섞어준다.

현장 실전메뉴

C.H.A.P.T.E.R 05

일식메뉴

Japanese Menu

회덮밥

주재료			부 재료			기 타		
식재료명	용량	단위	식재료명	용량	단위	식재료명	용량	단위
광어	20	g	참기름	2	Tsp	밥	1	공기
도미	20	g	참깨	1	tsp	장국	100	ml
참치	20	g	흑깨	1	tsp			
연어	20	g	김(채)	3	g			
무순이	10	g	초고추장	30	ml			
당근(채)	10	g						
오이(채)	10	g						
달걀말이	30	g						
홍고추	5	g						
양상추	10	g						
치커리	10	g						
레드레트스	10	g						

❁ Cooking / Decoration 방법 ❁

1. 식재료

2. 만들기

1) 그릇에 특수채소를 담고 생선을 올린다.

2) 당근, 오이, 무순이, 달걀말이를 보기 좋게 올린 후 깨, 김채, 홍고추를 올린다.

3) 참기름을 뿌려 완성한 후 공기밥, 장국, 초고추장과 함께 낸다.

❁ 만드는 법

1. 상추. 깻잎을 손질해 0.2cm로 썰어 찬물에 여러 번 행구어 체에 받쳐 물기를 뺀다.
2. 양배추는 얇게 체를 썰어 찬물에 담궈 놓고 적양배추싹은 상추 깻잎과 동일하게 찬물에 헹구어 체에 받쳐 물기를 뺀다.
3. 오이는 0.1mm, 당근은 0.2mm 로 썰고 청.홍고추는 어슷썰기를 하고 마늘은 편으로 썬다.
4. 냉동도미와 광어는 얇게 썰고 회덮밥용 참치는 자연해동시킨다.
5. 날치알은 가는 체로 물기를 빼놓는다.
6. 1시간 정도 불린 쌀로 밥을 하고 된장국을 준비한다.

❁ 참고사항

- 채소는 물기를 잘 빼주고 참치회는 적당히 녹히고 참기름은 나가기 직전에 뿌려준다.
- 김치, 나막김치, 찬-한식 참조

일식도시락

PORTION: 50

재료	단위	용량
빅아이	kg	1
활광어	jg	2
천사채	jg	1
튀김새우	ea	50
고구마튀김	ea	50
달걀말이	ea	50
채소조림	kg	2
야끼다어묵	ea	50
샐러드	kg	2.5
싸우전드레싱	kg	3
된장국	인분	50
메로구이	kg	3
장어구이	kg	2.5
소고기데리야끼	kg	2.5
쌀	kg	6
락교	g	500
우매보시	g	500
단무지	g	500
김치	kg	1

❁ 기물 준비

일식도시락

❁ 만드는 법

1. 생선회는 천사채를 깔고 두첩씩 담는다.
2. 뜨거운 음식은 크기가 큰것부터 뒤로해 색을 맞추어 담는다.
3. 우매보시, 락교, 단무지를 담고 와사비간장을 담는다.
4. 셀러드를 담고 드레싱 나가기 직전에 한다.
5. 불린쌀로 밥을 하여 나가기 직전에 담는다.

❁ 참고사항

- 메로, 갈비살, 장어구이–양식참조
- 김치–한식참조
- 도시락은 자칫하면 음식맛이 떨어질 수 있으니 밥과 소스 장국 같은 것은 나가기 직전에 바로 담아야 한다.

참치와 광어회

PORTION: 50

만드는 법	담기	참고사항
1. 참치는 행사 2시간 전에 자연해동시킨다. 2. 활광어는 지느러미 살을 떼어내고 손질해준다. 3. 천사채는 미지근한 물에 1시간 정도 불려 체에 받혀 물기를 제거한다. 4. 참치는 0.2cm, 광어는 0.3cm 두께로 썬다.	• 도시락의 생선회 담는 칸에 천사채를 동그랗게 말아 그 위에 참치와광어 두첩씩 담는다	• 참치회를 너무 일찍 행동시키면 물기가 만이나와 맛이 떨어진다.

달걀말이

PORTION: 50

만드는 법	참고사항
1. 달걀, 정종, 설탕, 물, 소금을 믹싱볼에 넣고 거품기로 섞어준 다음 가는체로 걸러준다. 2. 사각 프라이팬에 기름을 둘러 달걀말이를 한다. 3. 다말은 달걀을 무거운 틀에 놓고 모양을 잡아준다. 4. 달걀말이를 0.5cm 두께로 어슷하게 썰어준다.	• 말이를 할 때 너무 익혀서 말게 되면 사이사이에 공간이 생겨 모양이 예쁘게 나오질 않는다.

채소조림

PORTION: 50

만드는 법	참고사항
1. 우엉은 껍질을 벗겨 5cm크기로 잘라 소금물에 담가둔다. 2. 연근은 껍질을 벗겨 1cm 두께로 잘라 소금물에 담가둔다. 3. 표고는 홀캔을 쓰면 물기를 체에 내려 물기를 제거한다. 4. 우엉과 연근은 아린맛을 없애기 위해 끓는 소금물에 살짝 데친다. 5. 간장, 미림, 물엿, 정종, 물에 재료를 넣어 조린다. 6. 우엉과 연근은 20분, 표고는 15분 정도 졸인 후 식혀준다.	• 표고는 너무 오래 졸이면 물려질수 있으므로 주의해야 한다.

아끼다어묵

PORTION: 50

만드는 법

1. 어묵을 0.5cm 두께 물결모양으로 썰어준다.
2. 끓는 물에 5분 정도 데친다.
3. 시원한 곳에서 식힌다.

새우와 채소튀김

PORTION: 50

만드는 법	참고사항
1. 튀김용 새우 겉에 지저분한 빵가루를 제거하고 170도 기름에서 튀긴다. 2. 고구마는 손질해서 가로 3cm~세로 4cm 크기로 자른다. 3. 믹싱볼에 물, 얼음, 튀김가루, 달걀을 넣고 잘 풀어준다. 4. 고구마에 튀김가루를 묻혀 3에 튀김옷을 입혀 175도 기름에서 튀긴다.	• 튀김은 빨리 눅눅해지므로 행사시간을 고려하여 튀긴다.

미소국 1

PORTION: 50

재료	단위	용량	재료	단위	용량
이와세된장	g	500	가스오브시	g	100
몽고된장	g	250	두부	모	2
정종	cc	200	건미역	g	100
다시마	g	50	실파	g	100
물	L	2.5	팽이버섯	g	200

❁ 기물 준비

장국그릇

❁ 만드는 법

1. 물에 다시마를 넣고 15분 정도 끓이다가 다시마를 건져 낸다.
2. 다시마를 건져낸 물에 이와세된장, 몽고된장을 체에 받쳐 풀어준다.
3. 미림과 정종을 넣고 한번 끓으면 불을 끄고 가스오브시를 넣고 10분 정도 담가둔 후 가스오브시를 체에 걸러준다.
4. 두부는 가로 0.5cm, 세로 0.5cm로 잘라 준비한다.
5. 실파는 0.3cm, 팽이버섯은 1cm로 썰어 준비한다.
6. 건미역은 찬물에 10분 정도 불려 물기를 짜내어 0.5cm 크기로 잘라 준비한다.

❁ 담기

• 장국그릇에 실파, 미역, 두부를 넣고 그 위에 장국을 부어 준비한다.

❁ 참고사항

• 장국은 따뜻한 음식이기 때문에 나갈 때까지 그 온도를 유지한다.

미소국 2

재료	단위	용량	재료	단위	용량
가쓰오부시	L	4	히로미소(염도가 낮은 일식된장)	g	150
제첩우린물	L	1			
미림	ml	50	게다리	개	10
미원	tsp	1	중식국자 2개분량		
혼다시	tsp	3			

❁ Cooking / Decoration 방법 ❁

1. 가쓰오부시물과 제첩우린물을 섞어 불을 중불에 둔다.
2. 1에 나머지 재료(히로 미소 제외)를 넣고 한번 끓인다.
3. 2에 히로 미소를 넣고 한번 끓인 후 불을 끈다.

• 미소를 넣고 오래 끓이면 색이 검게 되고 맛이 쓰게 된다.

1. 펄펄 끓는 물에 미소를 풉니다. 3~4인분에 1큰술 정도면 적당하지요.
2. 혼다시와 깍두기모양으로 썬 두부를 넣습니다.
3. 잘게 썬 쪽파나 실파를 넣고 바로 불을 끕니다.

• 미소는 오래 끓일수록 짜고 텁텁해지니까 데운다는 정도로만 끓여주세요.
• 정식으로 하려면 혼다시와 맹물 대신 가쯔오부시 우려낸 물에 미소를 풀어줍니다.

시금치깨무침

PORTION: 50

재료	단위	용량
시금치	kg	4
참기름	cc	50
참깨	g	50
소금	g	20

❁ 만드는 법

1. 끓는 물에 소금을 약간 넣어 손질한 시금치를 데쳐 찬물에 헹군 다음 물기를 제거한다.
2. 1에 소금, 참기름을 넣고 버무린 다음 참깨를 넣고 다시 버무린다.

❁ 담기

• 시금치를 한식찬그릇에 담고 그 위에 깨를 약간 뿌려준다.

닭고기와 채소를 곁들인 조림

PORTION: 50

재료	단위	용량
닭다리살	kg	2.5
감자	kg	1.5
당근	kg	1.5
간장	cc	400
물엿	g	300
설탕	g	200
정종	cc	250
미림	cc	150
물	리터	1

❁ 만드는 법

1. 뼈바른 닭다리살을 먹기 좋은 크기로 썬다.
2. 감자와 당근은 껍질을 벗겨 한입크기로 썬다.
3. 감자와 당근을 끓는 물에 넣고 약간 익힌다
4. 간장, 설탕, 물에 1과 3을 넣고 졸인다.
5. 적당히 졸이면 물엿, 미림, 정종을 넣고 한번 더 졸여준다.

❁ 담기

• 닭과 채소가 어우러지게 담는다

❁ 참고사항

• 닭고기와 채소를 한번에 같이 졸이면 닭고기가 질겨지므로 감자와 당근이 약간씩 익었을 때 닭고기를 넣고 졸인다.

오싱고와 김구이

PORTION: 50

재료	단위	용량
도시락김	pk	50
압축단무지	g	500
락교	g	500
우매보시	g	540

❁ 만드는 법

1. 압축단무지 0.3cm 두께로 잘라 놓는다.

❁ 담기

- 준비된 접시에 1인 분량의 압축단무지, 락교, 우매보시를 보기 좋게 담는다.

❁ 참고사항

- 도시락김은 1인 1pk

김밥

PORTION: 50

재료	단위	용량
김밥용김	pk	10
박고지	g	50
김밥단무지	g	500
게맛살	g	70
오이	g	250
햄	g	200
참기름	cc	50
소금	g	20
참깨	g	20
쌀	kg	1
달걀	ea	5

❁ 만드는 법

1. 1시간 정도 불린 쌀로 밥을 한다.
2. 박고지를 물 100cc, 간장 40cc, 미림 200cc, 정종 20cc, 설탕 30g, 물엿 30g, 넣고 졸인 후 식힌다.
2. 오이는 씨를 제거한 후 소금에 10분간 절이고 게맛살은 반으로 갈라쓰고 햄은 게맛살과 같은 크기로 잘라 준비한다(오이는 약간 절인다).
4. 달걀은 소금을 20g을 넣고 말이를 하여 맛살크기로 잘라 놓는다.
5. 밥은 참기름, 참깨, 소금을 넣고 골고루 썩어준 다음 식혀 놓는다.
6. 김위에 밥을 얇게 핀 다음 그 위에 준비된 속재료를 넣고 동그란 모양으로 만든다.

❁ 담기

- 김밥이 마르지 않게 참기름을 바르고 0.7cm 두께로 썰어 실버에 담는다.

❁ 참고사항

- 김밥의 속재료는 항상 신선하게 보관한다.

모듬초밥

PORTION: 50

재료	단위	용량
쌀	kg	1
냉동도미	g	700
초한치	pk	3
초새우	pk	3
냉동연어	g	500
와사비	g	50
초대리	cc	200

❁ 만드는 법

1. 냉동 도미와 냉동 연어를 해동한 후 초밥용 크기에 맞게 준비한다.
2. 초새우와 초한치를 해동시켜 마른 행주로 물기를 제거하여 1번재료와 같이 준비한다.
3. 쌀은 1시간 정도 불려 일반밥보다 물을 적게 잡고 밥을한다.
4. 고슬고슬 하게 지은 밥을 믹싱볼에 준비된 초대리를 넣어 섞은 후 시원한 바람에 식힌다.
5. 와사비는 찬물에 개어 준비한다(농도 손에 묻어날 정도).
6. 밥을 초밥모양으로 쥐고 초밥재료의 2/3지점에 와사비를 바른 후 밥위에 재료를 덮어 초밥을 만든다.

❁ 담기

• 완성된 초밥을 모양을 내어 실버에 담는다.

❁ 참고사항

• 초밥의 크기는 일정해야 한다.
• 너무 일찍 초밥을 만들면 생선이 변질될 수 있으므로 행사시간을 고려하여 만든다.
• 초밥용 재료보다 밥을 적게 만든다.

모밀국수

PORTION: 50

재료	단위	용량
건모밀	kg	1
무(오로시)	g	500
김가루	g	200
실파	g	100
와사비	g	50
모밀다시	L	7

❁ 만드는 법

1. 건모밀을 끓는 물에 삶아 찬물에 씻어 준비한다.
2. 무를 믹서기에 갈아 흐르는 물에 무의 매운맛을 제거한다.
3. 실파는 0.3cm로 썰고 와사비는 찬물에 개어 준비한다.
4. 모밀육수는 끓여 식힌 후 시원하게 냉장보관해 놓는다.

❁ 담기

• 모밀국수를 모밀그릇에 담고 그 위에 실파, 무, 와사비, 김가루 순으로 메밀국수 위에 놓는다.
• 모밀육수는 펀치볼에 담아놓는다.

❁ 참고사항

• 모밀은 시원하게 먹어야 하므로 반드시 냉장보관한다.

모듬회

PORTION: 50

재료	단위	용량	재료	단위	용량
빅아이(참치)	g	800	초장	g	300
기름치(참치)	g	600	락교	g	300
냉동도미	kg	1	초생강	g	300
점성어	kg	1	간장	cc	200
광어	kg	1	와시비	g	50
천사채	kg	2			

❁ 만드는 법

1. 빅아이, 기름치, 냉동도미를 자연해동시킨다.
2. 점성어 광어를 가운데 심줄을 제거한 후 준비한다.
3. 천사채를 30분간 물에 불려 물기를 제거해 준비한다.
4. 락교, 초생강, 와사비간장을 그릇에 담아 준비한다.

❁ 담기

- 실버에 천사채를 깔고 회를 먹기 좋은 크기로 잘라 모양을 내어 담는다.
- 중간 중간에 채소와 과일로 데코레이션을 한다.

❁ 참고사항

- 생선회는 변질이 쉽게 되고 너무 일찍 준비하게 되면 맛이 떨어지므로 행사 직전에 준비한다.

유부초밥

PORTION: 50

재료	단위	용량	재료	단위	용량
졸인유부	kg	1	소금	g	10
쌀	kg	1.5	물	cc	500
초대리	cc	100	간장	cc	150
<졸임>			미림	cc	80
우엉	g	100	정종	cc	50
표고	g	100	흑임자	g	20
설탕	g	100	레몬		약간

❁ 만드는 법

1. 졸인 유부는 물기를 제거하고 유부 속을 뒤집어 준비한다.
2. 불린 쌀로 밥을 한다.
3. 우엉과 표고는 잘게 다진 후 10분간 졸인 다음 식힌다.
4. 준비된 밥을 초대리와 검은깨 3을 넣고 식혀 준비한다.
5. 뒤집은 유부에 4를 넣고 럭비공 모양으로 만든다.

❁ 담기

- 실버에 모양을 내어 담는다.

❁ 참고사항

- 졸인 유부에 밑간이 되어 있기 때문에 초대리는 적당히 넣어야 한다.

일식모듬튀김

PORTION: 50

재료	단위	용량
고구마	kg	1
청피망	g	100
홍피망	g	100
튀김용인삼	g	50
열빙어	pk	1
튀김가루	kg	1
달걀	ea	2
물	L	1
당면	g	100

만드는 법

1. 고구마는 껍질을 벗겨 0.2mm 두께의 정사각형 모양으로 썰어 준비한다.
2. 피망은 0.5cm 두께로 썰어 준비한다.
3. 튀김용 삼은 맑은 물로 깨끗이 씻어 물기를 제거한다.
4. 열빙어는 행동시켜 물기를 제거한다.
5. 물, 얼음, 달걀, 튀김가루를 믹싱볼에 넣고 섞는다.
6. 튀김 재료에 튀김가루를 골고루 묻히고 5에 넣고 고구마, 열빙어 175도 인삼, 채소 160도 기름에서 튀겨낸다.
7. 당면을 기름에 튀겨낸다.

담기

• 튀긴 당면을 원형 챠핑에 깔고 튀겨낸 재료를 보기 좋게 담는다.

참고사항

• 튀김은 온도가 중요하므로 온도를 알맞게 하여 튀긴다.

캘리포니아롤

PORTION: 50

재료	단위	용량
아보카도	ea	1
크래미	g	100
날치알	g	100
오이	g	250
김밥김	pk	1
쌀	kg	1
초대리	cc	100

만드는 법

1. 잘 익은 아보카도를 가운데 씨를 발라 내어 0.2cm 썰어 준비한다.
2. 오이는 돌려깎기를 하여 채썰어 준비한다.
3. 크래미는 1/4등분하여 준비하고 날치알은 마른거즈로 물기제거한 후 준비한다.
4. 불린 쌀로 밥을 하여 초대리를 섞어 식혀준다.
5. 김에 밥을 얇게 피고 뒤집은 다음에 준비된 속재료를 넣어 동그랗게 말아준다.
6. 겉에 날치알을 골고루 발라준다.

담기

- 0.7.cm로 썰어 실버에 모양을 내어 담는다.

참고사항

- 롤을 단단하게 말아야 속 재료가 빠지지 않는다.

장어대리

PORTION: 50

재료	단위	용량	재료	단위	용량
닭뼈	kg	1	설탕	g	100
간장	cc	200	대파	g	50
미림	cc	100	양파	g	50
정종	cc	200	통마늘	g	30
물	cc	600	계피	g	20
물엿	cc	200	감초	g	10

만드는 법

1. 대파, 양파, 마늘을 살라만다에 앞뒤로 색깔이 나도록 굽는다.
2. 끓는 물에 1과 닭뼈를 넣고 같이 끓인다.
3. 계피, 감초, 정종, 미림, 물엿, 설탕, 간장을 넣고 중불에서 5~6시간 정도 끓인다.

담기

- 5~6시간 끓인 장어대리를 체에 걸려 식힌 후 냉장보관하여 사용한다.

참고사항

- 타지 않도록 굽는다.

소바다시

PORTION: 50

재료	단위	용량
물	Lt	8
진간장	cc	1000
설탕	g	500
미림	cc	500
정종	cc	1000
가스오브시	g	200
다시마	g 2장	200

❁ 만드는 법

1. 찬물에 다시마를 넣고 물이 끓으면 다시마를 건진다.
2. 1에 간장, 정종, 미림, 설탕을 넣고 한숨 끓이고 불을 끈다
3. 2에 가스오브시를 넣고 10분 정도 지나 체에 걸러낸다.

❁ 참고사항

- 체에 거른 소바다시는 식힌 후 냉장보관한다.

초대리

초대리

PORTION: 50

재료	단위	용량
환만식초	통	4
설탕	kg	8
소금	kg	2
레몬	ea	3
다시마	ea	1

❁ 만드는 법

1. 식초, 설탕, 소금을 계량하여 믹싱볼에 넣고 주걱으로 잘 저어준다.
2. 1에 레몬의 즙을 짜서 넣는다.
3. 다시마는 닦아 1에 넣는다.

❁ 참고사항

- 초대리는 소금과 설탕의 입자가 완전히 녹을 때까지 자주 저어준다.

초고추장

PORTION: 50

재료	단위	용량
태양초고추장	통	1
환만식초	통1.8	01월 01일
물엿	kg	2
설탕	kg	3
레몬	ea	4
간마늘	g	500
간생강	g	200
사이다	cc	1000
참깨	g	100

❁ 만드는 법

1. 믹싱볼에 모든 재료를 넣고 잘 섞어준다.
2. 완성된 초장에 레몬1/4즙을 짜서 넣어준다.

❁ 참고사항

- 모든 재료가 잘 섞이도록 오래 저어준다.

Rainbow Sushi(무지개초밥)

주재료						소스		
식재료명	용량	단위	식재료명	용량	단위	식재료명	용량	단위
연어	20	G	달걀말이	30	G	와사비소야소스		
광어	20	g	무순이	5	g	진저소스		
참치	20	g	마요네즈	1	Tsp			
아보카도	20	g	후리가께	1	Tsp			
김	1	장	초생강	10	g			
초밥	200	g	락교	15	g			
박꼬치	1	개	단무지	20	g			
단무지	1	개	시소	1	개			
오이(stick)	1	개						
칵테일새우	2	개						
게살	10							

❁ Cooking / Decoration 방법 ❁

1. 식재료준비

2. 누드김밥만들기

1) 김발을 깔고 위에 비닐랩을 깔고 김을 놓는다.

2) 위에 초밥을 갈고 후리가께를 뿌린다.

3) 김을 뒤집어 위에 초밥을 한번 더 깐다.

4) 위에 단무지, 오이, 달걀말이, 칵테일새우, 무순이, 게살 박꼬치를 올린 후 마요네즈를 뿌린다.

5) 김발을 김밥을 말듯이 말아서 비닐랩을 벗긴다.

3. 생선/아보카도붙이기

1) 김발을 놓고 비닐랩을 깐 후 흰살 생선, 붉은 살 생선, 아보카도 순으로 생선을 겹쳐 놓는다.

2) 위에 누드김밥을 놓고 김발을 다시 말아 준다.

3) 김발을 푼 후 비닐 랩이 있는 상태로 썬다.

4. 가니쉬하기

1) 레인보우스시의 랩을 벗긴 후 접시에 담는다.

2) 레인보우스시 위에 와사비 소야 소스와 진저 소스를 뿌린다.

3) 시소, 락교, 초생강, 단무지를 놓고 완성한다.

오꼬노미야끼

주재료			소 스 류			가니쉬 재료		
식재료명	용량	단위	식재료명	용량	단위	식재료명	용량	단위
삼겹살	50	g	마요네즈	50	g	가스오부시	5	g
시바새우	15	g	오꼬노미소스	150	ml	파슬리chop	1	Tsp
홍합살	30	g				만다린	8	개
대포잇가	30	g						
문어	20	g						
양배추	40	g						
대파	40	g						
달걀	1	개						
부침가루	30	g						
산마(즙)	50	ml						
물(치킨스톡)	100	ml						

❁ Cooking / Decoration 방법 ❁

1. 식재료준비

1) 사각용기에 준비된 삼겹살과 해산물을 섞어 둔다. (1일 분량-2kg을 준비하여 냉장보관함)

2) 썰어 놓은 채소(양배추와 대파 슬라이스)를 용기에 담아 밀봉 후 냉장보관한다(1일분량 –600g).

2. 오꼬노미야끼 반죽만들기(1개분량)

1) 믹싱볼에 준비된 해산물과 삼겹살(150g), 채소(80g), 부침가루, 산마즙, 물을 넣는다.

2) 1)에 달걀 1개를 넣고 골고루 섞어준다.

- 보통 오꼬노미야끼 10~15개 분량을 반죽하여 밀봉 후 냉장보관한다.

3. 오꼬노미야끼굽기

- 팬에 기름을 두른 후 반죽을 둥글게 펴서 중불에서 굽는다(약 7~8분 소요, 황갈색이 날 때까지 굽는다).

4. 가니쉬하기

1) 구운 오꼬노미야끼를 접시에 담고 오꼬노미소스를 바른다.

2) 1)에 마요네즈를 체크무늬로 뿌린 후 가스오 부시를 골고루 뿌린다.

3) 2)에 파슬리가루를 가운데 뿌린 후 만다린을 보기 좋게 4군데 놓는다.

4) 오꼬노미소스로 접시 바깥쪽 8군데에 점을 찍어 모양을 내어 완성한다.

Na be U-dong(냄비우동)

주재료			가니쉬 재료			기 타		
식재료명	용량	단위	식재료명	용량	단위	식재료명	용량	단위
우동면(삶은것)	250	g	두부	20	g	김채	5	g
칵테일새우	1	개	쑥갓	20	g	시치미	1	Tsp
모시조개	2	g	팽이버섯	10	g	덴까스	2	Tsp
쭈꾸미	1	g	우동다시	600	ml			
베이비잇가	2	g						
게다리	1	g						
매화어묵	10	g						
목이버섯	5	g						
표고버섯	5	g						
죽순	5	g						
대파	5	g						

❁ Cooking / Decoration 방법 ❁

1. 식재료준비

• 파이팬에 해산물과 채소를 각각 담는다. 우동면 1봉(250g)을 준비한다.

2. 만들기

1) 돌냄비에 우동면을 넣고 우동다시를 붓는다.

2) 1)에 해산물과 채소(대파, 표고, 죽순), 두부를 넣고 센 불에서 끓인다. (약 5분간 끓임)

3) 5분간 끓인 후 쑥갓, 팽이버섯을 넣고 약 30초 정도 끓인다.

3. 가니쉬하기

- 덴까스, 시치미, 김채를 올려 완성한다.

우동 다시

주재료			소스재료			가스오다시		
식재료명	용량	단위	식재료명	용량	단위	식재료명	용량	단위
가쓰오부시	12	L				가스오 부시	50	g
샘표국간장	450	ml				멸 치	50	g
샘표701간장	300	ml				다시마	1	개
미림	750	ml						
정종	750	ml						
설탕	5	Tsp						
미원	2	Tsp						
혼다시	2	Tsp						
대파(흰줄기)	5	개						

❁ Cooking / Decoration 방법 ❁

1. 5 Gal통에 가쓰오부시(12L)를 붓고 나머지 재료를 모두 넣어 중불에서 끓인다.

2. 우동다시가 끓으면 불을 끄고 완성된 우동다시에서 대파를 건져낸 후 식혀 냉장보관한다.

▶ **가쓰오부시끓이기**

1) 5Gal (19L)통에 찬물을 8부(15L)정도 채운 후 다시마 1장을 넣고 중불에서 물을 끓인다.
2) 다시마 물이 끓으면 불을 끄고 다시마를 건져 낸다.
3) 소창에 가쓰오부시 1공기 (50 g)과 멸치 20마리(50g)을 함께 싸서 묶은 후 뜨거운 다시마 물에 담군다.
4) 약 30분 후 소창을 건져 내어 국물을 완성한다.
5) 완성된 국물을 식혀 냉장보관한다.

- 701간장과 국간장은 미리 2 : 3의 비율로 혼합해 둔다.
- 국물이 맑게 나와야 하며 탁한 색이 나면 실패한 것임.

참치시저 샐러드

주재료			소스 재료			가니쉬 재료		
식재료명	용량	단위	식재료명	용량	단위	식재료명	용량	단위
참치(두께1.5cm	100	g	시저드레싱	50	ml	토마토wedge	4	개
길이7cm)		개	와사비소야	50	ml	무순이	10	g
특수채소	50	g	소스			마늘튀긴것	5	조각
- 치커리		g				날치알	1	Tsp
- 양상추		g						
- 겨자잎		g						
- 롤라로사		g						
- 라디치오		g						
참깨	1							
통후추(으깬것)	1							

❁ Cooking / Decoration 방법 ❁

1. 식재료

2. 만들기

1) 참치에 깨와 통후추 으깬 것을 잘 바른다.
   - 영업전 미리 스파이스를 발라 소창으로 싸서 냉장 보관한다.

2) 팬에 식용유를 두른 후 팬을 달군 다음 겉이 2mm 정도 두께만 익도록 돌아가며 익힌다.

3) 익힌 참치를 0.5cm 두께로 썰어 12등분한다.

3. 접시에 담아 장식하기

1) 접시에 특수채소를 놓고 시저 드레씽을 뿌린다.

2) 사각접시 모서리부분에 토마토 Wedge 4개를 놓고 토마토 사이에 참치를 3개씩 놓는다.

3) 참치 위에 와사비소야 소스를 뿌린 후 채소 위에 무순이, 마늘 튀긴 것, 날치알을 놓아 완성한다.

와사비소야소스

주재료							
식재료명	용량	단위	식재료명	용량	단위		
마요네즈	1.5	kg				생산량	3kg
진간장(몽고)	150	ml				보관상태	냉장
설탕	120	g				최대보관일	7일
배	2	개					
무	300	g					
와사비(분말)	80	g					
참기름	2	Tsp					
물	50	ml					

❁ Cooking / Decoration 방법 ❁

1. 무와 배는 껍질을 벗긴 후 강판에 갈아둔다. 와사비는 찬물에 개어둔다.
   (물을 조금씩 부어가며 조리용 스푼으로 휘젓는다. 농도는 용기를 뒤집었을 때 와사비가 흘러내리지 않을 정도면 된다)
2. 모든 재료를 믹싱볼에 담아 롱스푼으로 골고루 섞어 완성한다.
3. 완성된 와사비소야 소스를 용기에 담아 밀봉후 냉장 보관한다.

시저드레싱

주재료							
식재료명	용량	단위	식재료명	용량	단위		
달걀노른자	2	개	타바스코	1	Tsp	생산량	1L
머스타드소스	3	Tsp	파마산치	3	Tsp	보관상태	냉장
(제품)	3	Tsp	즈가루	100	ml	최대보관일	15일
마요네즈	500	ml	레드와인				
올리브오일	40	g	비네가				
엔쵸비	70	g					
(10마리)	1	tsp					
양파	2/3	tsp					
소금	1	Tsp					
후추							
간마늘							

❁ Cooking / Decoration 방법 ❁

1. 달걀은 흰자와 노른자를 분리하여 노른자만 준비한다. 엔쵸비, 양파, 간마늘은 칼로 가늘게 다진다. (쌀알크기)
2. Food Processor(믹서기)에 달걀노른자와 머스타드소스, 마요네즈를 넣고 Processor를 느리게 작동시킨다. (속도-1단)
3. 2에 올리브오일을 조금씩 넣으며 Processor로 1분30초 정도 느리게 돌린다. (마요네즈 만들기와 비슷)
4. 3에 파마산치즈, 타바스코소스, 레드와인비네가, 소금, 후추, 간마늘을 넣고 10초 정도 Processor를 약하게 돌려 준다.
5. 4에 다진양파와 다진 엔초비를 마지막으로 넣고 20초간 Processor를 약하게 돌려 모든 재료를 섞어준다.
6. 완성된 시저드레싱을 용기에 담아 밀봉 후 냉장 보관한다.

1. 미리 Food Processor기의 작동법을 익혀둔다.
2. 조리법 3에서 믹서기를 너무 오랫동안 작동시키면 소스의 농도가 질어지고 빛깔이 탁해지므로 주의한다.

겐징무시와 야끼모찌

주재료			부 재료					
식재료명	용량	단위	식재료명	용량	단위	식재료명	용량	단위
겐징무시	8	개	산마즙	100	g			
찹쌀떡	6	개	덥밥다시	300	ml			
브로콜리	20	g	김(채)	5	g			
실파(stick)	10	g						
양파(slice)	10	g						
당근	15	g						
전분	10	g						

❁ Cooking / Decoration 방법 ❁

1. 식재료

2. 만들기

1) 냄비에 물을 올리고 겐징무시와 찹살떡을 삶아서 접시에 담는다.

2) 냄비에 덥밥다시를 올린 후 브로콜리, 당근, 양파, 실파를 넣고 끓인다.

3) 끓기 시작하면 전분을 푼후 1)의 접시 위에 소스를 올린다.

4) 위에 산마즙을 붓는다.

5) 4)에 김가루를 올려 완성한다.

생대구지리

주재료			소스재료			기 타		
식재료명	용량	단위	식재료명	용량	단위	식재료명	용량	단위
생대구	400	g	지리스소스	100	ml			
모시조개	5	개	- 아까오로	10	g			
두부	60	g	시	1	tsp			
무	50	g	- 실파chop	100	ml			
콩나물	30	g	- 지리스					
대파	50	g						
쑥갓	50	g						
팽이버섯	20	g						

❁ Cooking / Decoration 방법 ❁

1. 식재료

2. 만들기

1) 대구, 모시조개, 무, 두부, 대파, 콩나물을 냄비에 담는다.

2) 물(또는 치킨스톡)을 넣고 끓인다.

3) 10분 정도 끓인 후 쑥갓과 팽이버섯을 넣고 1분 정도 더 끓인다.

4) 지리스 소스 만들기
- 아까오로시, 실파 chop, 지리스를 썩어 만듬

5) 다 끓인 대구지리는 받침대에 올린 후 지리스소스와 함께 낸다.

- **지리스:** 다시물 : 간장 : 식초=2 : 1 : 1 로 섞어 만든 소스
- **아까오로시:** 무를 강판에 간 후 물에 행군 다음 소창에 걸러 물기 제거 후 고춧가루에 버무린 것.

야끼 우동

주재료			소스 재료			가니쉬 재료		
식재료명	용량	단위	식재료명	용량	단위	식재료명	용량	단위
우동	250	g	데리야끼소스	80	ml	가스오부시 가루	5	g
소고기	50	개	굴소스	1	Tsp			
청경채	10	g	간마늘	1	Tsp			
느타리	10	g	정종	30	ml			
청고추	5	g	후추	1	tsp			
홍고추	5	g	가는고추가루	1	tsp			
목이버섯	10	g	가쓰오부시물	180	ml			
죽순	10	g						

❁ Cooking / Decoration 방법 ❁

1. 식재료

2. 만들기

1) 물에 우동을 넣고 한번 끓인 후 채에 받쳐 물기를 뺀다.

2) 팬에 기름을 두른 후 마늘을 넣고 소고기를 넣어 볶는다.

3) 소고기는 살짝 익힌 후 채소를 넣고 볶는다(정종첨가).

4) 데리야끼소스와 후추, 고추가루를 넣고 끓인다.

5) 우동면을 넣고 굴소스를 넣고 볶아준다.

6) 가스오 다시 물을 넣고 졸인 후 접시에 담는다.

3. 가니쉬하기

- 가스오 부시를 뿌려 완성한다.

C.H.A.P.T.E.R 06

태국식 메뉴
Thailand Menu

Pho Pia Savuey(뽀삐아 사보이)

주재료			가니쉬 재료			기 타		
식재료명	용량	단위	식재료명	용량	단위	식재료명	용량	단위
칵테일새우	3	마리	오렌지	3	쪽	Citrus	9	tsp
ricepaper	1	장	segment	3	쪽	드레싱	9	tsp
rice vermicelli	40	g	토마토 wedge	10	g	진저소스	1	tsp
당근(채)	30	g	특수채소			오리엔탈		
만다린(캔)	5	개	- 롤라로사			드레싱		
무순	5	g	- 치커리					
애플민트잎	7	장	- 라디치오					
오이 stick	1	개	- 양상추					

❁ Cooking / Decoration 방법 ❁

1. 재료준비

2. 뽀삐아사보이 만들기

1) 조리대에 젖은 행주로 물을 묻힌 후 랩을 바닥에 펼친다(행주는 물을 꼭 짜서 물이 너무 많이 묻지 않게 한다).

2) Rice Paper를 미지근한 물(30~40℃)에 약 10~15초 동안 담가 부드러워지면 건져서 물기를 턴 후 랩 위에 깐다.

3) Rice paper의 중간에 삶은 rice vermicelli와 당근(채)를 2줄로 길게 펼쳐서 깐다.

4) 펼쳐진 당근 위에 삶은 새우, 오렌지, 무순, 애플민트잎을 순서대로 올린다.

5) 바닥에 깔아 두었던 랩을 이용하여 김밥을 말듯이 Rice paper를 말아 준다.
- 둥글게 만 뽀삐아의 끝쪽 랩을 잡고 바닥에 밀어 뽀삐아가 단단해 지게 말아준다.

6) 비닐랩으로 말은 뽀삐아 사보이를 냉장고에 보관한다.

3. 뽀삐아 사보이접시에 담기

1) 랩으로 감긴 뽀삐아 사보이 2줄을 놓고 양쪽 끝을 0.5cm 가량 잘라 낸 후 뽀삐아사보이(1줄)를 8등분한다(2줄-16개가 됨).

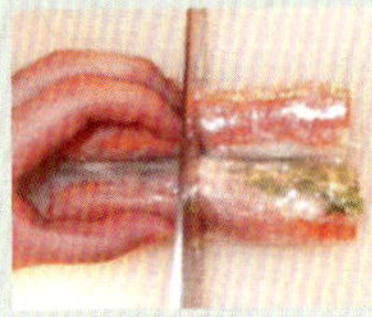

2) 자른 뽀삐아사보이의 비닐랩을 풀어 준다.

3) 9인치 원형접시에 썰어 놓은 뽀삐아 싸보이 9개를 3개씩 담는다.

4) 토마토wedge 3개를 속부분이 왼쪽으로 가도록 놓은 후 오렌지segment를 V자 형태로 토마토와 겹쳐 놓는다.

5) 잘게 뜯은 특수채소를 접시 중앙에 담는다.

6) 가니쉬를 한 뽀삐아 사보이 접시에 뚜껑을 덮어 냉장고에 보관한다.
   - 영업전 대략 10접시를 만들어 냉장보관한 후 영업시 소스만 뿌려내면 된다.

4. 소스를 뿌리기

1) 진저소스를 뽀삐아사보이 위에 뿌려줌
2) 진저소스 위에 시트러스드레싱을 1tsp씩 올림
3) 오리엔탈 드레싱은 특수채소에 뿌려 완성한다.

CitrusDressing(시트러스드레싱)

주재료			가니쉬 재료				
식재료명	용량	단위	식재료명	용량	단위		
사과	10	개				생산량	4L
만다린(캔)	6.3	kg				보관상태	냉장
홍고추	10	개				최대보관일	6일
실파chop	40	g				소모일	3일
레몬주스	400	mL					
소금	4	Tsp					
설탕	3	Tsp					

Cooking / Decoration 방법

1. 드레싱만들기

1) 만다린은 굵직하게 다져 캔 안의 주스와 함께 4개의 통에 담는다.

2) 사과는 껍질을 벗긴 후 지름 2mm 정도의 정육면체로 잘라 만다린이 담긴 통에 넣어 함께 섞는다.

3) 홍고추는 곱게 다져 소창에 짜서 물기를 제거한 뒤 4개의 통에 각각 나누어 담은 후 골고루 섞어준다.

4) 랩으로 밀봉한 후 냉장고에 보관한다.

2. 사용할 때

- 저장된 드레싱을 1일 분량(1통 : 1L)을 내어 실파chop(10g), 레몬주스(100ml), 소금 (1Tsp), 설탕(2/3Tsp)을 섞어 사용한다.

1. 사과는 껍질을 벗긴 후 공기 중에 오래 노출되면 갈색으로 변함으로 빠른 작업을 요함.

2. 홍고추는 꼭지를 제거한 뒤 길게 반을 갈라 씨를 제거 후 가늘게 어슷썰기하여 곱게 다진다.

3. 실파는 푸른 줄기부분을 2mm 두께로 곱게 썰어 준비한다(가니쉬용 실파chop를 사용할 수 있음).

4. 실파의 흰 뿌리부위는 메인 요리에 사용함.

SweetGingerSauce(진저소스)

주재료			가니쉬 재료				
식재료명	용량	단위	식재료명	용량	단위		
마요네즈	3.2	kg				생산량	5L
오렌지주스	1.9	L				보관상태	냉장
(원액)	1	L				최대보관일	6일
겨자소스	0.6	Tsp					
후추, 소금	2	Tsp					

❁ Cooking / Decoration 방법 ❁

1. 마요네즈, 오렌지원액, 겨자소스를 Mixing bowl에 담는다.

2. 1을 거품기로 골고루 저어 마요네즈와 오렌지원액이 완전히 풀리게 한다(마요네즈가 믹싱볼 바닥에 남아 소스가 묽어지거나 신맛이 강해질 수 있음).

3. 2에 소금, 후추를 넣고 거품기로 30초 정도 골고루 휘저어 준다(소금과 후추의 양은 진저소스의 간을 결정하므로 적량을 사용하도록 함).

4. 완성된 진저소스를 소스통에 담아 냉장보관한다.

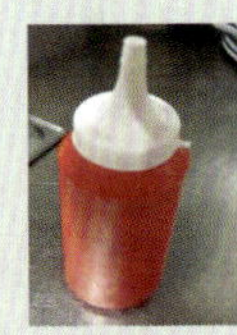

<주의사항>

- 사용시 작은 통에 담아 사용하면 편리하다.

Mustard Sauce

주재료			가니쉬 재료				
식재료명	용량	단위	식재료명	용량	단위		
겨자분	500	g				생산량	4.5L
식초	3.6	L				보관상태	냉장
깐양파	3	개				재료비	7, 500원/4L
설탕	2	kg					

❁ Cooking / Decoration 방법 ❁

1. 믹싱볼에 겨자분을 넣고 30~40도의 미지근한 물에 개어 랩으로 밀봉한 후 20분간 따뜻한 곳(오븐)에 둔다.

2. 양파는 크게 4~5등 한 후 믹서기에 담고 식초와 설탕을 함께 넣어 곱게 갈아 둔다.

3. 1 (숙성된 겨자)에 2 (양파 간 것)를 넣고 덩어리가 지지 않게 거품기로 골고루 저어 준다.

4. 완성된 겨자소스를 용기에 담아 밀봉 후 냉장보관한다.

<주의사항>

1. 겨자분을 갤 때 물을 조금씩 넣어 가며 거품기로 저어 주면 겨자가 잘 풀린다.
2. 물에 갠 겨자의 농도는 그릇을 뒤집었을 때에 겨자가 흘러내리지 않을 정도의 농도가 적당.

OrientalDressing(오리엔탈드레싱)

주재료			가니쉬 재료				
식재료명	용량	단위	식재료명	용량	단위		
깐양파	800	g	치킨스톡	200	ml	생산량	1kg
홍고추	180	g	오리엔탈	60	g	보관상태	냉장
고수	200	g	드레싱	1/2	tsp	최대보관일	10일
올리브오일	100	ml	소금	1/2	tsp		
데리야끼	250	ml	후추	1	tsp		
소스			참기름	2	tsp		
			레몬주스				

✿ Cooking / Decoration 방법 ✿

1. 드레싱만들기

1) 양파는 곱게 다져 물에 씻은 뒤 소창에 담아 물기를 짜서 준비해둔다.

2) 홍고추는 곱게 다져 소창에 담아 물기를 짜서 준비한다.

3) 고수는 곱게 다져 준비한다.

4) 1), 2), 3)을 섞고 준비된 데리야끼 소스와 올리브오일을 넣어 스푼으로 골고루 저어 준 뒤 냉장 보관한다.

2. 사용시

- 2일 정도의 분량(60g)을 작은 인서트에 담아 치킨 스탁, 소금, 설탕, 후추로 밑간을 한 후 참기름을 섞어 완성한다.

<주의사항>

1. 홍고추는 꼭지를 제거한 뒤 길게 반을 갈라 씨를 제거 후 가늘게 어슷썰기하여 곱게 다진다.
2. 고수는 줄기와 잎을 함께 다진다.

뽀삐아사보이 식자재 손질법

칵테일새우

1. 칵테일새우 3마리(5cm크기)를 준비한다(보통 50마리 정도 데친다).
2. 냄비에 물을 붓고 레몬1/4개와 소금 1Tsp 넣고 끓인다.
3. 새우를 끓는 물에 넣어 데친다(1분 정도).
4. 새우를 얼음물에 담구어 식힌다.
5. 새우의 꼬리 껍질을 제거한다.
6. 새우를 곧게 펴기 위해 손으로 등을 3~4군데 부러뜨린다.
7. 용기에 담아 밀봉 후 냉장고에 보관한다.

RiceVermicelli
(버미셀리)

1. 버미셀리 1봉(400g)을 준비한다.
2. 냄비에 물을 붓고 레몬 1/4개와 소금 2Tsp을 넣고 끓인다.
2. 버미셀리를 넣고 젓가락으로 휘저어 준다.
3. 15분가량 끓인 후 체로 건져 얼음물에 담구어 식힌다.
4. 용기에 담아 냉장보관한다.

당근(갱)

1. 씻은 당근 6~7개를 준비한다.
2. 당근을 Peeler로 껍질을 제거한다.
2. 당근을 갱 만드는 기계에 꽂아 돌려 갱을 만든다.
3. 당근 갱을 물에 담구어 놓는다(3시간).
4. 체에 받쳐 물기를 제거한 뒤 용기(소스 통)에 담아 냉장보관한다.

오이
(Stick)

1. 오이 5~6개를 준비한다.
2. 오이를 Peeler로 껍질과 가시를 대충 제거한다.
2. 오이의 양쪽 꼭지를 잘라 낸다.
3. 오이를 길이 대로 4등분한 후 안쪽 속을 칼로 잘라 낸다.
4. 4등분한 것을 다시 2등분하여 오이Stick을 완성한다

토마토
(Wedge)

1. 토마토를 6~7개 준비한다.
2. 토마토를 위에서 아래로 반으로 자른 후 아래쪽 꼭지 부위를 칼로 잘라 낸다.
3. 반으로 자른 토마토를 같은 크기로 5등분한다(반달모양).
4. 나머지 반쪽도 같은 방법으로 잘라 통에 담는다.

오렌지 (Segment)

1. 오렌지를 10개 준비한다.
2. 오렌지양쪽 꼭지부위를 칼로 평평하게 자른다.
3. 오렌지를 칼로 위에서 아래로 껍질을 잘라 내어 속살만 남긴다.
4. 껍질을 제거한 오렌지를 칼로 속살만 잘라 낸다(반달모양이 되게 함).
4. 오렌지 Segment를 용기에 담아 냉장보관한다

RicePaper (쌀종이)

1. 쌀종이 1봉을 준비한다.

민트잎

1. 민트잎 1pk을 준비한다.
2. 줄기에 붙은 민트 잎을 따 낸다.
3. 민트잎을 용기에 담아 밀봉 후 냉장보관한다

무순이

1. 무순이 1pk을 준비한다.
2. 뽀삐아 사보이를 말기 직전 무순이를 흐르는 물에 2~3회 씻어 사용한다.

만다린(캔)

1. 만다린 1캔을 준비한다.
2. 만다린 캔의 과즙을 따라 낸다.
3. 만다린을 용기에 담아 밀봉후 냉장보관한다.

특수채소

1. 가니쉬 채소통에 있는 특수채소를 사용한다.

PhoPiaSavuey2(춘권튀김)

주재료			가니쉬 재료			기 타		
식재료명	용량	단위	식재료명	용량	단위	식재료명	용량	단위
춘권	7	개	토마토wedge	2	개			
Sweet chillisauce (자두소스)	20	g	특수채소	5	g			
식용유			치커리					
			롤라로사					
			양상추					
			레드 레트스					
			겨자잎					
			아보카도musse	2	Tsp			

❁ Cooking / Decoration 방법 ❁

1. 식재료

2. 튀기기

1) 튀김기의 온도를 160도에 마춘 후 기름이 적정온도가 되면 춘권을 넣고 튀긴다.(7분)
(춘권을 1개 넣어 보았을 때 춘권주위에 기포가 많이 생기면 적정온도이다)

2) 다 튀긴 춘권은 종이에 받쳐 기름을 뺀다.

3. Decoration하기

1) 9인치 접시에 작은 유리 bowl에 담은 자두소스를 올리고 토마토 wedge와 특수채소를 올린다.

2) 망고무스를 가운데로 춘권을 펼쳐 놓아 완성한다.

SweetChilliSauce(자두소스)

주재료			가니쉬 재료				
식재료명	용량	단위	식재료명	용량	단위		
식초	7.2	L				생산량	6L
설탕	12	kg				보관상태	냉장
당근	400	g				최대보관일	30일
홍고추	200	g					
무	300	g					

✿ Cooking / Decoration 방법 ✿

1. 홍고추는 물을 넣고 믹서기에 거칠게 간 후 물기를 제거한다.

2. 당근과 무는 작은 Peeler로 껍질을 제거 후 가는 채로 썰어 준비한다.
(갱치는 기계를 사용하면 편리함)

3. 식초와 설탕을 냄비에 넣고 중불에서 설탕이 녹을 때까지 저어 주며 끓인다. (10분)

4. 30분 정도 더 끓인 후 농도가 진해지면 당근, 무, 홍고추를 넣어 끓인다.(10분)

5. 얼음물에 소스가 담긴 냄비를 통째 식힌 후 소스통에 담아 냉장보관한다.

<주의사항>

1. 홍고추는 미리 반을 갈라 씨를 뺀다.
2. 냉장 보관된 소스는 설탕성분으로 인해 굳게 되므로 영업 전 미리 소스를 소스 볼에 담아 실온에서 2시간이상 둔 후 사용한다.

꿍슈평토드(새우투김)반죽

주재료			주재료				
식재료명	용량	단위	식재료명	용량	단위		
밀가루	500	g	피쉬소스	50	ml	생산량	4kg
전분	500	g	고추기름	60	ml	보관상태	바로사용
달걀	2	개	깨	20	g		
레드커리페이스트	120	g	찬물	200	ml		
굴소스	60	g					

❁ Cooking / Decoration 방법 ❁

1. 물을 제외한 모든 재료를 믹싱볼에 담고 롱스푼으로 골고루 섞어 준다.
2. 물을 조금씩 섞어 가며 반죽을 묽게 푼다(거품기를 사용해 저어 주면 잘 풀린다).

꿍슈평새우 튀김옷 입히기

주재료			주재료				
식재료명	용량	단위	식재료명	용량	단위		
40미 새우	200	마리	전분	500	g	생산량	200마리
꿍슈평반죽	4	kg	빵가루	2	kg	보관상태	냉동

❁ Cooking / Decoration 방법 ❁

1. 새우다듬기
1) 새우는 등껍질과 머리껍질을 벗긴 후 머리부분의 이물질을 씻는다.
2) 새우의 등쪽을 길게 칼로 갈라 넓게 펼쳐 놓는다.

2. 반죽입히기
1) 넓게 편 새우에 전분을 골고루 입힌 후 한번 털어 낸다.
2) 꿍슈평반죽에 완전히 담구어 뺀 후 손으로 한번 쓸어 내린다(반죽이 너무 많이 묻으면 튀겼을 때 튀김옷이 떨어짐).
3) 반죽을 입힌 새우를 넓게 펴서 빵가루를 묻힌 후 손으로 꼭꼭 눌러 빵가루가 반죽에 잘 붙게 한다.
4) 큰 사각용기에 비닐을 깐 후 새우를 차곡차곡 놓는다.

3. 저장하기
- 큰 사각용기를 비닐로 잘 밀봉하여 냉동 보관한다.

꿍슈평토드(새우튀김)

주재료			가니쉬 재료			기 타		
식재료명	용량	단위	식재료명	용량	단위	식재료명	용량	단위
새우 (튀김옷 입힌 것)	5	마리	자두소스	20	마리			
			토마토wedge	2	개			
식용유	10	L						

❁ Cooking / Decoration 방법 ❁

1. 주문이 들어오면 전기튀김기의 온도를 160도에 마추어 기름의 온도를 높인다.
2. 새우를 냉동실에서 꺼내어 160도 기름에 넣는다(기름의 온도는 튀김옷의 일부를 넣었을 때 바로 올라오면 적정온도임).
3. 새우의 옷이 진한 갈색이 되면 집게로 꺼내어 키친타올에 올려 기름을 뺀다.

1. 긴 사각 접시 끝쪽에 자두소스와 토마토를 놓는다.
2. 튀긴 새우를 가지런히 배열해서 완성한다.

Tom Yam Goong(톰얌꿍)

주재료			가니쉬 재료			기 타		
식재료명	용량	단위	식재료명	용량	단위	식재료명	용량	단위
40미새우	3	마리	실파 chop	1	tsp	치킨스톡	500	ml
홍합	2	마리	고수줄기	1	tsp	굴소스	1	tsp
느타리	50	g	chop			아이미	1	tsp
초고버섯	15	g	고수잎	3-4	줄기	칠리페이스트	1.5	Tsp
홍고추	10	g				굵은 고추가루	0.5	tsp
갈랑갈	3	편				피쉬소스	1.5	Tsp
레몬그라스	4	편				레몬주스	3	Tsp
						고추기름	0.5	tsp

Cooking / Decoration 방법

1. 재료준비

- 파이팬에 해산물(새우, 홍합)과 갈랑갈, 레몬그라스를 준비한다.
- 파이팬에 느타리, 초고버섯, 홍고추, 준비한다.

2. 조리하기

1) 중식 팬에 치킨스톡을 붓고 레몬그라스, 갈랑갈을 넣어 끓인다.

2) 1)의 치킨스톡이 끓으면 새우와 홍합을 넣고 센 불에서 끓인다. (약 30초 간)

3) 굴소스, 칠리 페이스트, 고추가루, 아이미를 넣고 중불에서 끓인다.(1분)

4) 새우와 홍합이 다 익으면 준비된 채소를 넣고 레몬주스와 피쉬소스로 간을 한 후 20초 정도 끓인다.

5) 고추기름을 넣고 센 불에서 10초 정도 끓인 후 완성한다.

3. 가니쉬하기

1) 완성된 톰얌꿍을 Bowl에 담는다.

2) 실파chop, 고수줄기chop, 고수잎을 올려 가니쉬하여 낸다.

똠얌꿍 식자재 손질법

40미새우

1. 40미새우(10cm크기) 3마리를 준비한다.
2. 새우 수염과 새우 뿔의 끝을 잘라준다.
3. 새우의 머리와 꼬리껍질은 그냥 두고 몸통의 껍질은 제거한다.
4. 사각통에 비닐을 깔고 새우를 가지런히 배열한다
5. 뚜껑을 덮어 냉동 보관한다.

- 보통 새우는 200마리 단위로 손질하여 냉장보관한다.

홍고추

1. 홍고추 1개를 준비한다.
2. 홍고추를 3mm 두께로 편을 썬다.
3. 구멍이 큰 체에 담고 흔들어 고추씨를 제거한다.
3. 용기에 담아 뚜껑을 덮은 후 냉장보관한다.

- 보통 홍고추는 이런 형태로 매일 1kg정도 썰어 둔다.

홍합

1. 냉동된 홍합 2개를 준비한다.
2. 찬물에 담아 홍합을 녹인다.
3. 용기에 담아 냉장보관한다.

- 보통 2pk(kg)단위로 녹여 냉장고에 보관.

느타리

1. 느타리 (50g)을 준비한다.
2. 느타리를 길게 2~3등분으로 찢는다.
3. 용기에 담아 냉장보관한다.

- 하루 4kg~6kg정도 찢어 사용한다.

초고버섯

1. 초고버섯 2개를 준비한다.(캔 제품을 사용)
2. 초고버섯을 반으로 자른다.
3. 용기(소스통)에 물을 채워 초고버섯을 담은 후 냉장보관한다.

- 보통 초고버섯7CN을 작업하여 보관(초고버섯 1CN - 400g)

갈랑갈

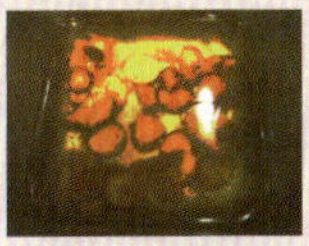

1. 갈랑갈 1뿌리(100g)를 준비한다.
2. 갈랑갈을 3mm 두께로 편을 썬다.
3. 용기에 담아 물을 채워 냉장보관한다

레몬그라스

1. 레몬그라스 1줄기(30g)를 준비한다.
2. 레몬그라스를 칼로 0.5cm 두께, 45도 각도로 슬라이스한다.
3. 용기에 담아 물을 채워 냉장보관한다.

Thai Spicy Soup(게살수프)

주재료			가니쉬 재료			기 타		
식재료명	용량	단위	식재료명	용량	단위	식재료명	용량	단위
게살	10	g	땅콩가루	1	Tsp			
크림콘	230	ml	실파chop	1	tsp			
휘핑크림	4	Tsp	바질 잎	1	잎			
코코넛크림	3	Tsp						
피쉬소스	2	Tsp						
전분	50	ml						
달걀푼것	30	ml						
물	350	ml						

❁ Cooking / Decoration 방법 ❁

1. 재료준비

1) 게살 찢은 것, 크림 콘, 휘핑크림을 준비한다.

2) 나머지 재료는 영업전 화덕 옆에 있는 양념통에 미리 준비되어 있음.(공통재료)

2. 조리하기

1) 중식팬에 물(1.5국자)을 붓고 센 불에서 크림콘, 게살, 휘핑 크림을 넣는다.

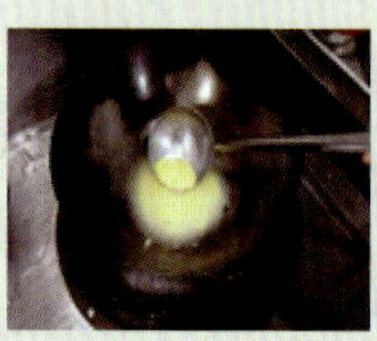

2) 1)에 바로 코코넛 크림, 피쉬소스를 넣어 간을 한다.

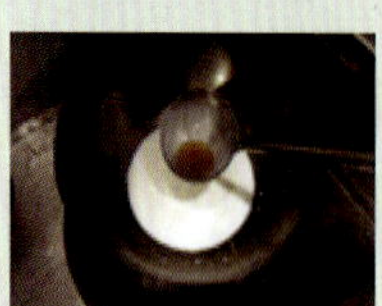

3) SOUP이 끓기 시작하면 전분을 넣고 2~3회 저어 준 후 달걀을 넣고 국자로 3~4회 저어 농도를 조절한다.

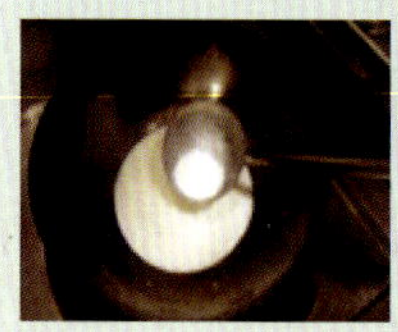
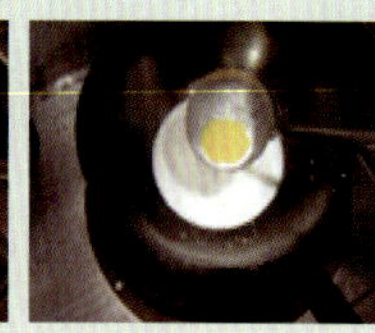

3. 가니쉬하기

1) 완성된 Soup을 Bowl에 담은 후 땅콩소스와 실파를 뿌린다.

2) 1)에 바질잎을 올려 완성한다.

게살수프 식자재 손질법

게살

1. 냉동게살 1kg(pk)을 준비한다.
2. 냉동게살을 미리 30분 전에 실온에서 녹인다.
3. 칼로 1cm 간격으로 자른다.
4. 100g단위로 비닐 포장(청크린팩)하여 냉동실에 보관한다.
5. 사용시 1봉씩 꺼내어 냉장보관한다.

크림콘

1. 크림콘 1CN(250ml)을 준비한다.
2. 캔을 따서 소스통에 담아 비닐랩으로 밀봉 후 냉장보관한다.
   - 보통 하루 4-5CN을 준비한다.

휘핑크림

1. 휘핑크림 1Pk(L)를 준비한다.
2. 휘핑크림 팩의 1쪽을 가위로 잘라 사용한다.
3. 냉장고에 팩 채로 보관한다.

코코넛크림

1. 코코넛크림 1CN(400g)을 준비한다.
2. 캔을 따서 용기에 담아 비닐 랩으로 싼 후 냉장보관한다.
3. 조리시 실온에서 사용한다.

전 분

1. 마른 전분 50g을 준비한다.
2. 용기에 전분을 넣고 물100ml를 넣고 전분을 푼다.
3. 비닐랩을 싸서 냉장보관한다.

달걀

1. 달걀 1개를 준비한다.
2. 달걀을 깨어 믹싱볼에 담는다.
3. 거품기로 달걀을 휘저어 푼 후 용기에 담는다.
4. 비닐랩을 시워 냉장보관한다.
   - 보통 달걀 2판(60개)를 깨서 풀어 소스통에 담아 보관한다.

바질잎

1. 바질잎 1Pk을 준비한다.
2. 바질잎을 물에 씻은 후 용기에 담아 냉장보관한다.

Yam woon sen Talay

주재료			가니쉬 재료			기 타		
식재료명	용량	단위	식재료명	용량	단위	식재료명	용량	단위
홍합	3	마리	고수잎	1	장	Spicy salad dressing	80	ml
칵테일새우	3	마리	토마토(wedge)	2	쪽			
쭈꾸미	3	마리						
대포잇가	15	g	특수채소	10	g			
오이	50	g						
양파	30	g						
셀러리잎	5	g						
홍고추	5	g						
glassnoodle	20	g						
목이버섯	10	g						
특수채소	10	g						

❁ Cooking / Decoration 방법 ❁

1. 재료준비

- 해산물은 끓는 물에 소금과 레몬을 넣고 살짝 삶아 둔다.
- 오이, 양파, 고추는 슬라이스하여 준비한다.
- 목이버섯은 찢어 삶아 준비한다.
- 글라스 누들은 가위로 10cm 크기로 잘라 물에 담궈 둔다.

2. 만들기

1) 냉장고에 보관된 샐러드용 해산물과 채소, 목이버섯을 믹싱볼에 담는다.

2) 물에 불린 글라스 누들을 체에 담고 끓는 물에 넣어 살짝 데친 다음 찬물에 식힌다. (20초간 데침)

3) 1)의 믹싱볼에 샐러드드레싱, 글라스누들을 담고 버무린다.

3. 장식 및 가니쉬하기

1) 접시에 토마토와 특수채소를 올려 장식한다.

2) 완성된 샐러드를 접시에 보기 좋게 올려 놓은 후 고수잎을 올려 낸다.

<주의사항>

1. 드레싱과 채소, 해산물, 버미셀리국수가 잘 버무려지도록 주의.
2. 버미셀리 국수가 뭉쳐져 있을 경우가 있으므로 버무릴 때 잘 분리시켜 줄 것.

Spicy salad dressing

주재료			가니쉬 재료				
식재료명	용량	단위	식재료명	용량	단위		
피시소스	1.4	l	Chillipaste	700	g	생산량	6L
레몬주스	5.6	l	Spicy salad dressing	80	ml	보관상태	냉장
홍고추	1	kg				최대보관일	30일
청고추	1	kg					
양파	1	kg					
태국고추	1	kg					
깐마늘	1	kg					
고수줄기/뿌리	500	g					
올리브오일	약간						
설탕	9	tsp					
아이미	3	tsp					

❁ Cooking / Decoration 방법 ❁

1. 믹서기에 갈기
- 고추, 양파, 고수, 마늘을 믹서기에 넣고 피시소스와 레몬주스를 나누어 넣어 가며 거칠게 갈아준다.

2. 믹서기에 간 것을 믹싱볼에 담은 후 아이미, 설탕을 넣고 롱 스푼으로 저어 준 뒤 올리브오일을 섞어 준다.

3. 작은 인서트 통(1.5L) 6개에 옮겨 담은 후 두껑을 덮어 냉장고에 저장한다.

4. 사용시 드레싱 1통분량(1.3L)과 칠리페이스트(100g)를 혼합하여 사용한다.

<주의사항>

1. 고추는 깨끗이 씻은 후 꼭지만 제거한다.
2. 양파는 갈기 쉽게 적당한 크기(4등분)하여 준비한다.
3. 고수는 줄기와 뿌리부분을 사용한다.

얌 운센 탈레 식자재 손질법

칵테일새우

1. 칵테일새우 50마리를 준비한다.
2. 냄비에 물(2L)을 붓고 레몬1/4개와 소금 2Tsp 넣고 끓인다.
3. 사용할 분량의 새우를 넣고 데친다.(1분 정도)
4. 데친 새우를 얼음물에 담구어 식힌다.
5. 식힌 새우를 사각통에 담아 냉장보관한다.

GlassNoodle (글라스누들, 운센)

1. 글라스누들 1 Pk을 준비한다.
2. 글라스누들을 길이 10cm 정도 되게 가위로 자른다.
2. 사각 통에 글라스누들을 넣고 물을 부어 불린다.
3. 주문이 들어 오면 뜨거운 물에 20~30초가량 데쳐 사용한다.

홍 합

1. 냉동홍합 1Pk을 준비한다.
2. 냉동된 홍합을 찬물에 담궈 녹인다.
3. 냄비에 물(2L)을 붓고 레몬(1/4개)와 소금(2Tsp)을 넣고 끓인다.
4. 사용할 분량의 홍합(1kg)을 넣고 데친다.(2분 정도)
5. 데친 홍합을 얼음물에 담구어 식힌다.
6. 홍합을 사각통에 담아 냉장보관한다.

쭈꾸미

1. 냉동된 쭈꾸미 1Pk을 찬물에 담궈 녹인다.
2. 냄비에 물(2L)을 붓고 레몬(1/4개)과 소금(2Tsp)을 넣고 끓인다.
3. 사용할 분량의 쭈꾸미(보통 500g)를 넣고 데친다.(2분 정도)
4. 데친 쭈구미를 얼음물에 담구어 식힌다.
5. 쭈꾸미를 사각통에 담아 냉장보관한다.

토마토 (Wedge)

1. 토마토를 6~7개 준비한다.
2. 토마토를 위에서 아래로 반으로 자른 후 아래쪽 꼭지 부위를 칼로 잘라 낸다.
3. 반으로 자른 토마토를 같은 크기로 5등분한다. (반달모양)
4. 나머지 반쪽도 같은 방법으로 잘라 통에 담는다.

대포잇가

1. 냉동된 대포 잇가를 찬물에 담궈 녹인다.
2. 냄비에 물(2L)을 붓고 레몬(1/4개)과 소금(2Tsp)을 넣고 끓인다.
3. 사용할 분량의 대포 잇가(보통500g)를 넣고 데친다.(2분 정도)
4. 데친 대포 잇가를 얼음물에 담구어 식힌다.
5. 식힌 대포 잇가를 사각통에 담아 냉장보관한다.

오이

1. 오이 7~8개를 Peeler로 가시와 껍질 일부를 제거한다.
2. 오이의 양쪽 꼭지부위를 잘라 낸다.
3. 오이를 길게 반을 자른다.
4. 오이를 45도 각도, 2mm 두께로 얇게 썬다(반달모양이 되게).
5. 썬 오이를 긴 사각통에 양파 슬라이스, 홍고추슬라이스와 함께 담아 섞어 냉장보관한다.

양 파

1. 양파 6~7개를 준비한다.
2. 양파를 반을 자른다(양파 순방향에서 뿌리방향으로).
3. 양파의 평평한 쪽을 바닥으로 하여 양쪽 끝부분을 잘라 준다(지저분한 부분 제거).
4. 3mm 두께로 체를 썰어 오이 슬라이스를 담은 통에 함께 섞는다.

홍고추

1. 홍고추 1kg을 준비한다.
2. 홍고추를 물에 씻은 후 체에 받쳐 물기를 제거한다.
2. 홍고추를 도마와 수평이 되게 놓고 45도 각도로 썬다.
3. 썬 홍고추를 구멍이 큰 체에 담아 흔들어 고추씨를 제거한다.
4. 오이 슬라이스, 양파 슬라이스와 함께 담아 냉장보관한다.

목이버섯

1. 건 목이버섯을 물에 2시간 이상 불린다(더운물을 사용하면 30분만에 불릴 수 있음).
2. 목이버섯의 뿌리부분(목재성분이 포함)을 손으로 제거한다.
3. 찬물로 2~3회 깨끗이 씻은 후 끓는 물에 약 1분간 데친다.
4. 얼음물에 넣어 식힌 후 통에 담아 냉장보관한다.

특수채소

1. 가니쉬 채소통에 있는 특수채소를 사용한다.

Yam Nuea Yang

주재료			가니쉬 재료			기 타		
식재료명	용량	단위	식재료명	용량	단위	식재료명	용량	단위
소고기 (립아이)	80	g	고수잎	1	장	Spicy salad dressing	80	ml
양파	50	g	토마토(wedge)	2	쪽			
오이	80	g	특수채소 (치커리 롤라로사 라디치오 양상추)	10	g			
홍고추	5	g						
특수채소	10	g						

❁ Cooking / Decoration 방법 ❁

1.재료준비

1) 소고기
- 팬에 기름(50ml)을 두른 후 소고기덩어리를 통째 진한 갈색이 나게 앞, 뒤를 굽는다.(겉만 익힘)
- 길이 3cm, 넓이 2cm, 두께 3mm로 잘라 냉장보관한다.

2) 오이, 양파, 고추는 슬라이스하여 준비한다.
3) 양상추와 치커리는 가니쉬 채소통의 특수채소를 이용한다.

2. 만들기

1) 팬에 식용유(15ml)를 붓고 팬을 달군 후 썰어 놓은 소고기를 30초간 센 불에서 살짝 익힌다.
2) 소고기와 채소, 드레싱을 모두 Mixing Bowl에 담고 버무린다.

3. 장식및가니쉬하기

1) 접시에 토마토와 특수채소를 올려 장식한다.

2) 접시에 만든 소고기 샐러드를 보기 좋게 올려 놓은 후 고수잎을 위에 올려 낸다.

얍느아양 식자재 손질법

양 파

1. 양파 6~7개를 준비한다.
2. 양파를 반을 자른다(양파 순방향에서 뿌리방향으로).
3. 양파의 평평한 쪽을 바닥으로 하여 양쪽 끝부분을 잘라 준다 (지저분한 부분 제거).
4. 3mm 두께로 체를 썰어 오이 슬라이스를 담은 통에 함께 섞는다.

홍고추

1. 홍고추 1kg을 준비한다.
2. 홍고추를 물에 씻은 후 체에 받쳐 물기를 제거한다.
2. 홍고추를 도마와 수평이 되게 놓고 45도 각도로 썬다.
3. 썬 홍고추를 구멍이 큰 체에 담아 흔들어 고추씨를 제거한다.
4. 오이 슬라이스, 양파 슬라이스와 함께 담아 냉장보관한다.

오이

1. 오이 7~8개를 Peeler로 가시와 껍질 일부를 제거한다.
2. 오이의 양쪽 꼭지부위를 잘라 낸다.
3. 오이를 길게 반을 자른다.
4. 오이를 45도 각도, 2mm 두께로 얇게 썬다(반달모양이 되게).
5. 썬 오이를 긴 사각통에 양파 슬라이스, 홍고추슬라이스와 함께 담아 섞어 냉장보관한다.

토마토(wedge)

1. 토마토를 6~7개 준비한다.
2. 토마토를 위에서 아래로 반으로 자른 후 아래쪽 꼭지 부위를 칼로 잘라 낸다.
3. 반으로 자른 토마토를 같은 크기로 5등분한다(반달모양).
4. 나머지 반쪽도 같은 방법으로 잘라 통에 담는다.

소고기(립아이)

1. 립아이 날개부위(길이 25cm, 넓이 10cm, 두께 3cm) 1개 (1kg)를 준비한다.
2. 팬에 기름을 두른 후 고기덩어리째 진한 갈색이 나게 굽는다.
3. 구운 고기를 길이 3cm, 넓이 2cm, 두께 3mm로 썬다.
4. 통에 담아 냉장보관한다.

특수채소

1. 특수채소를 사용한다.

Yam Gai Silk

주재료			가니쉬 재료			기 타		
식재료명	용량	단위	식재료명	용량	단위	식재료명	용량	단위
닭가슴살	70	g	고수잎	2	장	Spicy salad dressing	40	ml
오이	50	g	만다린(캔)	3	개	SweetGingersauce	40	ml
양파	30	g	체리토마토 (Half)	3	개			
셀러리잎	5	g	토마토 (wedge)	2	개			
홍고추	5	g	특수채소	10	g			
사과	30	g						
셀러리	20	g						
특수채소	10	g						

Cooking / Decoration 방법

1. 재료준비

1) 닭가슴살은 약한 불에서 삶아 찢어 놓는다.
2) 오이, 양파, 고추, 셀러리는 슬라이스하여 준비한다.
3) 사과는 스틱모양(5cm×3mm×3mm)으로 썬다.

2. 위의 재료와 소스/드레싱을 함께 버무린다.

(만다린과 체리토마토 제외)

3. 접시장식 및 가니쉬

1) 접시에 토마토와 특수채소를 올려 장식한다.

2) 버무린 샐러드를 접시에 담는다.

3) 2)에 만다린과 체리토마토 올린 후 고수를 올려 완성한다.

Sweet Ginger Sauce(진저소스)

주재료			가니쉬 재료				
식재료명	용량	단위	식재료명	용량	단위		
마요네즈	3.2	kg				생산량	5kg
오렌지주스	1.9	ml				보관상태	냉장
겨자소스	600	ml				최대보관일	5일
우유	500	ml					
후추	1	Tsp					
소금	3	Tsp					

❁ Cooking / Decoration 방법 ❁

1. 마요네즈, 오렌지원액, 겨자소스를 Mixing bowl 에 담고 거품기로 저어 준다.

2. 우유를 넣고 골고루 섞이게 거품기로 저어 농도를 맞춘 후 소금, 후추를 넣어 간을 하여 완성한다.

3. 완성된 진저소스를 소스통에 담아 냉장보관한다.

<주의사항>

- 사용시 작은 통에 담아 사용하면 편리하다.

얌가이 식자재 손질법

양 파

1. 깐 양파 6~7개를 준비한다.
2. 양파를 반을 자른다(양파 순 방향에서 뿌리방향으로).
3. 양파의 평평한 쪽을 바닥으로 하여 양쪽 끝부분을 잘라 준다(지저분한 부분 제거).
4. 양파를 3mm 두께로 체를 썰어 오이 슬라이스를 담은 통에 함께 섞는다.

홍고추

1. 홍고추 1kg을 준비한다.
2. 홍고추를 물에 씻은 후 체에 받쳐 물기를 제거한다.
3. 홍고추를 도마와 수평이 되게 놓고 45도 각도로 썬다.
4. 홍고추 슬라이스를 구멍이 큰 체에 담아 흔들어 고추씨를 제거한다.
5. 오이슬라이스, 양파슬라이스와 함께 담아 냉장보관한다.

오이

1. 오이 10개를 준비한다.
2. Peeler로 오이의 가시를 제거한다.
3. 오이의 양쪽 꼭지부위를 잘라 낸 후 오이를 길게 반을 자른다.
4. 오이를 45도 각도, 2mm 두께로 얇게 썬다(반달모양이 되게).
5. 오이 슬라이스를 긴 사각통에 양파 슬라이스, 홍고추슬라이스와 함께 담아 섞어 냉장보관한다.

토마토(wedge)

1. 토마토 5개를 준비한다.
2. 토마토를 위에서 아래로 반으로 자른 후 아래쪽 꼭지 부위를 칼로 잘라낸다.
3. 반으로 자른 토마토를 같은 크기로 5등분한다.
4. 나머지 반쪽도 같은 방법으로 잘라 용기에 담아 냉장보관한다.

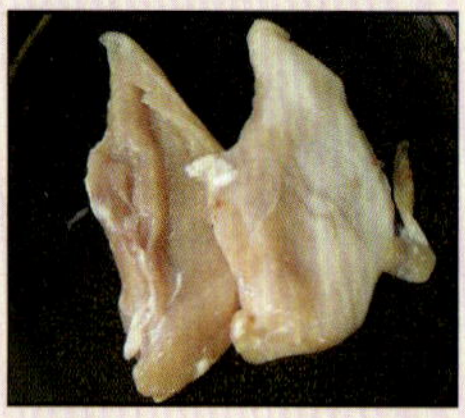

닭가슴살

1. 닭가슴살 2개(400g)를 준비한다.
2. 냄비에 물을 붇고 중간 불을 켠 후 양파 1/2개(또는 양파 다듬고 남은 것 50g)와 닭가슴살을 통째로 넣는다 .
2. 닭가슴살이 다 익으면 건져 내어 식힌다(젓가락으로 찔러 핏물 이 나오지 않으면 고기가 다 익은 것임).
3. 가슴살을 대략 0.5cm 간격으로 찢어 통에 담아 냉장한다.

사 과

1. 사과 1개를 준비한다.
2. 사과는 껍질을 깎아 낸 후 0.5cm 간격으로 슬라이스한다.
3. 슬라이스한 사과를 다시 0.5cm 간격으로 썰어 막대모양으로 만든다.
4. 설탕물에 담구어 색이 변하지 않도록 한다.

셀러리

1. 잎을 제거한 셀러리 1줄기를 준비한다.
2. 셀러리는 길게 반을 자른 후 3mm 두께로 45도 각도로 슬라이스한다.
3. 통에 담은 후 물을 채워 냉장보관한다.

체리토마토

1. 체리토마토 500g을 준비한다.
2. 체리토마토를 물에 씻은 후 꼭지를 제거한다.
3. 칼로 체리토마토를 반을 잘라 용기에 담는다.
3. 자른 체리토마토를 용기에 담아 밀봉 후 냉장보관한다.

셀러리잎

1. 셀러리 2kg을 준비한다.
2. 셀러리 줄기에서 셀러리 잎을 따 낸다.
3. 부드러운 잎만 골라 물에 씻어 용기에 담아 냉장보관한다.

특수채소

1. 가니쉬 채소통에 있는 특수채소를 사용한다.

Nuea Pad Namman Hoy(소고기볶음요리)

주재료			가니쉬 재료			기 타		
식재료명	용량	단위	식재료명	용량	단위	식재료명	용량	단위
안 심	240	g	특수채소	15	g	고추기름	4	Tsp
청경채	10	g	콘또띠아	1	장	정종	2	Tsp
느타리	40	g	감자 grilled	3	개	후추	1	tsp
브로콜리	20	g	감자musse	5	g	치킨스톡	100	ml
컬리플라워	20	g	고수잎	3	장	물전분	30	ml
초고버섯	15	g	실파chop	2	tsp	마늘, 고추간것	1	Tsp
목이버섯	15	g	고수줄기	2	tsp	남만호이소스	6	Tsp
표고버섯	30	g				- 굴소스		
양송이	20	g				- 굵은고추가루		
그린빈스	20	g				- 블랙소야소스		
홍/청고추	20	g				- 아이미		
양파	10	g						

❁ Cooking / Decoration 방법 ❁

1. 식재료준비

1) 파이팬에 분량의 소고기를 담아 준비한다.
2) 파이팬에 손질된 채소를 담아 준비한다.

2. 소고기익히기

1) 기름으로 코팅된 중식팬에 식용유 2국자(400ml)를 넣고 식용유의 온도가 150도 정도 되게 센 불에서 달군다(고기를 1개 넣어 연갈색이 나면 적정 온도임).

2) 1)의 식용유에 소고기를 넣고 국자로 3~4회 휘저어 살짝 익힌다(약 10초간).

3) 중식 팬을 들어 소고기를 기름받이 채에 부어 기름을 뺀다.

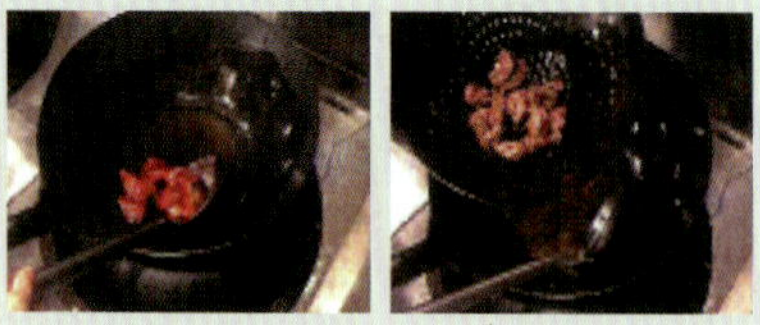

3. 조리하기

1) 중식팬을 센 불에서 약 10초간 달군 후 고추기름을 두른 다음 마늘/고추 chop, 남만호이 소스를 넣고 5~10초간 볶는다.

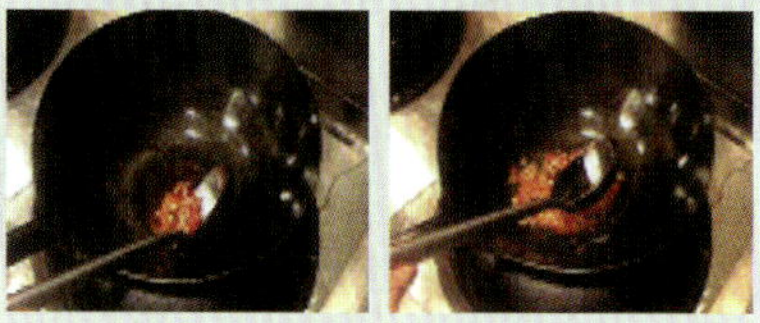

2) 1)에 소고기와 준비된 채소를 넣고 센 불에서 30초간 팬을 돌려가며 볶는다.

3) 2)에 정종, 치킨스톡, 후추를 넣고 끓인다.

4) 3)에 스탁이 끓기 시작하면 물에 갠 전분을 넣고 중식국자로 저어가며 농도를 맞추어 완성한다.

접시장식용 식자재 손질법

콘또띠아

1. 콘또띠아 1장을 준비한다.
2. 전기튀김기의 온도를 120도에 마춘다(5분 정도면 적정온도가 됨).
3. 콘또띠아를 기름에 넣고 그릇모양이 되게 국자로 눌러 준다.
4. 30초정도 튀긴 후 기름에서 건져 키친 타올에 올려 기름을 제거한다.
5. 용기에 담아 비닐로 뚜껑을 덮은 후 실온에서 보관한다.
   • 보통 한번에 60장을 튀겨 보관한다.

GrilledPotato
(구운감자)

1. 감자 1개(200g)를 준비한다.
2. 감자를 깨끗이 솔로 문질러 씻는다.
3. 감자를 길이로 8등분한 후 식용유를 골고루 바른다.
4. 사각 팬에 기름을 바른 뒤 감자를 담고 150도 오븐에서 25분간 굽는다.
5. 구운 감자에 소금, 후추를 뿌린 후 Food Warmer(음식 보온고)에 담아 보관한다.(영업시)
   • 보통 감자 5kg정도 씻어 자른 후 감자를 물에 담아 냉장보관한다.

PotatoMousse
(포테이토무스)

1. 감자가루(무스용) 100g을 준비한다.
2. 감자가루를 믹싱볼에 담고 미지근한 물(20도)을 조금씩 넣어가며 롱스푼으로 저어 농도를 마춘다(케첩의 농도).
3. 포테이토 무스를 식힌 후 Piping Bag(파이핑 백)에 담아 위를 묶어 준다.
4. 완성된 포테이토무스를 냉장보관한다.

중식팬에 기름 코팅하기

<설명>
중식팬을 사용하기 전 반드시 이 과정을 거친 후 요리를 시작해야 재료가 팬에 붙지 않는다.

<단계>
1. 중식팬을 화덕에 올리고 센 불을 킨다.
2. 마른 화덕용 행주로 중식 팬과 중식국자의 물기를 닦아 낸다.
3. 중식국자로 식용유 2국자를 중식팬에 담아 넣는다.
4. 중식국자로 식용유를 8~10회 둥글게 휘저어 식용유가 팬에 코팅이 되게 한다.(센 불에서 20초간)

4. 가니쉬하기

1) 접시에 장식재료로 장식한 다(접시장식법 참조).

2) 완성된 요리를 접시 중앙에 놓고 고수줄기chop, 실파chop, 고수 잎을 올린 후 완성한다.

Nuea Pad Namman Hoy 소스

주재료(1인분)			주재료(100인분)			기 타		
식재료명	용량	단위	식재료명	용량	단위	식재료명	용량	단위
굴소스	4	Tsp	굴소스	6	kg			
굵은고추가루	1/2	Tsp	굵은고추가루	400	g			
블랙소야소스	1	Tsp	블랙소야소스	1.5	L			
아이미	1	tsp	아이미	500	g			

❁ Cooking / Decoration 방법 ❁

1. 재료

2. 소스만들기

1) 믹싱볼에 위의 재료를 모두 넣는다.

2) 1)롱스푼이나 거품기로 골고루 섞어 완성한다.

3) 완성된 소스를 소스통이나 용기에 담아 밀봉 후 냉장보관한다.

누아 팔 남만호이 식자재 손질법

안심

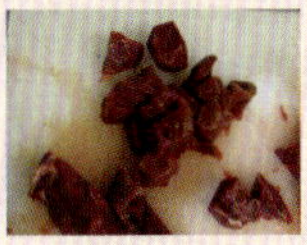

1. 안심 1채(약 5kg)를 준비한다.
2. 안심의 힘줄과 기름을 재거한다.
3. 안심을 가로 2.5cm 세로 2.5cm크기로 자른다.
4. 용기에 담아 냉장보관한다.
   - 보통 안심 5~6채를 손질하여 비닐로 싸서 냉동실에 보관한다.

청경채

1. 청경채 1개를 준비한다.
2. 청경채의 뿌리부분을 잘라 마디가 떨어지게 한다.
3. 청경채를 적절한 크기(2등분)로 잘라 물에 씻는다.
4. 용기에 담아 냉장보관한다.
   - 보통 영업전 2~3kg의 청경채를 손질해서 영업시 사용한다.

양 파

1. 깐양파 1개를 준비한다.
2. 양파의 반을 자른 후 뿌리쪽과 위쪽을 잘라 낸다.
3. 양파를 3cm크기의 직삼각형 모양으로 썬다.
4. 용기에 담아 냉장보관한다.
   - 보통 10개의 양파를 썰어 준비한다.(1일)

느타리

1. 느타리 (40g)을 준비한다.
2. 느타리를 길게 2~3등분으로 찢는다.
3. 용기에 담아 냉장보관한다.
   - 하루 4kg~6kg정도 찢어 사용한다.

초고버섯

1. 초고버섯 2개를 준비한다(캔 제품을 사용).
2. 초고버섯을 반으로 자른다.
3. 용기(소스통)에 물을 채워 초고버섯을 담은 후 냉장보관한다.
   - 보통 초고버섯 7CN을 작업하여 보관한다(초고버섯 1CN – 400g).

홍고추

1. 홍고추 1kg을 준비한다.
2. 홍고추를 3~4mm 두께로 어슷썰기한다.
3. 썰어 놓은 고추를 구멍이 큰 체에 담아 흔들어 고추씨를 제거한다.
4. 용기에 담아 냉장보관한다.

청고추

1. 홍고추와 동일

브로콜리

1. 냉동 브로콜리 4Pk(kg)준비한다.
2. 브로콜리를 물에 담궈 녹인다.(낱개로 분리됨)
3. 브로콜리의 줄기 부분을 손질한 후 큰 것은 반을 자른다.
4. 소스통에 담고 물을 채워 냉장보관한다.

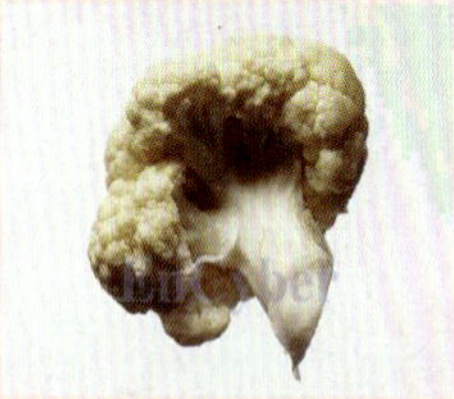

컬리플라워

1. 컬리플라워 4Pk을 준비한다.
2. 컬리플라워를 물에 담궈 녹인다.(낱개로 분리됨)
3. 컬리플라워의 줄기 부분을 손질한 후 큰 것은 반을 자른다.
4. 소스통에 담고 물을 채워 냉장보관한다.

(캔)양송이

1. 양송이 1CN(3kg)을 준비한다.
2. 캔을 딴 후 양송이를 체에 부어 물기를 제거한다.
3. 양송이를 4등분한다.
4. 소스통에 담고 물을 채워 냉장보관한다.

그린빈스

1. 그린빈스 1Pk을 준비한다.
2. 그린빈스를 소스통에 담아 물에 녹인다.
3. 소스통에 물이 담긴 채로 냉장보관한다.

표고버섯

1. 생표고버섯 5~10kg을 준비한다.
2. 큰 통(15~20Gal)에 표고버섯을 담고 물을 부어 삶는다(30~40분).
3. 삶은 표고버섯을 건져내어 찬물에 담궈 식힌다.
4. 표고버섯의 줄기를 가위로 잘라 낸다.
5. 표고버섯의 머리를 위로 오게 하여 칼로 3~5mm 두께로 편을 썬다(칼을 눕혀 4cm크기로 썬다).
6. 썬 표고버섯을 물에 2~3회 씻은 후 3kg단위로 물과 함께 비닐포장한다
7. 포장된 표고버섯은 냉동 보관한다.

목이버섯

1. 건 목이버섯 500g을 준비한다 .
2. 건 목이버섯을 물에 2시간이상 불린다(더운물을 사용하면 30분만에 불릴 수 있음).
3. 목이버섯의 뿌리부분(목재성분이 포함)을 손으로 제거한다.
4. 찬물로 2~3회 깨끗이 씻은 후 끓는 물에 약 1분간 데친다.
5. 얼음물에 넣어 식힌 후 용기에 담아 냉장보관한다.

죽순(슬라이스)

1. 죽순 슬라이스 1 캔(3kg)을 준비한다.
2. 죽순 캔을 딴 후 캔의 물을 따라 낸다.
3. 죽순을 냄비에 담고 물을 채워 끓인다.(20분)
4. 죽순을 찬물에 식혀 소스통에 담고 물을 채워 냉장보관한다.

영콘

1. 영콘 1CN을 준비한다.
2. 캔을 딴 후 영콘을 체에 붓는다.
3. 영콘을 어슷썰어 3등분한다.
4. 소스통에 담아 물을 채워 냉장보관한다.

마늘/고추chop

1. 깐 마늘 5kg, 홍고추 3kg, 청고추 3kg을 준비한다.
2. 고추는 꼭지를 제거한 뒤 물에 씻은 후 체에 받쳐 물기를 제거한다.
3. Chopping Machine에 마늘과 고추를 넣고 가늘게 간다.
4. 갈은 마늘과 고추를 믹싱볼에 담고 식용유(2L)를 부어 골고루 섞는다.
5. 용기에 담아 밀봉 후 냉장보관한다.

Moo Tod Kratiem Prigthai(삼겹살찜)

주재료			소스 재료			가니쉬 재료		
식재료명	용량	단위	식재료명	용량	단위	식재료명	용량	단위
삼겹살	350	g	치킨스톡	350	ml	땅콩가루	2	Tsp
(찐것)			굴소스	3	Tsp	실파 chop	1	Tsp
청경채	4	개	마늘/고추chop	2	Tsp	고수줄기	2	tsp
치킨스톡	250	ml	칠리페이스트	1.5	Tsp	chop	4	잎
소금	1	Tsp	아이미	1	tsp	고수잎		
아이미	0.5	Tsp	칠리소스	1.5	Tsp			
			피쉬소스	1	Tsp			
			정종	2	Tsp			
			통후추	1	Tsp			
			블랙소야소스	0.5	Tsp			
			전분	20	ml			
			고추기름	1	Tsp			

❁ Cooking / Decoration 방법 ❁

1. 식재료준비

2. 청경채데치기

1) 팬에 기름을 약간(50ml) 두른 후 센 불에서 청경채를 살짝 볶는다.(10초)

2) 치킨스톡(250ml)을 붓고 소금, 아이미로 간을 한 후 1분 정도 데친 후 건져 파이팬에 담는다.

3. 찐삼겹살, 데친청경채 접시에 놓기

- 접시가장자리에 찐 삼겹살(오븐에서 데운 것)을 가지런히 정렬한 뒤 삼겹살 둘레에 데친 청경체를 배치한다.

4. 소스만들기

1) 코팅된 팬에 치킨스톡을 붓고 굴소스, 칠리페이스트, 아이미, 칠리소스, 피쉬소스, 정종, 통후추, 블랙소야소스를 넣고 끓인다.

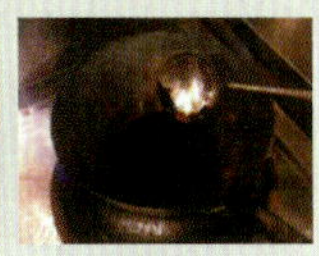

2) 소스가 끓으면 전분을 풀어 농도를 걸죽하게 만든 뒤 고추기름을 풀어 국자로 휘저어 빛깔을 낸다.

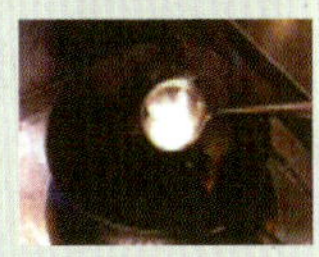

5. 소스붓기/가니쉬하기

1) 무토드 소스를 삼겹살과 청경체 위에 붓는다.

2) 삼겹살 위에 땅콩가루, 실파 chop을 뿌린다.

3) 삼겹살위에 고수잎을 올려 완성한다.

삼겹살 삶고 튀기기

주재료			소스 재료			가니쉬 재료		
식재료명	용량	단위	식재료명	용량	단위	식재료명	용량	단위
삼겹살	30	kg	블랙소야소스	350	ml			
깐양파	300	g						
깐생강	100	g						
식용유	10	L						

❁ Cooking / Decoration 방법 ❁

1. 삼겹살자르기

1) 통삼겹살(가로 60cm, 세로 25cm, 두께 7~8cm) 30kg을 준비한다.

2) 삼겹살을 손가락 두마디(5~6cm)간격으로 세로로 자른다.

2. 삼겹살삶기

1) 20Gal통에 더운물을 반 정도 채운 후 양파 100g, 통생강 100g을 넣고 센 불에서 끓인다.

2) 삼겹살을 넣고 물이 한번 끓을 때까지 삼는다.(20분 정도)

3) 삼겹살을 건져 낸 후 마른 행주로 삼겹살의 물기를 닦아낸다.

3. 삼겹살튀기기

1) 광동팬(직경 50cm)에 식용유를 2/3정도 붓고 센 불에서 식용유를 끓인다.
(삼겹살을 넣었을 때 바로 기름이 끓어오를 정도의 기름온도)

2) 삶은 삼겹살에 블랙소야소스를 손으로 골고루 바른다.

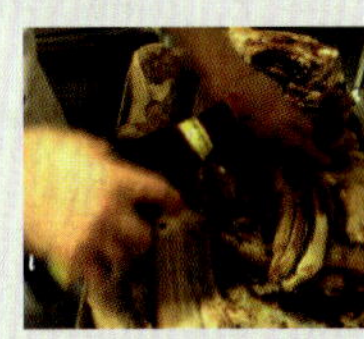

3) 삼겹살 5~6개를 끓는 식용유에 넣고 진한 갈색이 나게 튀긴다. (1분 정도 튀김)

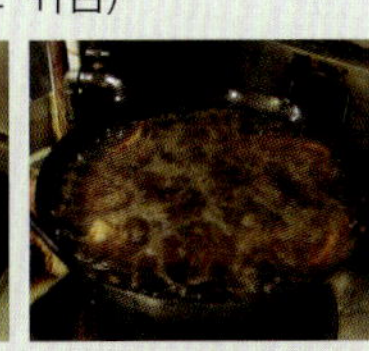

4) 튀긴 삼겹살을 기름 받이에 올려 기름을 제거후 넓은 팬에 깔아둔다.

삼겹살 간하기

주재료			간하기 재료			가니쉬 재료		
식재료명	용량	단위	식재료명	용량	단위	식재료명	용량	단위
튀긴삼겹살	30	kg	대파	1	kg			
			깐양파	400	g			
			통후추	80	g			
			건고추	50	g			
			깐마늘	500	g			
			깐생강	500	g			
			백후추분	80	g			
			진간장	3.6	ml			
			정종	1	ml			
			아이미	100	g			
			고수줄기/뿌리	300	g			

❁ Cooking / Decoration 방법 ❁

1. 삼겹살 간하기

1) 20Gal통에 더운물을 반정도 채운 후 간하기 재료를 넣고 센 불에서 끓인다.

2) 튀긴 삼겹살을 모두 넣고 1시간 30분을 중불에서 끓인다.

3) 삼겹살을 건져 낸 후 넓은 팬에 깔아 실온에서 식힌다.

4) 남은 육수는 버리지 않고 둔다.

2. 삼겹살 잘라 담기

1) 식힌 삼겹살을 1cm 간격으로 잘라 인서트 팬 (길이50cm, 높이 10cm)에 가지런히 정열하여 담는다.

2) 간하기 육수를 인서트 팬에 삼겹살에 잠길 정도까지 붓는다.

3) 실온에서 인서트 팬에 담긴 삼겹살을 식힌다.

4) 두껑을 덮어 냉동실에 보관한다.

3. 삼겹살데우기(영업시)

1) 영업전 냉동실에서 삼겹살이 담긴 인서트 팬 1개를 내어 실온 에서 녹인다.(1시간 이상)

2) 삼겹살을 Convection Oven에 넣고 찌기상태 버턴을 누른 후 120도 온도에서 20분간 찐다.

무토드 끄라티움 프릭타이 식자재 손질법

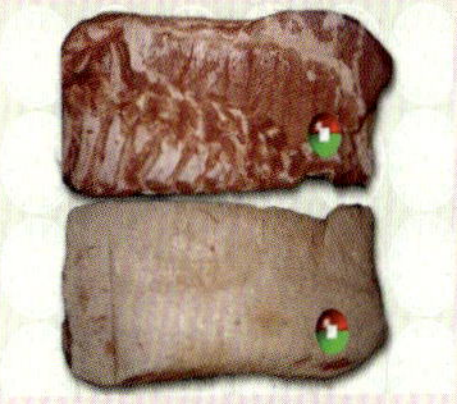

삼겹살

1. 통 삼겹살(가로 60cm, 세로 25cm, 두께 7~8cm) 30kg을 준비한다.
2. 삼겹살을 손가락 두마디(5~6cm) 간격으로 세로로 자른다.

청경채

1. 청경채 4개를 준비한다.
2. 청경채의 뿌리부분을 약간 잘라 손질한다.
   (마디가 떨어지지 않게 한다)
3. 청경채 잎 끝부위를 잘라 다듬는다 .
4. 청경채를 용기에 담아 냉장보관한다.
   • 보통 영업전 1kg의 청경채를 손질해서 영업시 사용한다.

양 파

1. 깐양파 700g(7개)을 준비한다.
2. 양파를 4~5등분해서 사용한다.
   • 주로 메인요리에 사용되고 남은 찌꺼기 양파를 모아 두었다가 소스나 무토드를 만들때 사용한다.

대 파

1. 깐대파 1kg을 준비한다.
2. 대파를 물에 깨끗이 씻은 후 반을 잘라 준비한다.

Gai pad khing(단도리소스 닭고기볶음)

주재료			기타 소스 / 양념류			가니쉬 재료		
식재료명	용량	단위	식재료명	용량	단위	식재료명	용량	단위
닭다리살	400	g	단도리소스	60	ml	땅콩가루	1	Tsp
(marinade			진저소스	30	ml	만다린	3	쪽
된 것)	50	g	(Sweetginger			베이비 토마토	1.5	개
느타리버섯	20	g	sauce)			실파chop	2	tsp
셀러리잎	50	g	굴소스	2	tsp	고수줄기chop	1	tsp
파인애플			고추기름	1	Tsp	고수잎	4	개
(슬라이스)			식용유	50	ml	콘도띠아	1	개
						Grilled potato wedge	4	쪽
						potato musse	2	Tsp
						특수채소	10	g

❁ Cooking / Decoration 방법 ❁

1. 재료준비

• 닭다리살은 0.5cm 두께로 편을 떠서 단도리소스에 Marinade(재워두기) 한다.

2. 채소볶기

1) 팬에 고추기름(1Tsp)을 두른 후 중불에서 느타리와 셀러리 잎을 넣고 굴소스(2tsp)를 넣어 버섯이 익을 정도까지(1분 정도) 볶는다.

2) 장식을 한 접시에 볶은 느타리와 셀러리 잎을 펼쳐 담는다.

3. 닭고기볶기

1) 새 팬에 기름(50ml)을 두른 후 닭다리살을 넣고 불을 중간으로 한다.

2) 닭고기를 타지 않게 뒤집어 주며 7~8분 정도 익힌다.

3) 닭고기가 익으면 파인애플을 넣고 센 불에서 2분간 볶아 연갈색으로 색을 낸다.

4) 다 익은 닭고기를 장식된 접시에 담는다.

4. Garnish(가니쉬) 및 소스 뿌리기

1) 접시에 담은 닭고기 위에 만다린과 베이비 토마토를 올린다.

2) 그 위에 Sweet ginger sauce (진저소스)를 골고루 뿌린다.

3) 땅콩가루, 고수줄기 chop, 실파chop를 뿌린다.

4) 고수잎을 올려 완성한다.

단도리소스(가이팥킹용)

섞기 재료			갈기 재료				
식재료명	용량	단위	식재료명	용량	단위		
커리파우더	450	ml	오렌지원액	950	ml	생산량	2.5L
휘핑크림	500	ml	깐양파	3	개	보관상태	냉장
코코넛크림	200	g	고수	250	g	최대보관일	20일
PlainYogurt	550	ml	깐생강	250	g		
Tabascosauce	60	Tsp					
Turmericpowder	1	ml					
FishSauce	80						

❁ Cooking / Decoration 방법 ❁

1. 재료준비

2. 재료갈기

1) 믹서기에 고수와 오렌지 원액을 넣고 곱게 간다.

2) 양파 와 생강을 1)의 믹서기에 넣고 함께 곱게 갈아준 후 간 재료를 믹싱 볼에 붓는다.

3. 재료섞기

1) 2의 갈아 놓은 재료에 섞기 재료를 모두 붓는다.

2) 거품기로 골고루 섞어 단도리소스를 완성한다.

4. 저장 및 보관

- 소스 통(3L)에 담고(알뜰주걱 이용) 비닐로 밀봉 후 냉장보관한다.

가이 팥 킹 식자재 손질법

닭다리살

1. 닭다리살 400g(2장)을 준비한다.
2. 닭껍질이 아래쪽으로 가도록 도마에 놓는다.
3. 칼을 비스듬히 하여 3~4mm 두께로 편을 썬다.
4. 닭고기를 용기에 담아 단도리소스 (50ml)에 잘 버무려 둔다.
5. 용기를 밀봉하여 냉장보관한다.

파인애플

1. 파인애플 캔 1개(슬라이스 6개)를 준비한다.(2~3일 분량)
2. 캔을 딴 후 각 파인애플 슬라이스를 16등분한다.
3. 용기에 담아 밀봉 후 냉장보관한다.

셀러리잎

1. 셀러리에서 잎을 모두 따 낸다.
2. 따 낸 셀러리 잎 중 깨끗하고 부드러운 것만 골라 낸다.
3. 물로 셀러리잎을 깨끗이 씻은 후 체에 받쳐 물기를 제거한다.
4. 셀러리잎을 용기에 담아 냉장보관한다.

느타리

1. 느타리 (50g)을 준비한다.
2. 느타리를 길게 2~3등분으로 찢는다.
3. 용기에 담아 냉장보관한다.
   - 하루 4kg~6kg정도 찢어 다른 요리와 함께 사용한다.

체리토마토

1. 체리토마토 500g을 준비한다.
2. 체리토마토를 물에 씻은 후 꼭지를 제거한다.
3. 칼로 체리토마토를 반을 잘라 용기에 담는다.
4. 자른 체리토마토를 용기에 담아 밀봉 후 냉장보관한다.

특수채소

1. 가니쉬 채소통에 있는 특수채소를 사용한다.

바베큐

주재료								
식재료명	용량	단위	식재료명	용량	단위	식재료명	용량	단위
소고기	25	g	쌀국수(10mm)	50	g	땅콩가루	1	Tsp
소시지	25	g	칠리소스	150	ml	실파chop	1	Tsp
청경채	10	g				고수잎	3	wkd
느타리	10	g						
홍고추	5	g						
청고추	5	g						
표고버섯	10	g						
죽순	5	g						
실파	10	g						
숙주	10	g						
마늘 다진것	1	tsp						

❁ Cooking / Decoration 방법 ❁

1. 재료준비

1) 소고기, 소시지 와 기타 채소를 파이팬에 담는다.
2) 물에 불린 쌀국수를 파이팬에 담는다.

2. 조리하기

1) 팬에 기름을 두른 후 센 불에서 팬을 달군 후 간 마늘을 넣고 10초간 조리용 젓가락으로 저어준다.

2) 1)에소고기와 소시지를 넣고 젓가락으로 저어주며 30초간 익힌다.

3) 고기가 어느 정도 익으면 채소와 쌀국수, 칠리소스를 넣고 2분간 볶는다.(쌀국수가 익을 때까지 익힘 -먹어서 확인)

4) 실파와 숙주를 넣고 10초간 볶아서 완성한다.

3. 가니쉬하기

1) 완성된 바비큐를 접시에 담는다.

2) 땅콩가루, 실파chop를 뿌린 후 고수잎을 올려 완성한다.

바비큐 식자재 손질법

소고기 (립아이)

1. 립아이 날개부위 1개(3kg)를 준비한다.
2. 고기의 힘줄과 기름을 재거한다.
3. 고기를 가로 5cm, 세로 2cm, 두께 0.5cm크기로 자른다.
4. 용기에 담아 밀봉 후 냉장보관한다.
   - 보통 립아이 날개 5~6채를 손질하여 비닐로 싸서 냉동실에 보관한다.
   - 립아이 날개: 립아이 손질시 고기가 2개로 분리되는데 작은 쪽 부위를 말함

소시지

1. 소시지 1개를 준비한다.
2. 소시지를 수평으로 놓고 0.5cm 두께로 어슷하게 썬다.
3. 소시지를 용기에 담아 냉장보관한다.

청경채

1. 청경채 1개를 준비한다.
2. 청경채의 뿌리부분을 잘라 마디가 떨어지게 한다.
3. 청경채를 적절한 크기(2등분)로 잘라 물에 씻는다.
4. 용기에 담아 냉장보관한다.
   - 보통 영업전 2~3kg의 청경채를 손질해서 영업시 사용한다.

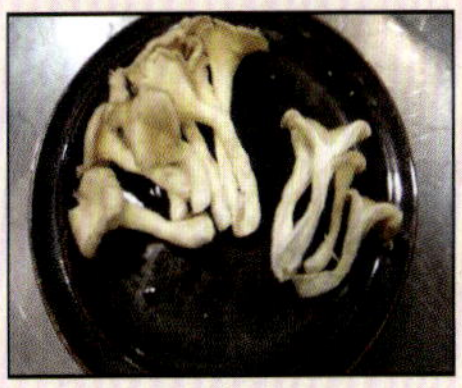

느타리

1. 느타리 (40g)을 준비한다.
2. 느타리를 길게 2~3등분으로 찢는다.
3. 용기에 담아 냉장보관한다.
   - 하루 4kg~6kg정도 찢어 사용한다.

죽 순

1. 1.죽순 슬라이스 1 캔(3kg)을 준비한다.
2. 죽순 캔을 딴 후 캔의 물을 따라낸다.
3. 죽순을 냄비에 담고 물을 채워 끓인다.(20분)
4. 죽순을 찬물에 식혀 소스통에 담고 물을 채워 냉장보관한다.

홍고추

1. 홍고추 1kg을 준비한다.
2. 홍고추를 3~4mm 두께로 어슷썰기한다.
3. 썰어 놓은 고추를 구멍이 큰 체에 담아 흔들어 고추씨를 제거한다.
4. 용기에 담아 냉장보관한다.

청고추

1. 청고추 1kg을 준비한다.
2. 청고추를 3~4mm 두께로 어슷썰기한다.
3. 썰어 놓은 고추를 구멍이 큰 체에 담아 흔들어 고추씨를 제거한다.
4. 용기에 담아 냉장보관한다.

실 파

1. 깐실파 1kg를 준비한다.
2. 실파를 다듬은 후 물에 깨끗이 씻는다.
3. 실파의 양쪽 끝(지저분한 부분)을 잘라 낸 후 5cm 간격으로 자른다.
4. 용기에 담아 밀봉 후 냉장보관한다.

숙 주

1. 숙주 20g을 준비한다.
2. 숙주의 뿌리끝 부분을 제거한다..
3. 사각통에 가지런히 차곡차곡 쌓은 후 밀봉하여 냉장보관한다.

쌀국수 (10mm)

1. 쌀국수 1봉(250g)을 준비한다.
2. 쌀국수를 물에 담구어 실온에 둔다.(2시간 이상)
3. 쌀국수가 부드러워지면 사용한다.

간마늘

1. 깐 마늘 2kg을 준비한다.
2. 깐 마늘을 Grinder에 넣고 짧게 갈아둔다.
3. 갈아 놓은 마늘을 용기에 담아 밀봉 후 냉장보관한다.

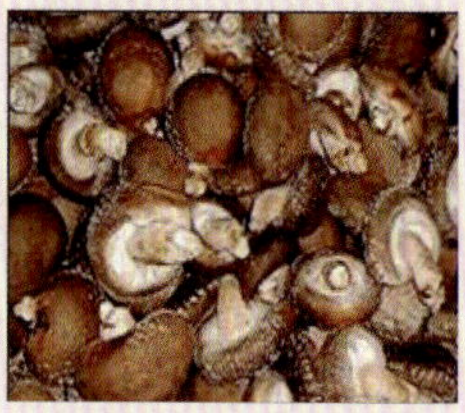

표고버섯

1. 생표고버섯 5~10kg을 준비한다.
2. 큰 통(15~20Gal)에 표고버섯을 담고 물을 부어 삶는다.(30~40분)
3. 삶은 표고버섯을 건져내어 찬물에 담궈 식힌다.
4. 표고버섯의 줄기를 가위로 잘라낸다.
5. 표고버섯의 머리를 위로 오게 하여 칼로 3~5mm 두께로 편을 썬다. (칼을 눕혀 4cm크기로 썬다)
6. 썬 표고버섯을 물에 2~3회 씻은 후 3kg 단위로 물과 함께 비닐 포장한다
7. 포장된 표고버섯은 냉동 보관한다.

Poo Pad Pong Garee(푸 팟 퐁가리)

주재료			소스			가니쉬 재료		
식재료명	용량	단위	식재료명	용량	단위	식재료명	용량	단위
소제꽃게	7		뽕가리소스	300	ml	토마토wedge	2	개
셀러리	40		휘핑크림	80	ml	레몬wedge	2	개
느타리	40		칠리소스	50	ml	실파chop	1	Tsp
양파	20					고수줄기chop	1	Tsp
청고추	5					고수잎	4	개
홍고추	5					바질잎	1	개
고추기름	10							
마늘/고추간것	2							
달걀	2							

❁ Cooking / Decoration 방법 ❁

1. 재료준비

1) 손질된 꽃게와 채소를 파이 팬에 각각 담는다.
2) 미리 조리된 뽕가리 소스를 준비한다.

2. 꽃게 튀기기

1) 파이 팬에 준비된 꽃게에 전분을 골고루 묻혀 둔다.

2) 중식팬에 기름을 1/3정도 부은 후 기름온도를 180도 정도에 맞춘다.
(센 불에서)-기름에 전분가루를 넣어 끓어 오르면 적정온도임

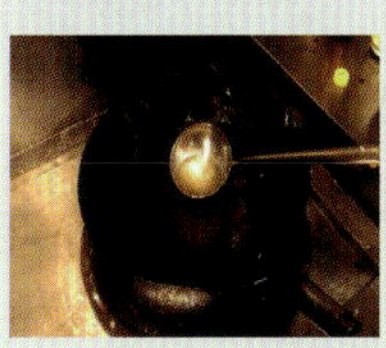

3) 전분을 입힌 게를 연한 갈색이 날 때까지 튀긴 후 기름 받이 체에 받쳐 둔다.

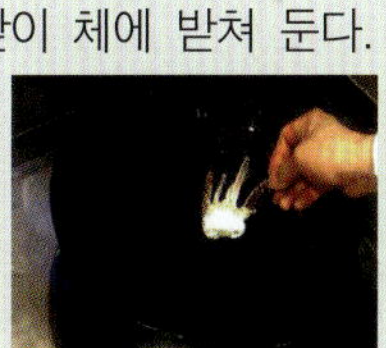

3. 조리하기

1) 중식 팬을 화덕에 올리고 센 불에서 식용유 2국자를 넣고 국자로 5~10회 휘저어 식용유가 팬에 코팅이 되게 한다(센 불에서 10초간).

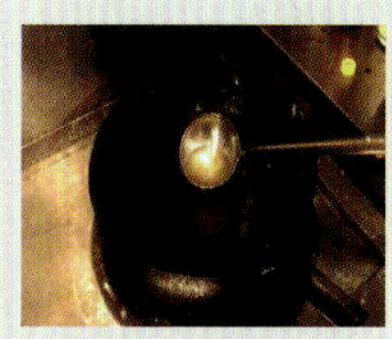

2) 식용유를 따라 낸 후 고추기름을 두르고 마늘/고추간것을 넣고 국자로 3~4번 휘저으며 볶는다(센 불에서 10초간).

3) 2)에 뽕가리소스, 휘핑크림, 칠리소스를 넣어 3~4회 저어주며 볶는다(센 불에서 20초간).

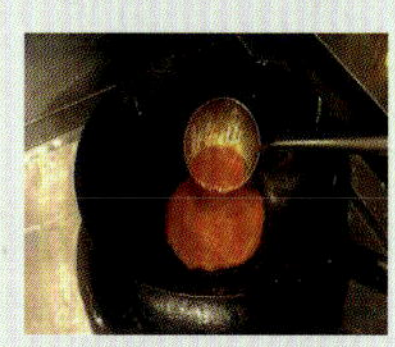

4) 튀긴 꽃게와 채소를 넣고 음식이 타지 않게 팬을 올려 가며 두루 쳐 준다(센 불에서 30초간).

5) 달걀과 고추기름을 넣고 천천히 팬을 돌려 가며 볶아 준다.

6) 완성한 요리를 사각접시에 담는다.

6. 장시 및 가니쉬하기

1) 접시 양쪽 모서리에 레몬과 토마토를 각각 2개씩 올린다.

2) 담긴 음식 위에 고수chop, 실파chop을 뿌린 후 바질잎을 올려 완성한다.

<메뉴명 설명>

- Poo (푸) : 게
- Pad (팥) : 볶다
- Pong Garee (퐁가리) : 카레분
  - 푸 팥 퐁가리 : 카레로 볶은 게요리

푸 팔 퐁가리 식자재 손질법

소제꽃게

1. 냉동꽃게 1kg을 준비한다,
2. 냉동꽃게를 찬물에 담구어 녹인다.
3. 가위로 꽃게의 집게 다리와 나머지 다리의 첫마디를 잘라 낸다.
4. 손질된 꽃게를 용기에 담은 후 얼음을 채워 냉장보관한다.
   - 보통 한번에 4~6kg을 손질하여 냉장실에 보관.
   (게 다리는 따로 보관하여 해산물 국수의 육수 끓일 때 사용)

셀러리

1. 셀러리 2kg을 준비한다.
2. 셀러리의 잎을 제거한 뒤 줄기를 하나씩 분리하여 깨끗한 물에 씻는다.
3. 셀러리를 0.3mm 두께로 어슷썰기한다.
4. 용기에 담아 냉장보관한다.

양파

1. 깐 양파 1개를 준비한다.
2. 양파의 반을 자른 후 뿌리쪽과 위쪽을 잘라 낸다.
3. 양파를 3cm 크기의 직삼각형 모양으로 썬다.
4. 용기에 담아 냉장보관한다.
   - 보통 10개의 양파를 썰어 준비한다.(1일)

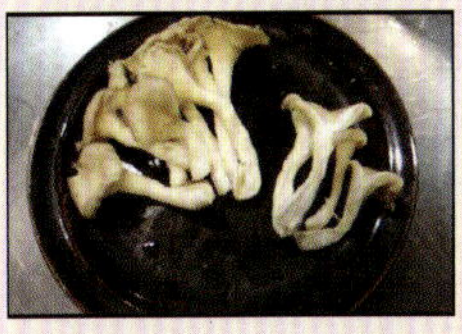

느타리

1. 느타리 (40g)을 준비한다.
2. 느타리를 길게 2~3등분으로 찢는다.
3. 용기에 담아 냉장보관한다.
   - 하루 4~6kg 정도 찢어 사용한다.

마늘 고추 갈은 것

1. 깐 마늘 5kg, 홍고추 3kg, 청고추 3kg을 준비한다.
2. 고추는 꼭지를 제거한 뒤 물에 씻은 후 체에 받쳐 물기를 제거한다.
3. Chopping Machine에 마늘과 고추를 넣고 가늘게 간다.
4. 갈은 마늘과 고추를 믹싱볼에 담고 식용유(2L)를 부어 골고루 섞는다.
5. 용기에 담아 밀봉 후 냉장보관한다.

홍고추

1. 홍고추 1kg을 준비한다.
2. 홍고추를 3~4mm 두께로 어슷썰기한다.
3. 썰어 놓은 고추를 구멍이 큰 체에 담아 흔들어 고추씨를 제거한다.
4. 용기에 담아 냉장보관한다.

청고추

1. 홍고추와 동일한 방법으로 준비한다.

푸 팥 퐁가리소스

주재료				
식재료명	용량	단위	계 량 법	
토마토 홀(캔)	2	CN	6.4kg	
깐마늘	400	g		
깐양파	4	개	600g	
커리파우더	250	g	2국자	
굴소스	100	ml	1/2국자	
레드커리페이스트	300	g	1.5국자	
설탕	400	g		
레몬주스	1.4	L	2국자	
피쉬소스	150	ml	1.5병	
아이미	50	g	1.5국자	
치킨스톡	800	ml	1/2국자	
			4국자	

생산량	12L
보관상태	냉장
최대보관일	10일

❁ Cooking / Decoration 방법 ❁

1. 재료준비

1) 깐 마늘은 중식 칼의 넓은 면으로 때려 작게 부순다.
2) 양파는 반을 잘라 체를 썬다.
3) 토마토 캔은 뚜껑을 따서 준비한다.

2. 양파와 마늘 볶기

1) 중식 팬을 올려 식용유를 중식국자로 1국자(200ml)두른 후 강한 불로 팬을 달군다(10초 정도).
(중식국자를 휘저어 기름이 팬 안쪽 전체에 골고루 묻게 한다)
2) 기름을 기름통에 붓고 다시 식용유 1국자를 팬에 붓고 센 불로 기름을 달군다(이때 국자로 기름을 휘 젓는다. – 10초).
3) 양파와 마늘을 넣고 센 불에서 갈색이 날 때까지 볶아 준다(양파와 마늘이 타지 않게 국자로 휘 저어주며 볶아줌).

3. 볶은 양파와 마늘을 믹서기에 담고 토마토 홀과 함께 굵게 간다(토마토 1캔 양씩 갈며 2초간 2번 갈아준다).

4. 큰 광동 팬에 갈아 놓은 토마토, 양파, 마늘을 넣고 중불에서 끓인다(타지 않게 긴 나무주걱으로 저어 준다).

5. 4에 굴소스, 레드 커리 페이스트, 레몬주스, 설탕, 커리 파우더, 피쉬 소스를 넣고 10분간 끓여 준다.

6. 얼음물에서 식힌 후 소스 통에 담아 냉장보관 한다.

Pla Tod Rad Prig(우럭 튀김요리)

주재료			뺄락토드 소스					
식재료명	용량	단위	식재료명	용량	단위	식재료명	용량	단위
우럭	1	마리	고추기름	100	ml	레드커리페이스트	1	Tsp
정종	2	Tsp	마늘/고추간것	2	Ts			
후추	1	tsp	굴소스	1	Tsp	달걀	1	개
소금	2	tsp	칠리페이스트	1	Tsp	통후추	1	Tsp
밀가루	50	g	칠리소스	3	Tsp	전분	30	ml
양파	10	g	피쉬소스	3	Tsp	아이미	1	tsp
청고추	5	g	레몬주스	120	ml	체리토마토	3-4	개
홍고추	5	g	코코넛크림	50	ml	실파chop	1	Tsp
셀러리	10	g	코코넛밀크	180	ml	고수줄기chop	2	tsp
느타리	15	g	휘핑크림	180	ml	고수잎	4-5	장
실파	10	g				바질잎	2	장

❁ Cooking / Decoration 방법 ❁

1. 재료준비

1) 밑간이 된 우럭 1마리와 채소를 각각 파이 팬에 담는다.

2. 우럭튀기기

1) 우럭에 밀가루를 골고루 묻힌다.

2) 중식팬에 식용유를 반을 채우고 센 불에서 식용유를 끓인다(3분 소요).

3) 식용유가 적정온도(180도)가 되면 우럭을 넣고 튀긴다(우럭을 넣기 전 밀가루를 약간 넣었을 때 밀가루가 튀겨지면 적정온도임).
- 5분 소요

4) 우럭이 황갈색으로 튀겨지면 접시에 담는다

4. 소스만들기

1) 기름 코팅이 된 중식팬에 고추기름을 두른 후 센 불에서 마늘/고추 간 것을 넣고 살짝 볶는다(10초 정도).

2) 1)에 굴소스, 칠리페이스트, 레드커리페이스트, 피쉬소스, 통후추를 넣고 국자로 저어가며 30초간 볶아 준다.

3) 2)에 채소를 넣는다.

4) 3)에 레몬주스, 코코넛크림, 휘핑크림, 코코넛밀크를 넣고 끓여 준다.(20초간)

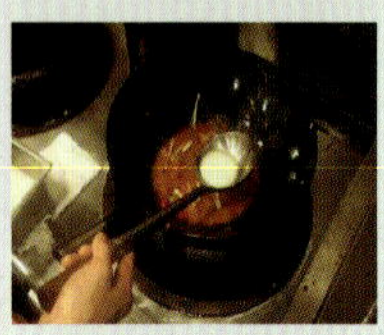

5) 소스가 끓으면 전분, 달걀, 고추기름을 넣고 농도와 색을 맞춘다.

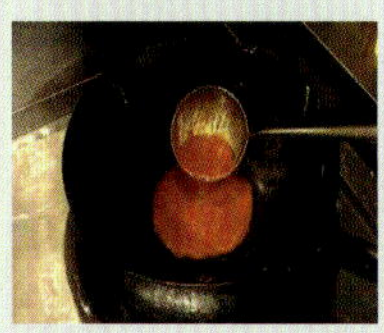

5. 접시에 담아 가니쉬하기

1) 우럭 위에 소스를 뿌린다.

2) 체리토마토(Half)를 소스 위에 올려 준다.

3) 고수chop, 실파 chop, 고수 잎을 올려 가니쉬하여 완성한다.

뽈락토드라드프릭 식자재 손질법

우럭

1. 우럭 1마리를 준비한다.
2. 우럭의 비늘과 지느러미, 내장을 제거한다.
3. 우럭의 등 양쪽에 칼집을 각각 3군데씩 낸 후 소금, 후추, 정종을 뿌려 비린내를 제거한다.
4. 우럭을 용기에 담아 냉장보관한다

셀러리

1. 셀러리 2kg을 준비한다.
2. 셀러리의 잎을 제거한 뒤 줄기를 하나씩 분리하여 깨끗한 물에 씻는다.
3. 셀러리를 0.3mm 두께로 어슷썰기한다.
4. 용기에 담아 냉장보관한다.

양파

1. 깐양파 1개를 준비한다.
2. 양파의 반을 자른 후 뿌리쪽과 위쪽을 잘라 낸다.
3. 양파를 3cm크기의 직삼각형 모양으로 썬다.
4. 용기에 담아 냉장보관한다.
   - 보통 10개의 양파를 썰어 준비한다.(1일)

느타리

1. 느타리 (40g)을 준비한다.
2. 느타리를 길게 2~3등분으로 찢는다.
3. 용기에 담아 냉장보관한다.
   - 하루 4~6kg정도 찢어 사용한다

마늘 고추 갈은 것

1. 깐 마늘 5kg, 홍고추 3kg, 청고추 3kg을 준비한다.
2. 고추는 꼭지를 제거한 뒤 물에 씻은 후 체에 받쳐 물기를 제거한다.
3. Chopping Machine에 마늘과 고추를 넣고 가늘게 간다.
4. 갈은 마늘과 고추를 믹싱볼에 담고 식용유(2L)를 부어 골고루 섞는다.
5. 용기에 담아 밀봉 후 냉장보관한다.

홍고추

1. 홍고추 1kg을 준비한다.
2. 홍고추를 3~4mm 두께로 어슷썰기한다.
3. 썰어 놓은 고추를 구멍이 큰 체에 담아 흔들어 고추씨를 제거한다.
4. 용기에 담아 냉장보관한다.(청고추도 같은 방법으로 손질)

실파

1. 깐실파 1kg를 준비한다.
2. 실파를 다듬은 후 물에 깨끗이 씻는다.
3. 실파의 양쪽 끝(지저분한 부분)을 잘라 낸 후 5cm 간격으로 자른다.
4. 용기에 밀봉 후 담아 냉장보관한다.

Pad Peth talay(해산물볶음요리)

주재료								
식재료명	용량	단위	식재료명	용량	단위	식재료명	용량	단위
새우	3	마리	브로콜리	20	g	특수채소	30	g
홍합	2	마리	컬리플라워	20	g	- 치커리		
도미살	40	g	초고버섯	15	g	- 롤라로사		
복살	30	g	영콘	15 5	g	- 레드레트스		
쭈꾸미	50	g	양파	10	g	- 양상추		
대포잇가	30	g	홍고추/청고추	30	g	콘또띠아	1	개
소라살	20	g	셀러리	10	g	감자 grilled	3	개
	3	Tsp	실파	3	g	감자musse	2	Tsp
팥팥탈레소스			고추기름	1.5	Tsp	고수잎	5	g
			마늘고추간것	1	Tsp	실파chop	1	Tsp
			정종	1	Tsp	고수줄기	2	tsp

✿ Cooking / Decoration 방법 ✿

1. 재료준비

1) 분량의 해산물과 채소를 각각 파이 팬에 준비한다.
2) 소스는 미리 만들어 둔다.

2. 해산물 익히기

1) 중식팬에 식용유 2국자(400ml)를 넣고 식용유의 온도가 160도 정도 되게 센 불에서 달군다(해산물 1개 넣어 바로 연갈색이 나면 적정 온도임).
2) 식용유에 해산물을 넣고 국자로 3~4회 휘저어 준다. (약 10초간)
3) 중식 팬을 들어 해산물을 기름받이 채에 부어 기름을 뺀다.

3. 조리하기

1) 센 불에 중식팬을 올린 후 고추기름을 두르고 마늘고추 간 것을 넣고 5~6초간 볶는다.

2) 팥팥탈레소스 100g을 넣고 중식국자로 3~4회 저어며 10초간 볶는다.

3) 2)에 해산물과 채소를 넣고 팬을 돌려 소스와 해산물, 채소를 섞으면서 센 불에서 10초간 볶아 준다.

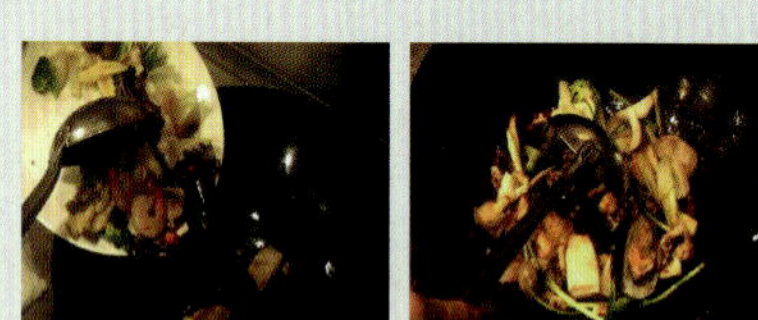

4) 3)에 정종을 넣고 10초간 팬을 돌려 볶는다.

5) 4)에 치킨스톡을 넣고 끓인다.(20초)

6) 물에 갠 전분을 끓는 요리에 넣고 국자로 3~4회 저어 주어 농도를 맞춘다.

7) 고추기름을 넣어 팬을 돌려 고추기름과 음식이 골고루 섞이게 하여 완성한다.

8) 준비된 접시에 보기 좋게 담는다.

4. 가니쉬하기

- 고수chop, 실파chop을 뿌린 후 고수잎을 올려 완성한다.

Pad Pethtalay 소스

주재료(1인분)			주재료(20인분)					
식재료명	용량	단위	식재료명	용량	단위	식재료명	용량	단위
굴소스	1.5	Tsp	굴소스	450	ml			
칠리페이스트	1	Tsp	칠리페이스트	20	Tsp			
레드커리페이	1	Tsp	레드커리페이	20	Tsp			
스트	1	tsp	스트	20	tsp			
아이미	1	Tsp	아이미	20	Tsp			
식용유			식용유					

✿ Cooking / Decoration 방법 ✿

1. 재료

2. 소스만들기

1) 중식팬에 기름을 두른 후 칠리패이스트를 10초간 볶는다.
2) 1)에 굴소스, 칠리패이스트, 아이미를 넣고 20초간 국자로 휘저으며 볶아준다.
3) 완성된 소스를 소스통이나 용기에 담은 후 사용한다.

팔 팰 탈레 식자재 손질법

칵테일새우

1. 냉동칵테일 새우 3Pk(450마리)을 준비한다.
2. 칵테일새우를 물에 담구어 녹인다.
3. 녹은 새우를 용기에 담고 얼음을 채워 냉장보관한다.

냉동홍합

1. 냉동된 홍합 2개를 준비한다.
2. 찬물에 담아 홍합을 녹인다.
3. 용기에 담아 얼음을 채워 냉장보관한다.

*보통 2Pk(kg)단위로 녹여 냉장고에 보관.

냉동도미살

1. 냉동도미살 8 Pk(200g/Pk)을 준비한다.
2. 도미살을 물에 녹인다.
3. 도미살의 포장을 제거 후 길게 반을 자른다.
4. 3cm 간격으로 자른다.
5. 도미살을 용기에 담고 얼음을 채워 냉장보관한다.

냉동복살

1. 냉동복살 4Pk을 준비한다.
2. 복살의 포장을 제거후 물에 녹인다.
3. 복살에 붙어 있는 뼈를 칼로 도려낸다.
4. 복살을 크기에 따라 4~6등분한다.(3~4cm크기)
5. 자른 복살을 용기에 담고 얼음을 채워 냉장보관한다.

쭈꾸미

1. 냉동 쭈꾸미 1Pk(1kg)을 준비한다.
2. 냉동 쭈꾸미를 물에 녹인다.
3. 해동된 쭈꾸미를 용기에 담고 얼음을 채워 냉장보관한다.

대포잇가

1. 대포잇가 1채(5K)g를 준비한다.
2. 대포잇가를 5cm 간격으로 자른다.
3. 자른 대포잇가를 3~4mm 두께로 자른다.
4. 완성된 대포잇가를 용기에 담아 얼음을 채운 후 냉장보관한다.

브로콜리

1. 냉동 브로콜리 4Pk(kg)준비한다.
2. 브로콜리를 물에 담궈 녹인다.(낱개로 분리됨)
3. 브로콜리의 줄기 부분을 손질한 후 큰 것은 반을 자른다.
4. 소스통에 담고 물을 채워 냉장보관한다.

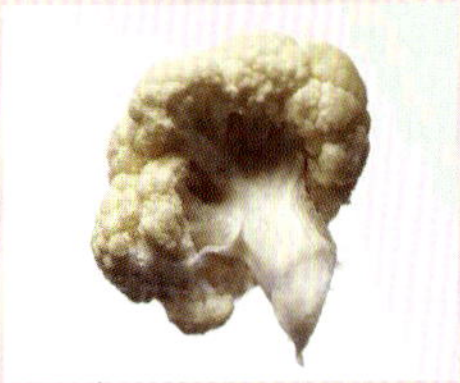

컬리플라워

1. 컬리플라워 4Pk을 준비한다.
2. 컬리플라워를 물에 담궈 녹인다.(낱개로 분리됨)
3. 컬리플라워의 줄기 부분을 손질한 후 큰 것은 반을 자른다.
4. 소스통에 담고 물을 채워 냉장보관한다.

양파

1. 깐양파 1개를 준비한다.
2. 양파의 반을 자른 후 뿌리쪽과 위쪽을 잘라 낸다.
3. 양파를 3cm크기의 직삼각형 모양으로 썬다.
4. 용기에 담아 냉장보관한다.

*보통 10개의 양파를 썰어 준비한다.(1일)

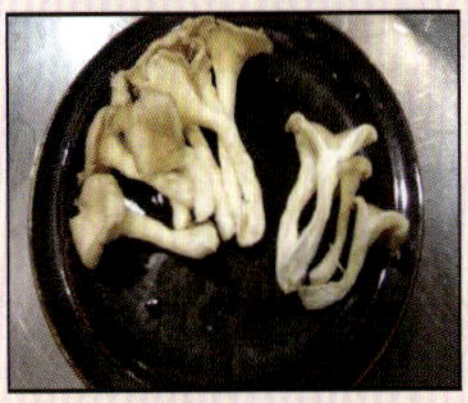

느타리

1. 느타리 (40g)을 준비한다.
2. 느타리를 길게 2~3등분으로 찢는다.
3. 용기에 담아 냉장보관한다.

*하루 4~6kg정도 찢어 사용한다.

초고버섯

1. 초고버섯 2개를 준비한다.(캔 제품을 사용)
2. 초고버섯을 반으로 자른다.
3. 용기(소스통)에 물을 채워 초고버섯을 담은 후 냉장보관한다.

*보통 초고버섯7CN을 작업하여 보관.(초고버섯 1CN – 400g)

홍고추

1. 홍고추 1kg을 준비한다.
2. 홍고추를 3~4mm 두께로 어슷썰기한다.
3. 썰어 놓은 고추를 구멍이 큰 체에 담아 흔들어 고추씨를 제거한다.
4. 용기에 담아 냉장보관한다.

청고추

1. 청고추 1kg을 준비한다.
2. 청고추를 3~4mm 두께로 어슷썰기한다.
3. 썰 어 놓은 고추를 구멍이 큰 체에 담아 흔들어 고추씨를 제거한다.
4. 용기에 담아 냉장보관한다.

영콘

1. 영콘 1CN을 준비한다.
2. 캔을 딴 후 영콘을 체에 붓는다.
3. 영콘을 어슷썰어 3등분한다.
4. 소스통에 담아 물을 채워 냉장보관한다.

셀러리

1. 셀러리 2kg을 준비한다.
2. 셀러리의 잎을 제거한 뒤 줄기를 하나씩 분리하여 깨끗한 물에 씻는다.
3. 셀러리를 0.3mm 두께로 어슷썰기한다.
4. 용기에 담아 냉장보관한다.

실파 (Stick모양)

1. 깐실파 1kg를 준비한다.
2. 실파를 다듬은 후 물에 깨끗이 씻는다.
3. 실파의 양쪽 끝(지저분한 부분)을 잘라낸 후 5cm 간격으로 자른다.
4. 용기에 밀봉 후 담아 냉장보관한다

Goong Pad Bai Kraprao

주 재 료								
식재료명	용량	단위	식재료명	용량	단위	식재료명	용량	단위
칵테일새우	15	마리	레몬주스	80	ml	특수채소	30	g
셀러리	35	g	치킨스톡	40	ml	치커리		
느타리	30	g	정종	2	Tsp	롤라로사		
홍/청고추	10	g	후추	1	tsp	레드레트스		
양파	20	g	전분	1	Tsp	양상추		
브로콜리	25	g				콘또띠아	1	개
컬리플라워	25	g	끄라프라	60	g	감자 grilled	3	개
초고버섯	15	g	오소스			감자musse	2	Tsp
마늘고추간것	2	Tsp				고수잎	5	g
영콘	15	g				실파chop	1	Tsp
						고수줄기	2	tsp

❁ Cooking / Decoration 방법 ❁

1. 재료 준비

2.새우 익히기

1) 화덕에 중식팬을 올리고 센 불에서 식용유 2국자를 넣고 20초간 국자로 저어준다.

2) 기름이 달아오르면 (160~180도) 새우를 넣고 국자로 10초 정도 저어 준다.
새우가 익어 오렌지 색이 되면 새우를 건져 낸다.

3.조리하기

1) 기름 코팅이 된 중식팬을 화덕에 올리고 센 불에서 고추기름을 두른다.

2) 1)에 마늘/고추 chop을 넣고 센 불에서 국자로 3~4초간 저어준다.

3) 2)에 크라프라오 소스를 넣고 국자로 2번 휘저어 준 후 새우와 채소를 넣고 센 불에서 10초간 팬을 돌려 준다.

4) 3)에 레몬주스, 정종, 치킨스톡, 후추를 넣고 센 불에서 끓인다.

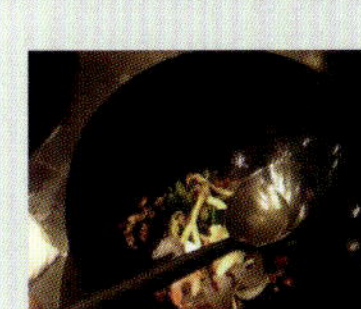

5) 4)가 끓으면 물에 푼 전분을 넣고 국자로 휘저으며 팬을 돌려 음식의 농도를 걸죽하게 맞춘다.

6) 5)에 고추기름을 넣어 팬을 돌려 섞어 준 후 장식이 된 접시에 담는다.

4. 가니쉬하기

-음식에 고수chop, 실파chop을 뿌린 후 고수잎을 올려 완성한다.

Goong Pad Bai Kraprao 소스

주 재 료								
식재료명	용량	단위	식재료명	용량	단위	식재료명	용량	단위
칠리페이스트	2	Tsp						
설탕	1	Tsp						
굴소스	2	Tsp						
아이미	1	Tsp						

❁ Cooking / Decoration 방법 ❁

1. 위의 모든 재료를 믹싱볼에 담고 롱 스푼이나 거품기로 저어 골고루 섞어 준다.
2. 완성된 소스를 소스통이나 용기에 담고 밀봉후 냉장보관한다.

꿍팔바이 끄라프라오 식자재 손질법

브로콜리

1. 냉동 브로콜리 4Pk(kg)준비한다.
2. 브로콜리를 물에 담궈 녹인다.(낱개로 분리됨)
3. 브로콜리의 줄기 부분을 손질한 후 큰 것은 반을 자른다.
4. 소스통에 담고 물을 채워 냉장보관한다.

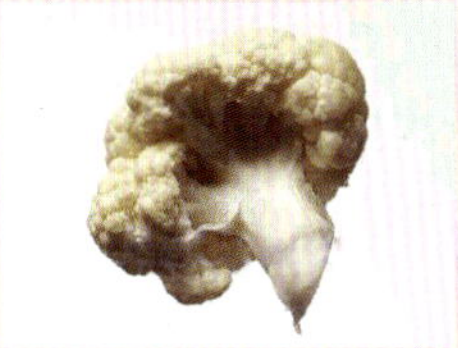

컬리플라워

1. 컬리플라워 4Pk을 준비한다.
2. 컬리플라워를 물에 담궈 녹인다.(낱개로 분리됨)
3. 컬리플라워의 줄기 부분을 손질한 후 큰 것은 반을 자른다.
4. 소스통에 담고 물을 채워 냉장보관한다.

양파

1. 깐양파 1개를 준비한다.
2. 양파의 반을 자른 후 뿌리쪽과 위쪽을 잘라 낸다.
3. 양파를 3cm크기의 직삼각형 모양으로 썬다.
4. 용기에 담아 냉장보관한다.

*보통 10개의 양파를 썰어 준비한다.(1일)

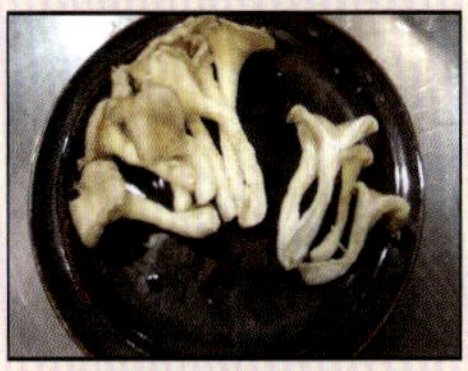

느타리

1. 느타리 (40g)을 준비한다.
2. 느타리를 길게 2~3등분으로 찢는다.
3. 용기에 담아 냉장보관한다.

*하루 4~6kg정도 찢어 사용한다.

초고버섯

1. 초고버섯 2개를 준비한다.(캔 제품을 사용)
2. 초고버섯을 반으로 자른다.
3. 용기(소스통)에 물을 채워 초고버섯을 담은 후 냉장보관한다.

*보통 초고버섯7CN을 작업하여 보관.(초고버섯 1CN – 400g)

홍고추

1. 홍고추 1kg을 준비한다.
2. 홍고추를 3~4mm 두께로 어슷썰기한다.
3. 썰어 놓은 고추를 구멍이 큰 체에 담아 흔들어 고추씨를 제거한다.
4. 용기에 담아 냉장보관한다.

청고추

1. 홍고추와 동일

영콘

1. 영콘 1CN을 준비한다.
2. 캔을 딴 후 영콘을 체에 붓는다.
3. 영콘을 어슷썰어 3등분한다.
4. 소스통에 담아 물을 채워 냉장보관한다.

셀러리

1. 셀러리 2kg을 준비한다.
2. 셀러리의 잎을 제거한 뒤 줄기를 하나씩 분리하여 깨끗한 물에 씻는다.
3. 셀러리를 0.3mm 두께로 어슷썰기한다.
4. 용기에 담아 냉장보관한다.

실파
(Stick모양)

1. 깐실파 1kg를 준비한다.
2. 실파를 다듬은 후 물에 깨끗이 씻는다.
3. 실파의 양쪽 끝(지저분한 부분)을 잘라낸 후 5cm 간격으로 자른다.
4. 용기에 밀봉 후 담아 냉장보관한다

칵테일새우

1. 냉동칵테일 새우 3Pk(450마리)을 준비한다.
2. 칵테일새우를 물에 담구어 녹인다.
3. 녹은 새우를 용기에 담고 얼음을 채워 냉장보관한다.

Satay Gai(닭꼬치)

주재료			가니쉬 재료			기 타		
식재료명	용량	단위	식재료명	용량	단위	식재료명	용량	단위
닭꼬치	5	개	땅콩가루	2	Tsp	단도리소스	50	g
느타리	30	g	진저소스	30	ml	칠리소스	50	ml
청경채	10	g	땅콩소스	100	ml			
청고추	5	g	피클	50	g			
홍고추	5	g	바질잎	1	장			
표고버섯	10	g						
죽순	10	g						

❁ Cooking / Decoration 방법 ❁

1. 식재료준비

1) 파이 팬에 손질된 채소와 버섯을 준비한다.
2) 단도리소스에 재워 둔 닭꼬치 5개를 준비한다.

2. 닭꼬치굽기

1) 철판 그릴에 불을 중간으로 하여 그릴을 달군 후 기름을 발라둔다.

2) 채소를 볶기 전에 닭꼬치를 달구어진 그릴에 올려 굽는다. (앞 뒤를 돌려 가며 닭고기가 연 갈색이 날 때까지 구움) (5~6분 소요)

3. 채소볶기

1) 닭꼬치를 굽는 동안 가스레인지에 팬을 올리고 불을 중불로 하여 식용유를 30ml 두른다.

2) 달궈진 팬에 채소를 넣고 10초간 볶다가 칠리소스를 넣고 1분간 젓가락으로 저으면서 볶아 준다.

3) 2)의 볶은 채소를 사테용 팬에 반쪽에 담고 땅콩소스를 나머지 반쪽 채운다.

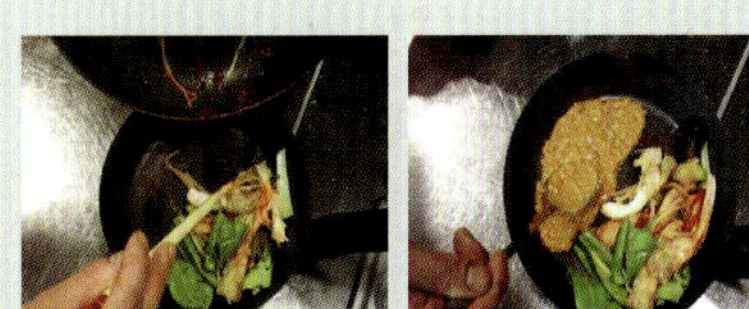

4. 소스 뿌리기 및 가니쉬 하기

1) 구운 닭 꼬치를 채소가 담긴 사테용 팬에 올린 후 땅콩소스와 진저소스를 골고루 뿌린다.

2) 1)에 땅콩가루를 뿌린 후 바질잎을 올린다.

3) 피클과 함께 낸다.

단도리소스(사테용)

주재료			가니쉬 재료				
식재료명	용량	단위	식재료명	용량	단위		
S&B카레분	400	g				생산량	3kg
코코넛밀크 (400ml/CN)	2	CN				보관상태	냉장
코코넛크림 (400ml/CN)	1	CN				최대보관일	10일
치킨스톡	700	ml					
굴소스	5	Tsp					
휘핑크림(1L)	1	PK					

❁ Cooking / Decoration 방법 ❁

1. 모든 재료를 믹싱볼에 담고 거품기로 골고루 섞으면 소스가 완성된다.

2. 완성된 소스를 소스통에 담아 밀봉 후 냉장보관한다.

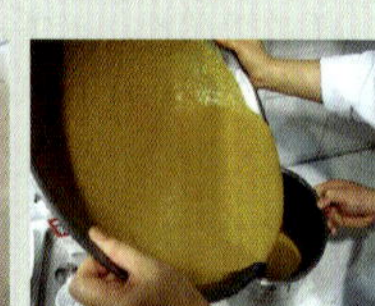

칠리소스

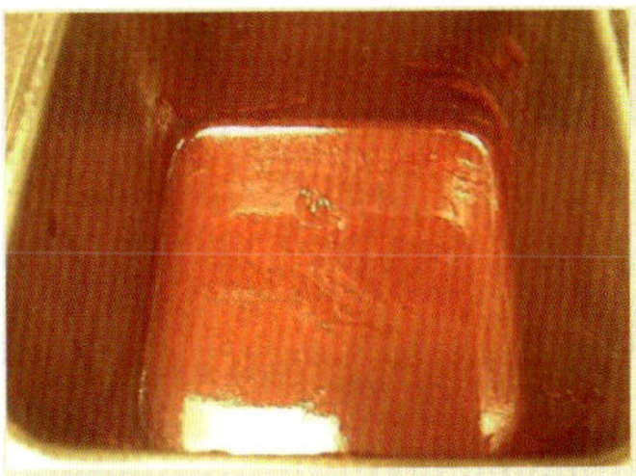

주재료			가니쉬 재료		
식재료명	용량	단위	식재료명	용량	단위
깐마늘	100	g			
깐생강	50	g			
케첩(3kg)	2	CN			
두반장(460g/BTL)	1.5	BTL			
양파	1.5	kg			
버터	100	g			
치킨스톡	2	L			

생산량	6kg
보관상태	냉장
최대보관일	20일

❁ Cooking / Decoration 방법 ❁

1. 마늘, 생강, 양파는 칼로 잘게 다진다(Processor에 갈아서 사용해도 됨).
2. 팬을 달군 후 버터를 넣고 녹인다.
3. 다진 마늘, 양파, 생강을 넣고 주걱으로 저어 주며 볶는다(약 5분간).
4. 케첩, 두반장, 치킨 스탁을 넣고 약한 불에서 25~30분 정도 졸인다(이때 팬의 바닥이 타지 않게 나무주걱으로 3분마다 저어 준다).
5. 완성된 칠리소스를 용기에 담아 밀봉 후 냉장보관한다.

<참고사항>

• 제품으로 들어오는 칠리소스를 사용하면 작업의 효율성을 줄 수 있다.

땅콩소스

주재료			가니쉬 재료		
식재료명	용량	단위	식재료명	용량	단위
조미땅콩	2	kg			
치킨스톡	1.5	L			
땅콩버터	300	g			
레드커리페이스트	500	g			
코코넛밀크(400g/cn)	2	CN			
코코넛크림 (400g/cn)	1.5	CN			
휘핑크림(1L)	1	PK			
굴소스	5	Tsp			
고추기름	100	ml			

생산량	4kg
보관상태	냉장
최대보관일	15일

❁ Cooking / Decoration 방법 ❁

1. 땅콩은 분쇄기에 넣어 곱게 간다.
2. 팬을 달군 후 칠리오일, 땅콩가루, 땅콩버터, 레드커리페이스트를 넣고 나무주걱으로 섞어 가며 볶는다.(3분)
3. 치킨스톡, 코코넛크림, 코코넛 밀크, 휘핑크림을 넣고 중불에서 끓인다(타지 않게 나무주걱으로 자주 저어준다) (20분 정도).
4. 완성된 땅콩소스를 얼음물에 담궈 식힌 후 냉장보관한다.

피클

주재료			가니쉬 재료				
식재료명	용량	단위	식재료명	용량	단위		
당근	5	kg	물	22	L	생산량	30L
깐양파	3	kg	식초	14	L	보관상태	냉장
무	3	kg	설탕	10	kg	최대보관일	30일
취청오이	15	kg	빙초산	180	ml		
청피망	3	kg	피클링	200	g		
홍피망	3	kg	스파이스	1	개		
			레몬	50	g		
			소금	100	g		
			고수				

❁ Cooking / Decoration 방법 ❁

1. **채소썰기**

- 양파, 피망, 무, 오이, 당근을 1cm 넓이에 5cm 길이로 썰어 준비한다.

2. **단초물 만들기**

1) 큰 통에 물을 붓고 끓인 후 불을 끈다.
2) 피클링스파이스와 고수는 소창에 싸서 줄로 묶어 봉한 후 물에 넣는다.
3) 물에 식초, 빙초산, 설탕, 레몬, 소금을 넣고 휘저어 녹인다.

3. 단초물에 채소를 모두 집어 넣고 큰접시 몇 개를 위에 올려 채소가 단초물에 완전히 잠기게 한다. (당근, 무 우, 오이, 피망, 양파순으로 집어 넣음)

4. 실온에서 하루 정도 방치하여 피클을 식힌다.

5. 식힌 피클은 작은 통에 나누어 담아 냉장고에 보관한다.

<주의사항>

1. 채소손질시 주의사항
- 피망은 꼭지와 씨를 제거후 사용한다.
- 오이는 Peeler(껍질제거기)로 오이가시를 제거한다.
- 당근, 무은 껍질을 제거후 사용한다.

2. 레몬은 반을 잘라 손으로 즙을 짜 넣은 후 남은 것도 버리지 않고 단초물에 넣는다.

• 캔제품으로 들어오는 오이피클을 사용하면 작업의 효율성을 줄 수 있다.

사테 가이 식자재 손질법

닭고기꼬치

1. 닭다리살 250g을 준비한다.
2. 닭다리살을 5cm×4cm크기(25g)로 넓적하게 썬다.
3. 1꼬치에 닭고기 2개씩 꽂아 5꼬치 준비한다.
4. 닭꼬치에 단도리소스를 발라 용기에 담는다.
5. 냉장고에 넣어 1일 정도 재워둔다.

청경채

1. 청경채 1개를 준비한다.
2. 청경채의 뿌리부분을 잘라 마디가 떨어지게 한다.
3. 청경채를 적절한 크기(2등분)로 잘라 물에 씻는다.
4. 용기에 담아 냉장보관한다.
   - 보통 영업전 2~3kg의 청경채를 손질해서 영업시 사용한다.

홍고추

1. 홍고추 1kg을 준비한다.
2. 홍고추를 3~4mm 두께로 어슷썰기한다.
3. 썰어 놓은 고추를 구멍이 큰 체에 담아 흔들어 고추씨를 제거한다.
4. 용기에 담아 냉장보관한다.

청고추

1. 청고추 1kg을 준비한다.
2. 청고추를 3~4mm 두께로 어슷썰기한다.
3. 썰어 놓은 고추를 구멍이 큰 체에 담아 흔들어 고추씨를 제거한다.
4. 용기에 담아 냉장보관한다.

표고버섯

1. 생표고버섯 5~10kg을 준비한다.
2. 큰 통(15~20Gal)에 표고버섯을 담고 물을 부어 삶는다. (30~40분)
3. 삶은 표고버섯을 건져내어 찬물에 담궈 식힌다.
4. 표고버섯의 줄기를 가위로 잘라낸다.
5. 표고버섯의 머리를 위로 오게 하여 칼로 3~5mm 두께로 편을 썬다. (칼을 눕혀 4cm크기로 썬다)
6. 썬 표고버섯을 물에 2~3회 씻은 후 3kg단위로 물과 함께 비닐 포장한다.
7. 포장된 표고버섯은 냉동 보관한다.

목이버섯

1. 건목이버섯 500g을 준비한다.
2. 건 목이버섯을 물에 2시간이상 불린다. (더운물을 사용하면 30분만에 불릴 수 있음)
3. 목이버섯의 뿌리부분(목재성분이 포함)을 손으로 제거한다.
4. 찬물로 2~3회 깨끗이 씻은 후 끓는 물에 약 1분간 데친다.
5. 얼음물에 넣어 식힌 후 용기에 담아 냉장보관한다.

죽순(슬라이스)

1. 죽순 슬라이스 1 캔(3kg)을 준비한다.
2. 죽순 캔을 딴 후 캔의 물을 따라낸다.
3. 죽순을 냄비에 담고 물을 채워 끓인다.(20분)
4. 죽순을 찬물에 식혀 소스통에 담고 물을 채워 냉장보관한다.

Satay Nuea(소고기 꼬치)

주재료			가니쉬 재료			기 타		
식재료명	용량	단위	식재료명	용량	단위	식재료명	용량	단위
소고기꼬치	5	개	땅콩가루	2	Tsp	단도리소스	50	g
느타리	30	g	진저소스	30	ml	칠리소스	50	ml
청경채	10	g	땅콩소스	50	ml			
청고추	5	g	피클	100	ml			
홍고추	5	g	바질잎	50	g			
표고버섯	10	g		1	장			
죽순	10	g						

❁ Cooking / Decoration 방법 ❁

1. 식재료준비

1) 파이 팬에 손질된 채소와 버섯을 준비한다.
2) 단도리소스에 재워 둔 소고기꼬치 5개를 준비한다.

2. 소고기꼬치 굽기

1) 철판 그릴에 불을 중간으로 하여 그릴을 달군 후 기름을 발라둔다.
2) 채소를 볶기 전에 소고기꼬치를 달구어진 그릴에 올려 굽는다. (5~6분 소요)
(앞 뒤를 돌려 가며 닭고기가 연 갈색이 날 때까지 구움)

3. 채소볶기

1) 소고기꼬치를 굽는 동안 가스렌지에 팬을 올리고 불을 중불로 하여 식용유를 30ml 두른다.
2) 달궈진 팬에 채소를 넣고 10초간 볶다가 칠리소스를 넣고 1분간 젓가락으로 저으면서 볶아 준다.

3) 2)의 볶은 채소를 사테용 팬에 반쪽에 담고 땅콩소스를 나머지 반쪽 채운다.

4. 소스 뿌리기 및 가니쉬하기

1) 구운 소고기 꼬치를 채소가 담긴 사테용 팬에 올린 후 땅콩소스와 진저소스를 골고루 뿌린다.

2) 1)에 땅콩가루를 뿌린 후 바질잎을 올린다.

3) 완성된 꼬치를 피클과 함께 낸다.

사테 느아 식자재 손질법

소고기꼬치

1. 소고기(립아이) 250g을 준비한다.
2. 소고기을 5cm×4cm크기(25g)로 넓적하게 썬다.
3. 1꼬치에 닭고기 2개씩 꽂아 5꼬치 준비한다.
4. 소고기꼬치에 단도리소스를 발라 용기에 담는다.
5. 냉장고에 넣어 1일 정도 재워둔다.

청경채

1. 청경채 1개를 준비한다.
2. 청경채의 뿌리부분을 잘라 마디가 떨어지게 한다.
3. 청경채를 적절한 크기(2등분)로 잘라 물에 씻는다.
4. 용기에 담아 냉장보관한다.
   - 보통 영업전 2~3kg의 청경채를 손질해서 영업시 사용한다.

홍고추

1. 홍고추 1kg을 준비한다.
2. 홍고추를 3~4mm 두께로 어슷썰기한다.
3. 썰어 놓은 고추를 구멍이 큰 체에 담아 흔들어 고추씨를 제거한다.
4. 용기에 담아 냉장보관한다.

청고추

1. 청고추 1kg을 준비한다.
2. 청고추를 3~4mm 두께로 어슷썰기한다.
3. 썰어 놓은 고추를 구멍이 큰 체에 담아 흔들어 고추씨를 제거한다.
4. 용기에 담아 냉장보관한다.

표고버섯

1. 생표고버섯 5~10kg을 준비한다.
2. 큰 통(15~20Gal)에 표고버섯을 담고 물을 부어 삶는다.(30분~40분)
3. 삶은 표고버섯을 건져내어 찬물에 담궈 식힌다.
4. 표고버섯의 줄기를 가위로 잘라낸다.
5. 표고버섯의 머리를 위로 오게 하여 칼로 3~5mm 두께로 편을 썬다. (칼을 눕혀 4cm크기로 썬다)
6. 썬 표고버섯을 물에 2~3회 씻은 후 3kg단위로 물과 함께 비닐 포장한다.
7. 포장된 표고버섯은 냉동 보관한다.

목이버섯

1. 건목이버섯 500g을 준비한다.
2. 건 목이버섯을 물에 2시간이상 불린다.(더운물을 사용하면 30분만에 불릴 수 있음)
3. 목이버섯의 뿌리부분(목재성분이 포함)을 손으로 제거한다.
4. 찬물로 2~3회 깨끗이 씻은 후 끓는 물에 약 1분간 데친다.
5. 얼음물에 넣어 식힌 후 용기에 담아 냉장보관한다.

죽순(슬라이스)

1. 죽순 슬라이스 1 캔(3kg)을 준비한다.
2. 죽순 캔을 딴 후 캔의 물을 따라낸다.
3. 죽순을 냄비에 담고 물을 채워 끓인다.(20분)
4. 죽순을 찬물에 식혀 소스통에 담고 물을 채워 냉장보관한다.

Comb Satay(모듬사테)

주재료			가니쉬 재료			기 타		
식재료명	용량	단위	식재료명	용량	단위	식재료명	용량	단위
닭고기꼬치	2	개	땅콩가루	2	Tsp	단도리소스	50	g
소고기꼬치	2	개	진저소스	30	ml	칠리소스	50	ml
새우꼬치	1	개	땅콩소스	100	ml			
느타리	30	g	피클	50	g			
청경채	10	g						
청고추	5	g						
홍고추	5	g						
표고버섯	10	g						
죽 순	10	g						

❁ Cooking / Decoration 방법 ❁

1. 식재료준비

1) 파이 팬에 손질된 채소와 버섯을 준비한다.
2) 단도리소스에 재워 둔 소고기꼬치 2개, 닭꼬치 2개, 새우꼬치 1개를 준비한다

2. 꼬치굽기

1) 철판 그릴에 불을 중간으로 하여 그릴을 달군 후 기름을 발라둔다.
2) 채소를 볶기 전에 꼬치를 달구어진 그릴에 올려 굽는다. (5~6분 소요)
   (앞 뒤를 돌려 가며 닭고기가 연 갈색이 날 때까지 구움)

3. 채소볶기

1) 꼬치를 굽는 동안 가스렌지에 팬을 올리고 불을 중불로 하여 식용유를 30ml 두른다.
2) 달궈진 팬에 채소를 넣고 10초간 볶다가 칠리소스를 넣고 1분간 젓가락으로 저으면서 볶아 준다.

3) 2)의 볶은 채소를 사테용 팬에 반쪽에 담고 땅콩소스를 나머지 반쪽 채운다.

4. 소스 및 가니쉬하기

1) 다 구운 꼬치를 3)의 팬에 올린 후 땅콩소스와 진저소스를 뿌린다.

2) 땅콩가루를 뿌린 후 바질잎을 올린다.

3) 피클과 함께 낸다.

Gaeng Khiew Whan Nued

주재료			소　　스			가니쉬 재료		
식재료명	용량	단위	식재료명	용량	단위	식재료명	용량	단위
소고기	100	g	그린커리	300	ml	땅콩가루	2	tsp
가지	50	g	소스			모자렐라	1	Tsp
홍고추	10	g				치즈	1	장
청고추	10	g				바질잎		
죽순	20	g						
양파	20	g						
간마늘	10	g						

Cooking / Decoration 방법

1. 식재료

2. 만들기

1) 팬에 기름을 두른 후 마늘을 넣고 볶다가 소고기를 넣고 함께 볶는다.

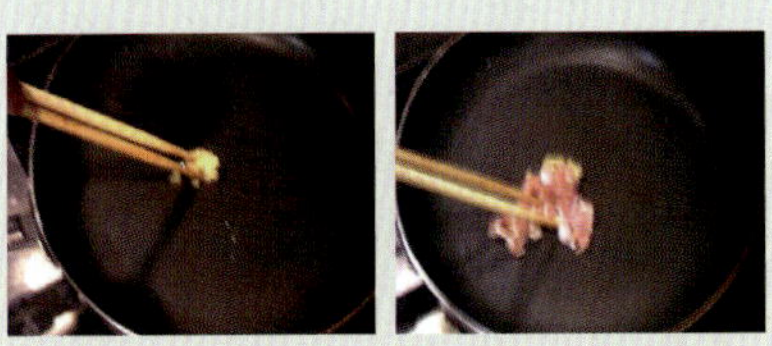

2) 채소를 넣고 함께 볶아 준다.

3) 커리소스를 넣고 중불에서 5분 정도 끓인 후 커리 볼에 담는다.

3. 가니쉬하기

1) 땅콩가루와 치즈가루를 뿌린다.

2) 바질잎을 올려 완성한다.

그린커리(원액)

주재료							
식재료명	용량	단위	식재료명	용량	단위		
닭뼈	10	kg	그린커리페이스트	1.2	kg	생산량	50L
스지	10	kg	S&B커리분(400g/CN)	6	CN	보관상태	냉장
사과	5	kg	코코넛밀크(400g/CN)	5	CN	최대보관일	60일
깐생강	1	kg	코코넛크림(400g/CN)	3	CN		
깐마늘	1	kg	피쉬소스(1L)	2	BTL		
깐양파	3	kg	휘핑크림(1L)	3	PK		
당근	3	kg	굴소스(2.2kg)	3	CN		
			월계수잎	30	g		
			루(roux)	2	kg		

❁ Cooking / Decoration 방법 ❁

1. 재료준비
- 닭뼈는 반나절 정도 물에 담구어 핏물을 뺀 후 체에 받쳐 물기를 제거한다.
- 사과, 양파, 당근은 3~4등분으로 크게 자른다.
- 팬을 달군 후 무염버터(400g)을 녹이고 밀가루 2kg을 조금씩 넣어 가며 갈색이 나게 볶아 루(ROUX)를 만든다.

2. 오븐에 굽기
- 닭뼈와 스지는 팬에 깔아 200도 오븐에서 갈색이 나게 굽는다(30분 정도 소요).
- 양파와 당근도 팬에 깔아 따로 오븐에서 갈색이 나게 굽는다.

3. 닭뼈 끓이기
- 20Gal 큰 통에 물 2/3정도(50L) 붓고 구운 닭뼈, 양파, 당근과 생강, 마늘, 월계수잎을 넣고 중불에서 끓인다(5~6시간 정도).
- 다 끓인 후 육수를 제외한 모든 재료를 건져 낸다.

4. 커리 끓이기
- 루를 제외하 나머지 재료를 육수에 넣어 잘 섞어준다(이때 나무주걱으로 휘저으면서 조금씩 넣으면 잘 섞인다).
- 나무주걱으로 계속 휘저으며 10분 정도 끓인 후 루를 넣어 농도를 맞춘다.

5. 저장하기
- 체를 받쳐 커리를 거른 후 얼음물을 준비하여 빨리 식힌다.
- 식힌 후 소량(5kg단위)로 비닐포장을 하여 냉동실에 보관한다.

그린커리소스

주재료					
식재료명	용량	단위	식재료명	용량	단위
그린커리원액	7	L	치킨스톡	300	ml
코코넛밀크	2	CN	레몬주스	350	ml
코코넛크림	1	CN	건고추chop	15	g
S&B커리분	30	g	휘핑크림	1	PK
그린커리페이스트	30	g			

❁ Cooking / Decoration 방법 ❁

1. 팬에 모든 재료를 넣고 거품기로 저어 골고루 섞은 후 나무주걱으로 저어 가며 한 번 끓인다(중불에서 20분간).
2. 완성된 소스를 소스통에 담은 후 얼음물에 식혀 냉장보관한다.

깽 끼 완 느아 식자재 손질법

소고기

1. 립아이 날개부위 1개(3kg)를 준비한다.
2. 고기의 힘줄과 기름을 재거한다.
3. 고기를 가로 5cm, 세로 2cm, 두께 0.5cm크기로 자른다.
4. 용기에 담아 밀봉 후 냉장보관한다.
   - 보통 립아이 날개 5~6채를 손질하여 비닐로 싸서 냉동실에 보관한다.
   - 립아이 날개: 립아이 손질시 고기가 2개로 분리되는데 작은 쪽 부위를 말함

가지

1. 가지 3개를 준비한다.
2. 가지의 꼭지부위를 잘라낸다.
3. 가지를 반으로 자른 후 삼각형 모양으로 가지를 썬다.
4. 썬 가지를 용기에 담아 밀봉 후 냉장보관한다.

양파

1. 깐양파 1개를 준비한다.
2. 양파의 반을 자른 후 뿌리쪽과 위쪽을 잘라 낸다.
3. 양파를 3cm크기의 직삼각형 모양으로 썬다.
4. 용기에 담아 냉장보관한다.
   - 보통 10개의 양파를 썰어 준비한다.(1일)

죽순

1. 죽순 슬라이스 1 캔(3kg)을 준비한다.
2. 죽순 캔을 딴 후 캔의 물을 따라낸다.
3. 죽순을 냄비에 담고 물을 채워 끓인다.(20분)
4. 죽순을 찬물에 식혀 소스통에 담고 물을 채워 냉장보관한다.

간마늘

1. 깐 마늘 2kg을 준비한다.
2. 깐 마늘을 Grinder에 넣고 짧게 갈아둔다.
3. 갈아 놓은 마늘을 용기에 담아 밀봉 후 냉장보관한다.

홍고추

1. 홍고추 1kg을 준비한다.
2. 홍고추를 3~4mm 두께로 어슷썰기한다.
3. 썰어 놓은 고추를 구멍이 큰 체에 담아 흔들어 고추씨를 제거한다.
4. 용기에 담아 냉장보관한다.

청고추

1. 홍고추와 동일

모자렐라치즈

1. 모자렐라치즈 (피자용)을 사용한다.

바질잎

1. 바질잎 2Pk을 준비한다.
2. 바질잎을 물에 씻은 후 용기에 담아 냉장보관한다.

땅콩가루

1. 깐 땅콩 1kg을 준비한다.
2. 땅콩을 분쇄기에 넣고 잘게 간다.
3. 용기에 담아 밀봉 후 실온 보관한다.

Gaeng Pad Gai

주재료			소 스			가니쉬 재료		
식재료명	용량	단위	식재료명	용량	단위	식재료명	용량	단위
닭다리살	50	g	레드커리	300	ml	땅콩가루	2	tsp
양파	30	g	소스			모자렐라	1	Tsp
가지	30	g				치즈	1	장
홍고추	5	g				바질잎		
청고추	5	g						
죽순	10	g						
영콘	15	g						
목이버섯	10	g						
간마늘	2	tsp						

❁ Cooking / Decoration 방법 ❁

1. 식재료

2. 만들기

1) 팬에 기름을 두른 후 마늘을 넣고 볶다가 닭고기를 넣고 함께 볶는다.

2) 채소를 넣고 함께 볶아준다.

3) 커리소스를 넣고 중불에서 5분 정도 끓인 후 커리 볼에 담는다.

3. 가니쉬하기

1) 땅콩가루와 치즈가루를 뿌린다

2) 바질잎을 올려 완성한다.

레드커리소스

주재료			가니쉬 재료				
식재료명	용량	단위	식재료명	용량	단위		
치킨스톡	6.5	L				생산량	8L
코코넛크림	4	CN				보관상태	냉장
코코넛밀크	5	CN				최대보관일	10일
레드커리페이스트	1	kg					
휘핑크림	3	L					
굴소스	200	ml					
피쉬소스	100	ml					
레몬주스	1	L					

❁ Cooking / Decoration 방법 ❁

1. 냄비에 치킨스톡을 넣고 레드 커리페이스트를 거품기로 저어 풀어 준다.(센 불)

2. 코코넛크림, 코코넛 밀크, 휘핑크림, 굴소스를 넣고 계속 저어주며 끓인다.(중불에서 30분 끓임)

3. 휘시소스로 간을 한 후 거품을 걷어 낸다.

4. 얼음물에 담구어 식힌 후 소스통에 담아 냉장보관한다.

깽 팥 가이 식자재 손질법

닭다리살

1. 닭다리살 1kg을 준비한다.
2. 닭다리살을 2cm×4 cm크기로 자른다.
3. 자른 닭다리살을 용기에 담아 냉장보관한다.

가지

1. 가지 3개를 준비한다.
2. 가지의 꼭지부위를 잘라낸다.
3. 가지를 반으로 자른 후 삼각형 모양으로 가지를 썬다.
4. 썬 가지를 용기에 담아 밀봉 후 냉장보관한다.

양파

1. 깐양파 1개를 준비한다.
2. 양파의 반을 자른 후 뿌리쪽과 위쪽을 잘라 낸다.
3. 양파를 3cm크기의 직삼각형 모양으로 썬다.
4. 용기에 담아 냉장보관한다.
   - 보통 10개의 양파를 썰어 준비한다.(1일)

죽순

1. 죽순 슬라이스 1 캔(3kg)을 준비한다.
2. 죽순 캔을 딴 후 캔의 물을 따라낸다.
3. 죽순을 냄비에 담고 물을 채워 끓인다.(20분)
4. 죽순을 찬물에 식혀 소스통에 담고 물을 채워 냉장보관한다.

간마늘

1. 깐 마늘 2kg을 준비한다.
2. 깐 마늘을 Grinder에 넣고 짧게 갈아둔다.
3. 갈아 놓은 마늘을 용기에 담아 밀봉 후 냉장보관한다.

홍고추

1. 홍고추 1kg을 준비한다.
2. 홍고추를 3~4mm 두께로 어슷썰기한다.
3. 썰어 놓은 고추를 구멍이 큰 체에 담아 흔들어 고추씨를 제거한다.
4. 용기에 담아 냉장보관한다.

청고추

1. 홍고추와 동일

깽 끼 완 느아 식자재 손질법

모자렐라치즈

1. 모자렐라치즈 (피자용)을 사용한다.

바질잎

1. 바질잎 2Pk을 준비한다.
2. 바질잎을 물에 씻은 후 용기에 담아 냉장보관한다.

땅콩가루

1. 깐 땅콩 1kg을 준비한다.
2. 땅콩을 분쇄기에 넣고 잘게 간다.
3. 용기에 담아 밀봉 후 실온 보관한다.

Gaeng Pad Talay

주재료						가니쉬 재료		
식재료명	용량	단위	식재료명	용량	단위	식재료명	용량	단위
소제꽃게	1/4	개	영콘	15	g	땅콩가루	2	tsp
냉동홍합	1	개	목이버섯	10	g	모자렐라	1	Tsp
칵테일새우	1	개	간마늘	2	tsp	치즈		
쭈꾸미	1	개	레드커리소스	300	ml	바질잎	1	장
베이비잇가	1	개						
모시조개	2	개						
양파	30	g						
가지	30	g						
홍고추	5	g						
청고추	5	g						
죽순	10	g						

❁ Cooking / Decoration 방법 ❁

1. 식재료준비

2. 만들기

1) 팬에 기름을 두른 후 마늘을 넣고 볶다가 해산물을 넣고 함께 볶는다.

2) 1)에 채소를 넣고 함께 볶아준다.

3) 2)에 커리소스를 넣고 중불에서 5분 정도 끓인 후 커리 볼에 담는다.

3. 가니쉬하기

1) 볼에 담은 해산물 커리에 땅콩가루와 치즈가루를 뿌린다.

2) 1)에 바질잎을 올려 완성한다.

해산물 커리 식자재 손질법

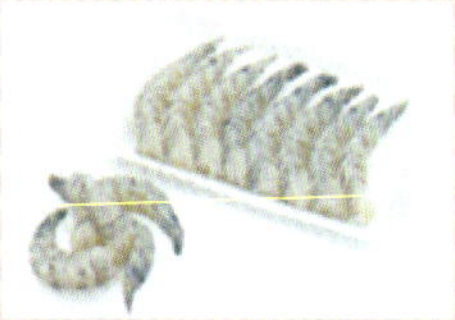

칵테일새우

1. 냉동칵테일 새우 3Pk(450마리)을 준비한다.
2. 칵테일새우를 물에 담구어 녹인다.
3. 녹은 새우를 용기에 담고 얼음을 채워 냉장보관한다.

냉동홍합

1. 냉동된 홍합 1Pk를 준비한다.
2. 찬물에 담아 홍합을 녹인다.
3. 용기에 담아 얼음을 채워 냉장보관한다.
   - 보통 2Pk(kg)단위로 녹여 냉장고에 보관.

소제꽃게

1. 소제꽃게 4Pk(4kg)을 준비한다.
2. 냉동 꽃게를 물에 녹인다.
3. 해동된 꽃게의 집게 발을 잘라내고 나머지 다리도 1마디를 잘라 손질한다.(집게다리는 라드나탈레 스탁을 끓일 때 사용함)
4. 손질된 꽃게를 용기에 담고 얼음을 채워 냉장보관한다.

베이비잇가

1. 냉동 베이비잇가 1Pk(1kg)을 준비한다.
2. 냉동 베이비잇가를 물에 녹인다.
3. 해동된 베이비잇가를 용기에 담고 얼음을 채워 냉장보관한다.

쭈꾸미

1. 냉동 쭈꾸미 1Pk(1kg)을 준비한다.
2. 냉동 쭈꾸미를 물에 녹인다.
3. 해동된 쭈꾸미를 용기에 담고 얼음을 채워 냉장보관한다.

모시조개

1. 모시조개 500g을 준비한다.
2. 냄비에 물을 붓고 물을 끓인 후 모시조개를 넣고 데친다.(3분 정도)
3. 모시조개를 얼음물에 넣어 식힌다.
4. 식힌 조개를 용기에 담아 밀봉 후 냉장보관한다.

목이버섯

1. 건목이버섯 500g을 준비한다 .
2. 건목이버섯을 물에 2시간이상 불린다.(더운물을 사용하면 30분만에 불릴수 있음)
3. 목이버섯의 뿌리부분(목재성분이 포함)을 손으로 제거한다.
4. 찬물로 2~3회 깨끗이 씻은 후 끓는 물에 약 1분간 데친다.
5. 얼음물에 넣어 식힌 후 용기에 담아 냉장보관한다.

해산물 커리 식자재 손질법

영콘

1. 영콘 1CN을 준비한다.
2. 캔을 딴 후 영콘을 체에 붓는다.
3. 영콘을 어슷썰어 3등분한다.
4. 소스통에 담아 물을 채워 냉장보관한다.

가지

1. 가지 3개를 준비한다.
2. 가지의 꼭지부위를 잘라낸다.
3. 가지를 반으로 자른 후 삼각형 모양으로 가지를 썬다.
4. 썬 가지를 용기에 담아 밀봉 후 냉장보관한다.

양파

1. 깐양파 1개를 준비한다.
2. 양파의 반을 자른 후 뿌리쪽과 위쪽을 잘라 낸다.
3. 양파를 3cm크기의 직삼각형 모양으로 썬다.
4. 용기에 담아 냉장보관한다.
   - 보통 10개의 양파를 썰어 준비한다.(1일)

죽순

1. 죽순 슬라이스 1 캔(3kg)을 준비한다.
2. 죽순 캔을 딴 후 캔의 물을 따라낸다.
3. 죽순을 냄비에 담고 물을 채워 끓인다.(20분)
4. 죽순을 찬물에 식혀 소스통에 담고 물을 채워 냉장보관한다.

간마늘

1. 깐 마늘 2kg을 준비한다.
2. 깐 마늘을 Grinder에 넣고 짤게 갈아둔다.
3. 갈아 놓은 마늘을 용기에 담아 밀봉 후 냉장보관한다.

홍고추

1. 홍고추 1kg을 준비한다.
2. 홍고추를 3~4mm 두께로 어슷썰기한다.
3. 썰어 놓은 고추를 구멍이 큰 체에 담아 흔들어 고추씨를 제거한다.
4. 용기에 담아 냉장보관한다.

청고추

1. 홍고추와 동일

7. 볶음밥

Nasi Goreng

주재료			부 재료			가니쉬 재료		
식재료명	용량	단위	식재료명	용량	단위	식재료명	용량	단위
오징어살	15	g	나시고랭	30	ml	숙주	20	g
닭고기	20	g	소스	20	g	특수채소	20	g
시바새우	10	g	실파	20	g	- 치커리		
소고기	10	g	숙주	1	마리	- 롤라로사		
버터rice	200	g	칵테일새우	30	g	- 레드레트스		
달걀	3	개	닭다리살	15	ml	- 양상추		
Mixed	50	g	단도리소스			진저소스	20	ml
Vegetable	1	Tsp						
굴소스	1	Tsp						
아이미	2	Tsp						
S/B카레분								

❁ Cooking / Decoration 방법 ❁

1. 식재료준비

2. 재료1차조리

1) 중식팬을 화덕에 올리고 센 불에서 식용유 2국자를 넣고 국자로 5~10회 휘저어 식용유가 팬에 코팅이 되게 한다. (센 불에서 20초간)

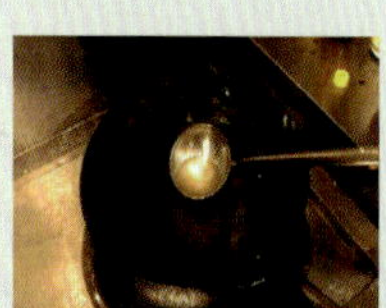

2) 센 불에서 중식팬에 식용유 2국자를 넣고 30초간 기름을 저어주며 달군다.

3) 2)에 닭고기, 소고기, 새우, 오징어살, Mixed Vegetable을 끓는 기름에 넣고 국자로 3~4회 저어주며 익힌다.

4) 익힌 재료들을 기름받이 체에 부어 기름을 제거한다.

5) 단도리소스에 재워 둔 닭고기와 새우는 프라이팬(또는 그릴)에 굽고 달걀 프라이를 1개 만든다.

3. 볶음밥 만들기

1) 중식팬을 화덕에 올리고 센 불에서 식용유 2국자를 넣고 국자로 5~10회 휘저어 식용유가 팬에 코팅이 되게 한다. (센 불에서 20초간)

2) 1)에 오일을 1/3국자(70ml) 두른 후 달걀 1개를 넣고 국자로 저어주며 스크램블 하듯이 달걀을 익힌다.

3) 2)에 밥을 넣고 국자로 밥을 눌러 가며 골고루 달걀이 섞이게 밥을 볶아 준다.(센 불에서)

4) 3)에 굴소스, 아이미, Mixed Vegetable를 넣고 국자로 섞어가며 밥을 볶아 준다.(센 불에서)

5) 4)커리분, 나시고랭소스, 시바새우, 오징어, 닭다리살, 소고기 볶은 것을 넣고 볶는다.(센 불에서)

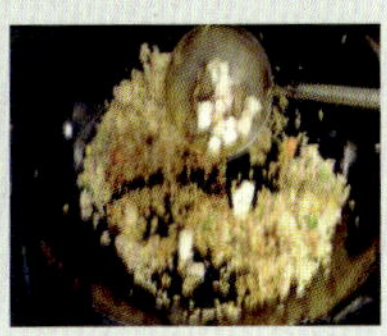

6) 센 불에서 5)에 실파, 숙주를 넣고 2~3회 팬을 돌려 볶아 완성한다.

4. 장식 및 가니쉬

1) 나시고랭 볶음밥을 Bowl에 담아 접시에 담는다.

2) 볶음밥 위에 달걀 프라이를 올린 후 특수채소와 숙주를 올린다.

3) 팬에 구운 닭고기와 새우를 올린 후 채소와 닭고기, 새우에 진저 소스를 뿌려 완성한다.

나시고랭소스

주재료							
식재료명	용량	단위	식재료명	용량	단위		
양파	1	kg	블랙소야소스	3	tsp	생산량	3L
간마늘	150	g	치킨스톡	600	ml	보관상태	냉장
홍고추	300	g	건고추CHOP	30	g	최대보관일	10일
고수줄기Chop	150	g	혼다시	30	g		
케첩	1	L	피쉬소스	600	ml		
건새우	60	g					
칠리페이스트	150	g					

❁ Cooking / Decoration 방법 ❁

1. 재료준비

1) 양파는 칼로 크게 4등분한다.
2) 홍고추는 꼭지를 제거한다.
3) 건새우는 믹서기로 잘게 갈아둔다.

2. 양파와 고추는 믹서기에 담고 피쉬소스를 부어 곱게 간다.

3. 믹싱볼에 모든 재료를 담아 거품기로 저어 골고루 섞어 완성한다.

4. 소스통에 담아 냉장보관한다.

나시고랭 식자재 손질법

소고기 (립아이)

1. 소고기(립아이) 20g을 준비한다.
2. 소고기을 1cm×1cm크기로 썬다.
3. 썬 고기를 용기에 담아 냉장고에 보관한다.
   - 보통 소고기 3kg을 볶음밥용으로 잘라 비닐 포장하여 냉동 보관한다.

닭고기 (볶음밥용)

1. 닭다리살 20g을 준비한다.
2. 닭다리살을 1cm×1cm크기로 썬다.
3. 썬 닭고기를 용기에 담아 냉장고에 보관한다.
   - 보통 닭다리살 3kg을 볶음밥용으로 잘라 비닐 포장하여 냉동보관한다.

닭고기 (꼬치용)

1. 닭다리살 100g을 준비한다.
2. 닭다리살을 5cm×4cm크기(25~30g)로 넓적하게 썬다.
3. 썰어 놓은 닭고기에 단도리소스를 발라 용기(인서트 통)에 담는다.
5. 냉장고에 넣어 1일 정도 재워 둔다.
6. 조리시 1개씩를 내어 사용한다.

오징어살

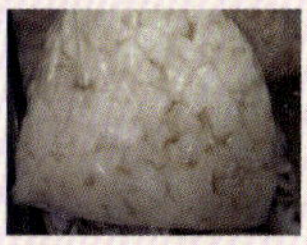

1. 오징어살 20g을 준비한다.
2. 오징어살을 1cm×1cm크기로 썬다.
3. 썬 오징어살를 용기에 담아 냉장고에 보관한다.
   - 보통 오지어살 3kg을 볶음밥용으로 잘라 비닐 포장하여 냉동보관한다.

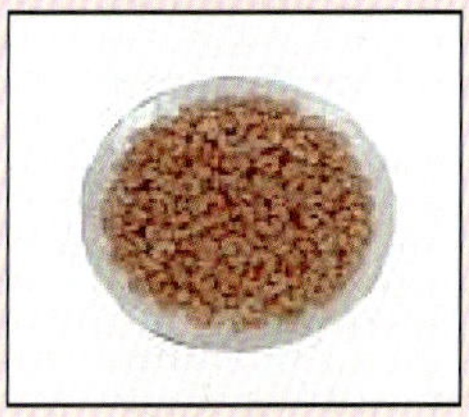

시바새우

1. 냉동시바새우 1Pk을 준비한다.
2. 시바새우를 흐르는 물에 담구어 녹인다.
3. 새우를 건져 내어 용기(인서트 통)에 담아 얼음을 채워 냉장 보관한다.

	칵테일새우 (꼬치용)	1. 칵테일새우 20마리를 준비한다. 2. 새우에 단도리소스를 발라 용기에 담는다. 3. 냉장고에 넣어 보관한다.
	버터라이스	1. 쌀 5kg을 준비한다. 2. 쌀을 물에 깨끗이 3~4회 씻는다. 3. 밥통에 쌀을 붓고 물을 손등 중간까지 채운다. 4. 버터 1/2개(200g)을 넣고 밥을 짓는다.
	실파 	1. 깐실파 1kg를 준비한다. 2. 실파를 다듬은 후 물에 깨끗이 씻는다. 3. 실파의 양쪽 끝(지저분한 부분)을 잘라 낸 후 5cm 간격으로 자른다. 4. 용기에 밀봉 후 담아 냉장보관한다.
	숙주	1. 숙주 20g을 준비한다. 2. 숙주의 뿌리끝 부분을 제거한다. 3. 사각통에 가지런히 차곡차곡 쌓은 후 밀봉하여 냉장보관한다.

Khao Pad Nuea(소고기볶음밥)

주재료						가니쉬 재료		
식재료명	용량	단위	식재료명	용량	단위	식재료명	용량	단위
소고기	20	g				숙주	20	g
버터rice	200	g				특수채소	20	g
달걀	3	개				- 치커리		
Mixed Vegetable	100	g				- 롤라로사		
						- 레드레트스		
굴소스	2	Tsp				- 양상추		
아이미	1	tsp				진저소스	20	ml
블랙소야소스	1	Tsp						
실파	20	g						
숙주	20	g						
식용유	50	ml						

❁ Cooking / Decoration 방법 ❁

1. 식재료

2. 재료1차조리

1) 중식팬을 화덕에 올리고 센 불에서 식용유 2국자를 넣고 국자로 5~10회 휘저어 식용유가 팬에 코팅이 되게 한다. (센 불에서 20초간)

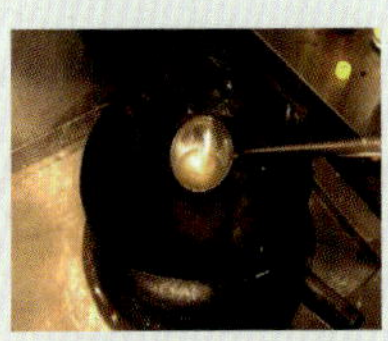

2) 센 불에서 중식팬에 식용유 2국자를 넣고 30초간 기름을 저어 주며 달군다.

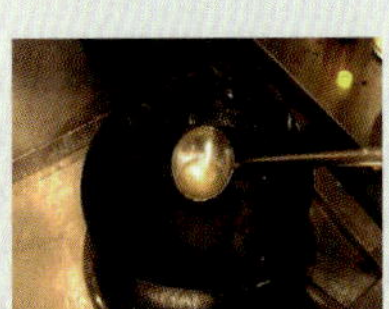

3) 2)에 소고기, Mixed Vegetable을 끓는 기름에 넣고 국자로 3~4회 저어주며 익힌다.

4) 익힌 재료들을 기름받이 체에 부어 기름을 제거한다.

5) 프라이 팬 (또는 그릴)에 달걀 프라이를 1개 만든다.

3. 볶음밥 만들기

1) 중식팬을 화덕에 올리고 센 불에서 식용유 2국자를 넣고 국자로 5~10회 휘저어 식용유가 팬에 코팅이 되게 한다. (센 불에서 20초간)

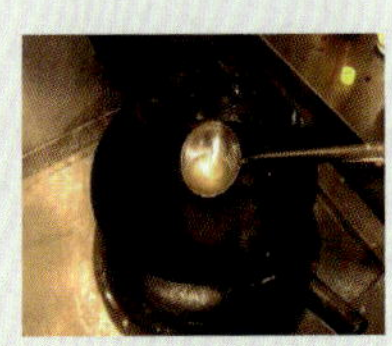

2) 1)에 오일을 1/3국자(70ml) 두른 후 달걀 1개을 넣고 국자로 저어주며 스크램블 하듯이 달걀을 익힌다.

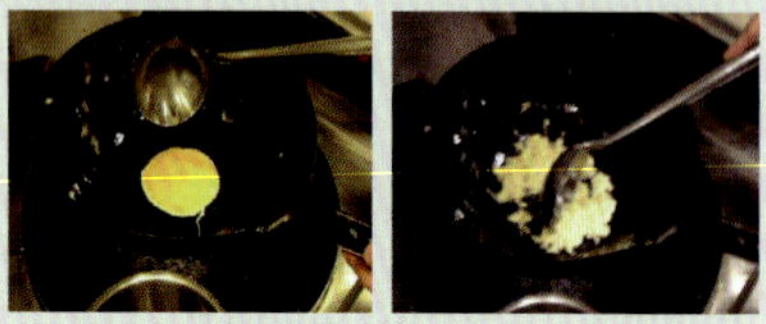

3) 2)에 밥을 넣고 국자로 밥을 눌러 가며 골고루 달걀이 섞이게 밥을 볶아 준다. (센 불에서)

4) 3)에 굴소스, 아이미, 블래 소야소스, 소고기, Mixed Vegetable를 넣고 국자로 섞어 가며 밥을 볶아 준다. (센 불에서)

5) 센 불에서 4)에 실파, 숙주를 넣고 2~3회 팬을 돌려 볶아 완성한다.

4. 장식 및 가니쉬

1) 소고기 볶음밥을 Bowl에 담아 접시에 담는다.

2) 볶음밥 위에 달걀 프라이를 올린 후 특수채소와 숙주를 올린다.

카오 팥 느아 식자재 손질법

소고기 (립아이)

1. 소고기(립아이) 20g을 준비한다.
2. 소고기을 1cm×1cm크기로 썬다.
3. 썬 고기를 용기에 담아 냉장고에 보관한다.
   - 보통 소고기 3kg을 볶음밥용으로 잘라 비닐 포장하여 냉동 보관한다.

혼합채소

1. 냉동 혼합채소 1Pk을 준비한다.
2. 혼합채소를 물에 녹인다.
3. 녹은 혼합채소를 체에 받쳐 물기를 제거한다.
4. 용기에 담아 냉장보관한다.(바로 사용함)

달걀

1. 달걀 2판(60개)를 준비한다.
2. 달걀을 깨서 믹싱볼에 담는다.
3. 거품기로 달걀을 휘저어 완전히 흰자와 노른자가 분리되어 섞이게 한다.
4. 달걀을 소스통에 담아 밀봉후 냉장보관한다.

실파

1. 깐실파 1kg를 준비한다.
2. 실파를 다듬은 후 물에 깨끗이 씻는다.
3. 실파의 양쪽 끝(지저분한 부분)을 잘라 낸 후 5cm 간격으로 자른다.
4. 용기에 밀봉 후 담아 냉장보관한다.

숙주

1. 숙주 20g을 준비한다.
2. 숙주의 뿌리끝 부분을 제거한다..
3. 사각통에 가지런히 차곡차곡 쌓은 후 밀봉하여 냉장보관한다.

버터라이스

1. 쌀 5kg을 준비한다.
2. 쌀을 물에 깨끗이 3~4회 씻는다.
3. 밥통에 쌀을 붓고 물을 손등 중간까지 채운다.
4. 버터 1/2개(200g)을 넣고 밥을 짓는다.

Khao Pad Talay(해산물볶음밥)

주재료						가니쉬 재료		
식재료명	용량	단위	식재료명	용량	단위	식재료명	용량	단위
오징어	25	g	실파	20	g	숙주	20	g
시바새우	15	g	숙주	20	g	특수채소	20	g
도미살	20	g				- 치커리		
버터rice	300	g				- 롤라로사		
달걀	2	개				- 레드레트스		
Mixed Vegetable (건포도포함)	40	g				- 양상추		
						진저소스	20	ml
굴소스	1	Tsp						
아이미	1	Tsp						
칠리페이스트	1	Tsp						
식용유	40	ml						

❁ Cooking / Decoration 방법 ❁

1. 식재료

2. 재료1차조리

1) 중식팬을 화덕에 올리고 센 불에서 식용유 2국자를 넣고 국자로 5~10회 휘저어 식용유가 팬에 코팅이 되게 한다. (센 불에서 20초간)

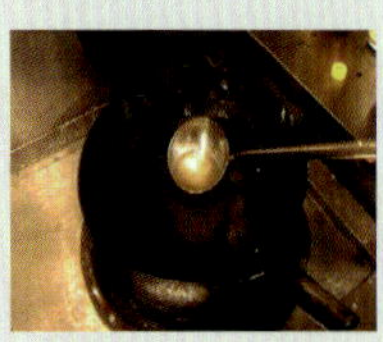

2) 센 불에서 중식팬에 식용유 2국자를 넣고 30초간 기름을 저어 주며 달군다.

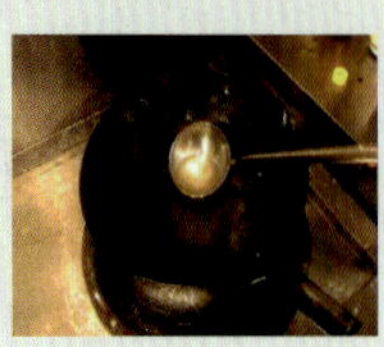

3) 2)에 오징어살, 시바새우, 도미살, Mixed Vegetable을 끓는 기름에 넣고 국자로 3~4회 저어 주며 익힌다.

4) 익힌 재료들을 기름받이 체에 부어 기름을 제거한다.

5) 프라이 팬 (또는 그릴)에 달걀 프라이를 1개 만든다.

3. 볶음밥만들기

1) 중식팬을 화덕에 올리고 센 불에서 식용유 2국자를 넣고 국자로 5~10회 휘저어 식용유가 팬에 코팅이 되게 한다. (센 불에서 20초간)

2) 1)에 오일을 1/5국자(40ml) 두른 후 달걀 1개을 넣고 국자로 저어주며 스크램블 하듯이 달걀을 익힌다.

3) 2)에 밥을 넣고 국자로 밥을 눌러 가며 골고루 달걀이 섞이게 밥을 볶아 준다.(센 불에서)

4) 3)에 굴소스, 아이미, Mixed Vegetable, 해산물, 칠리페이스트를 넣고 국자로 섞어 가며 밥을 볶아 준다.(센 불에서)

5) 센 불에서 4)에 실파, 숙주를 넣고 5~6회 팬을 돌려 볶아 완성한다.

4. 장식 및 가니쉬

1) 해산물 볶음밥을 Bowl에 담아 접시에 담는다.

2) 볶음밥 위에 달걀 프라이를 올린 후 특수채소와 숙주를 올린다.

카오 팥 탈레 식자재 손질법

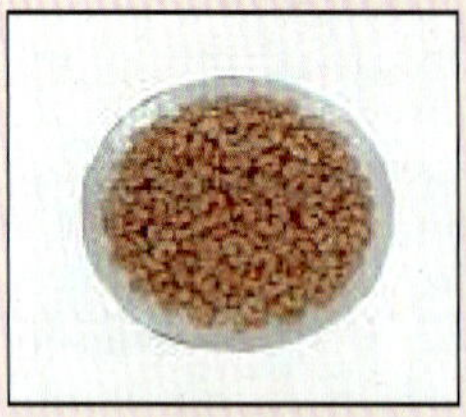

시바새우

1. 냉동시바새우 1Pk을 준비한다.
2. 시바새우를 흐르는 물에 담구어 녹인다.
3. 새우를 건져 내어 용기(인서트 통)에 담아 얼음을 채워 냉장 보관한다.

혼합채소

1. 냉동 혼합채소 1Pk을 준비한다.
2. 혼합채소를 물에 녹인다.
3. 녹은 혼합채소를 체에 받쳐 물기를 제거한다.
4. 용기에 담아 냉장보관한다.(바로 사용함)

달걀

1. 달걀 2판(60개)를 준비한다.
2. 달걀을 깨서 믹싱볼에 담는다.
3. 거품기로 달걀을 휘저어 완전히 흰자와 노른자가 분리되어 섞이게 한다.
4. 달걀을 소스통에 담아 밀봉후 냉장보관한다

실 파

1. 깐실파 1kg를 준비한다.
2. 실파를 다듬은 후 물에 깨끗이 씻는다.
3. 실파의 양쪽 끝(지저분한 부분)을 잘라 낸 후 5cm 간격으로 자른다.
4. 용기에 밀봉 후 담아 냉장보관한다.

숙주

1. 숙주 20g을 준비한다.
2. 숙주의 뿌리끝 부분을 제거한다..
3. 사각통에 가지런히 차곡차곡 쌓은 후 밀봉하여 냉장보관한다.

버터라이스

1. 쌀 5kg을 준비한다.
2. 쌀을 물에 깨끗이 3~4회 씻는다.
3. 밥통에 쌀을 붓고 물을 손등 중간까지 채운다.
4. 버터 1/2개(200g)을 넣고 밥을 짓는다.

오징어살

1. 오징어살 20g을 준비한다.
2. 오징어살을 1cm×1cm크기로 썬다.
3. 썬 오징어살를 용기에 담아 냉장고에 보관한다.
   - 보통 오징어살 3kg을 볶음밥용으로 잘라 비닐 포장하여 냉동보관한다.

도미살(냉동)

1. 냉동도미살 2Pk을 준비한다.
2. 도미살을 물에 녹인다.
3. 녹은 도미살을 1cm×1cm 크기로 썬다.
4. 도미살을 용기에 담아 냉장보관한다.

Rad Na Talay(해산물 쌀국수)

주 재 료			부 재 료			가니쉬재료		
식재료명	용량	단위	식재료명	용량	단위	식재료명	용량	단위
홍합	1	개	쌀국수(10mm)	80	g	숙 주	10	g
꽃게	1	개	굴소스	1	Tsp	실 파	10	g
새우	1	개	소금	1	tsp	양파	10	g
베비잇가	2	마리	아이미	1	tsp	슬라이스	5	g
쭈꾸미	2	마리	간 마늘	1	tsp	고 수		
목이버섯	5	g	치킨스톡	700	ml			
표고버섯	5	g	후추	0.5	tsp			
죽순	5	g	정종	1	Tsp			
영콘	10	g						
청경채	5	g						
홍고추	5	g						

❁ Cooking / Decoration 방법 ❁

1. 재료 준비

1) 분량의 해산물과 채소를 각각 파이 팬에 담는다.
2) 분량의 쌀국수를 파이 팬에 담는다.
3) 가니쉬채소는 가니쉬채소통에 있는 것을 사용한다.

2. 쌀국수 볶기

1) 센 불에서 팬에 식용유를 두르고 쌀국수를 넣는다.
2) 블랙소야소스(2tsp), 굴소스(1tsp), 아이미(1tsp)를 넣고 쌀국수가 부드러워질 때까지 볶는다.(1분 정도 볶음)

3)볶은 면을 Bowl에 담는다

3. 육수만들기

1) 냄비에 치킨스톡을 넣은 후 해산물을 넣고 센 불에서 끓인다.(3분 정도 소요)

2) 1)이 끓으면 마늘, 굴소스, 소금, 아이미, 정종을 넣고 끓인다.

3) 2)에 채소를 넣고 한번 끓인 후 후추를 뿌린다.

4) 3)에 물에 갠 전분을 넣고 롱스푼으로 저어 농도를 걸죽하게 한다.

5) 쌀국수가 담긴 Bowl에 해산물과 걸죽한 육수를 붓는다.

4. 가니쉬하기

1) 완성된 음식에 실파, 숙주, 양파, 고수를 올려 가니쉬한다.

2) 완성된 음식에 칠리소스를 곁드려 낸다.

라드 나 탈레 식자재 손질법

칵테일새우

1. 냉동칵테일 새우 3Pk(450마리)을 준비한다.
2. 칵테일새우를 물에 담구어 녹인다.
3. 녹은 새우를 용기에 담고 얼음을 채워 냉장보관한다.

냉동홍합

1. 냉동된 홍합 1Pk를 준비한다.
2. 찬물에 담아 홍합을 녹인다.
3. 용기에 담아 얼음을 채워 냉장보관한다.

*보통 2Pk(kg)단위로 녹여 냉장고에 보관.

소제꽃게

1. 소제꽃게 4Pk(4kg)을 준비한다.
2. 냉동 꽃게를 물에 녹인다.
3. 해동된 꽃게의 집게 발을 잘라내고 나머지 다리도 1마디를 잘라 손질한다.(집게다리는 라드나탈레 스탁을 끓일 때 사용함)
4. 손질된 꽃게를 용기에 담고 얼음을 채워 냉장보관한다.

베이비 잇가

1. 냉동 베이비잇가 1Pk(1kg)을 준비한다.
2. 냉동 베이비잇가를 물에 녹인다.
3. 해동된 베이비잇가를 용기에 담고 얼음을 채워 냉장보관한다.

쭈꾸미

1. 냉동 쭈꾸미 1Pk(1kg)을 준비한다.
2. 냉동 쭈꾸미를 물에 녹인다.
3. 해동된 쭈꾸미를 용기에 담고 얼음을 채워 냉장보관한다.

홍고추

1. 홍고추 1kg을 준비한다.
2. 홍고추를 3~4mm 두께로 어슷썰기한다.
3. 썰어 놓은 고추를 구멍이 큰 체에 담아 흔들어 고추씨를 제거한다.
4. 용기에 담아 냉장보관한다.

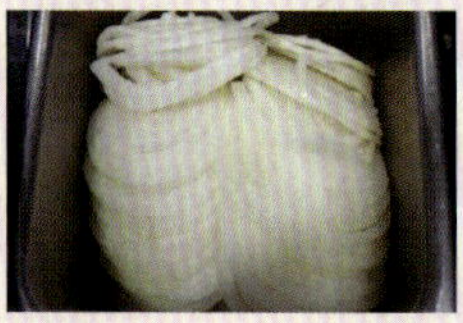

양파 (슬라이스)

1. 깐 양파 3개를 준비한다.
2. 양파를 육절기에 놓고 2mm 두께로 링모양으로 슬라이스한다.
3. 슬라이스한 양파를 용기에 담고 밀봉하여 가니쉬 냉장고에 보관한다.

쌀국수 (10mm)

1. 쌀국수 1봉(250g)을 준비한다.
2. 쌀국수의 포장을제거후 통에 담는다.
3. 물에 담구어 2시간이상 쌀국수를 불려 사용한다.
4. 사용하고 남은 쌀국수는 밀봉하여 냉장보관한다.

청 경 채

1. 청경채 1개를 준비한다.
2. 청경채의 뿌리부분을 잘라 마디가 떨어지게 한다.
3. 청경채를 적절한 크기(2등분)로 잘라 물에 씻는다.
4. 용기에 담아 냉장보관한다.

*보통 영업전 2~3kg의 청경채를 손질해서 영업시 사용한다.

영 콘

1. 영콘 1CN을 준비한다.
2. 캔을 딴 후 영콘을 체에 붓는다.
3. 영콘을 어슷썰어 3등분한다.
4. 소스통에 담아 물을 채워 냉장보관한다.

초고버섯

1. 초고버섯 2개를 준비한다.(캔 제품을 사용)
2. 초고버섯을 반으로 자른다.
3. 용기(소스통)에 물을 채워 초고버섯을 담은 후 냉장보관한다.

*보통 초고버섯7CN을 작업하여 보관.(초고버섯 1CN – 400g)

표고버섯

1. 생표고버섯 5~10kg을 준비한다.
2. 큰 통(15~20Gal)에 표고버섯을 담고 물을 부어 삶는다.(30~40분)
3. 삶은 표고버섯을 건져내어 찬물에 담궈 식힌다.
4. 표고버섯의 줄기를 가위로 잘라낸다.
5. 표 고버섯의 머리를 위로 오게 하여 칼로 3~5mm 두께로 편을 썬다.(칼을 눕혀 4cm크기로 썬다)
6. 썬 표고버섯을 물에 2~3회 씻은 후 3kg단위로 물과 함께 비닐포장한다
7. 포장된 표고버섯은 냉동 보관한다.

목이버섯

1. 건목이버섯 500g을 준비한다.
2. 건 목이버섯을 물에 2시간이상 불린다.(더운물을 사용하면 30분만에 불릴 수 있음)
3. 목이버섯의 뿌리부분(목재성분이 포함)을 손으로 제거한다.
4. 찬물로 2~3회 깨끗이 씻은 후 끓는 물에 약 1분간 데친다.
5. 얼음물에 넣어 식힌 후 용기에 담아 냉장보관한다.

죽순(슬라이스)

1. 죽순 슬라이스 1 캔(3kg)을 준비한다.
2. 죽순 캔을 딴 후 캔의 물을 따라낸다.
3. 죽순을 냄비에 담고 물을 채워 끓인다.(20분)
4. 죽순을 찬물에 식혀 소스통에 담고 물을 채워 냉장보관한다.

실파

1. 깐실파 1kg를 준비한다.
2. 실파를 다듬은 후 물에 깨끗이 씻는다.
3. 실파의 양쪽 끝(지저분한 부분)을 잘라 낸 후 5cm 간격으로 자른다.
4. 용기에 담아 밀봉 후 냉장보관한다.

숙주

1. 숙주 1kg을 준비한다.
2. 숙주의 뿌리끝 부분을 제거한다..
3. 사각통에 가지런히 차곡차곡 쌓은 후 밀봉하여 냉장보관한다.

간마늘

1. 깐 마늘 2kg을 준비한다.
2. 깐 마늘을 Grinder에 넣고 짤게 갈아둔다.
3. 갈아 놓은 마늘을 용기에 담아 밀봉 후 냉장보관한다.

Pad Thai Gai(닭고기 쌀국수)

주 재 료			가니쉬 재료			기 타		
식재료명	용량	단위	식재료명	용량	단위	식재료명	용량	단위
닭고기(튀긴것)	50	g	쌀국수(3mm)	100	g	땅콩가루	3	Tsp
튀긴 두부	20	g	칠리오일	1	Tsp	실파chop	1	Tsp
건새우	10	g	정종	1	Tsp	숙주	20	g
달걀	1	개	전분	1	Tsp	고수잎	5	장
느타리버섯	5	g	후추	1	tsp	Sweet	30	ml
표고버섯	5	g	팥타이	60	ml	ginger		
죽순	5	g	Sauce			sauce		
청고추	5	g	식초					
홍고추	5	g	설탕					
숙주	40	g	피쉬소스					
실파	40	g						

❁ Cooking / Decoration 방법 ❁

1. 재료 준비

1) 파이팬에 튀긴 닭고기, 튀긴 두부, 건새우, 채소를 준비한다.

2) 물에 불린 쌀국수와 달걀1개를 준비한다 .

2. 조리하기

1) 팬을 달군 후 식용유를 두르고 달걀을 넣고 스크램블 하듯이 젓가락으로 저어준다.

2) 1)에 닭고기와 건새우, 튀긴두부, 채소(느타리, 청고추, 홍고추, 죽순, 영콘, 표고버섯)를 넣고 10초간 볶는다.

3) 중불에서 팥 타이 소스와 치킨스톡을 넣고 젓가락으로 저어가며 20초간 볶는다.

4) 3)에 쌀국수를 넣고 약한 불에서 3분간 볶아 준다.

5) 쌀국수가 익으면 숙주와 실파를 넣고 센 불에서 약 10초간 볶는다.

6) 5)에 고추기름을 약간 넣어 10초간 볶아 준 후 접시에 담는다.

3. 가니쉬하기

1) 완성된 접시에 땅콩가루를 골고루 뿌린다.

2) 쌀국수 위에 진저소스를 골고루 뿌린다.

3) 2)에 숙주와 고수를 올려 완성한다.

팥 타이 소스

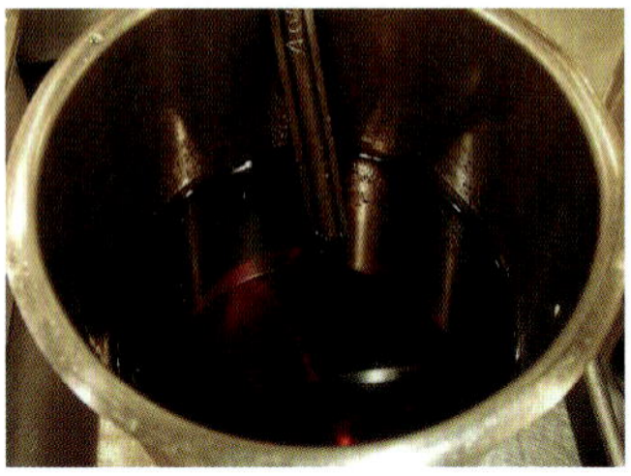

주 재 료			가니쉬 재료				
식재료명	용량	단위	식재료명	용량	단위		
피쉬소스	2	L				생산량	10L
설탕	6	L				보관상태	냉장
식초	4	L				최대보관일	30일

❁ Cooking / Decoration 방법 ❁

1. 큰 냄비에 피쉬소스, 식초, 설탕 을 1: 2: 3 비율로 넣고 중불에서 설탕이 다 녹을 때까지 나무주걱으로 휘젓는다(중식국자(200ml)나 일반국자를 이용해 비율을 맞춤).

2. 소스가 끓으면 바로 불을 끈 후 얼음물에서 식혀 냉장보관한다.

팔 타이 가이 식자재 손질법

닭고기

1. 닭다리살 50g을 준비한다.
2. 닭다리살을 가로 2cm, 세로 1cm크기로 썬다.
3. 썬 닭고기를 달걀, 정종, 전분, 소금, 후추를 넣고 버무린다.
4. 160도 튀김기에서 튀긴다.
5. 실온에서 식혀 용기에 담아 냉장보관한다.

튀긴 두부

1. 두부 1모를 준비한다.
2. 두부를 가로 1.5cm, 세로 1cm, 높이 1cm크기로 자른다.
3. 튀김기의 식용유 온도를 160도로 맞춘 후 두부를 튀긴다.
   (기름의 온도는 두부를 1개 넣어 기름이 끓어 오르면 적정온도임)
4. 두부의 색깔이 연 갈색이 나면 키친타올에 건져내어 기름을 제거한다.
5. 실온에서 식혀 용기에 담아 냉장보관한다.

숙주

1. 가니쉬용으로 다듬어 놓은 숙주를 사용한다.

느타리

1. 느타리 (40g)을 준비한다.
2. 느타리를 길게 2~3등분으로 찢는다.
3. 용기에 담아 냉장보관한다.
   *하루 4~6kg정도 찢어 사용한다.

죽순(Slice)

1. 죽순 슬라이스 1 캔(3kg)을 준비한다.
2. 죽순 캔을 딴 후 캔의 물을 따라낸다.
3. 죽순을 냄비에 담고 물을 채워 끓인다.(20분)
4. 죽순을 찬물에 식혀 소스통에 담고 물을 채워 냉장보관한다.

홍고추

1. 홍고추 1kg을 준비한다.
2. 홍고추를 3~4mm 두께로 어슷썰기한다.
3. 썰어 놓은 고추를 구멍이 큰 체에 담아 흔들어 고추씨를 제거한다.
4. 용기에 담아 냉장보관한다.

청고추

1. 청고추 1kg을 준비한다.
2. 청고추를 3~4mm 두께로 어슷썰기한다.
3. 썰어 놓은 고추를 구멍이 큰 체에 담아 흔들어 고추씨를 제거한다.
4. 용기에 담아 냉장보관한다.

실파

1. 깐실파 1kg를 준비한다.
2. 실파를 다듬은 후 물에 깨끗이 씻는다.
3. 실파의 양쪽 끝(지저분한 부분)을 잘라낸 후 5cm 간격으로 자른다.
4.용기에 밀봉 후 담아 냉장보관한다.

표고버섯

1. 생표고버섯 5~10kg을 준비한다.
2. 큰 통(15~20Gal)에 표고버섯을 담고 물을 부어 삶는다.(30~40분)
3. 삶은 표고버섯을 건져내어 찬물에 담궈 식힌다.
4. 표고버섯의 줄기를 가위로 잘라낸다.
5. 표고버섯의 머리를 위로 오게 하여 칼로 3~5mm 두께로 편을 썬다.
   (칼을 눕혀 4cm크기로 썬다)
6. 썬 표고버섯을 물에 2~3회 씻은 후 3kg단위로 물과 함께 비닐포장한다
7. 포장된 표고버섯은 냉동 보관한다.

쌀국수(3mm)

1. 쌀국수 1봉(250g)을 준비한다.
2. 쌀국수를 물에 담구어 실온에 둔다.(2시간 이상)
3. 쌀국수가 부드러워지면 사용한다.

건새우

1. 건새우 10g을 준비한다.
2. 건새우를 용기에 담아 냉장보관한다.
3. 영업시 바로 꺼내 사용한다.

Guey Tiew Pad Kheemao Nued

주 재 료			가니쉬 재료			기 타		
식재료명	용량	단위	식재료명	용량	단위	식재료명	용량	단위
소고기	40	g	고추기름	30	ml	실파chop	1	Tsp
청경채	5	g	간 마늘	1/2	Tsp	땅콩가루	2	Tsp
느타리	10	g	굵은고추가루	1/3	Tsp	숙주	20	g
홍고추	5	g	정종	1	Tsp	고수잎	5	g
청고추	5	g	후추	1	tsp			
표고버섯	15	g	전분	20	ml			
(죽순)	5	g	치킨스톡	230	ml			
(영콘)	5	g	볶음국수소스	2	Tsp			
목이버섯	5	g						
실파	10	g						
숙주	30	g						
쌀국수(10mm)	180	g						

❁ Cooking / Decoration 방법 ❁

1. 재료 준비

1) 파이 팬에 소고기, 채소를 준비한다.

2) 물에 불린 쌀국수와 미리 만든 비프누들 소스를 준비한다.

2. 조리하기

1) 중불에 팬을 올리고 고추기름을 두른 후 간 마늘을 넣고 젓가락으로 3~4회 저어가며 볶는다.

2) 1)에 소고기를 넣고 10초간 저어 가며 익혀준다.

3) 2)에 채소를 넣고 5초간 볶다가 정종을 뿌린 후 3~4회 나무젓가락으로 휘젓는다.

4) 3)에 비프누들 소스, 고추가루, 후추를 넣고 재료에 양념이 배이게 20초 정도 볶는다.

5) 4)에 닭육수를 넣고 육수가 끓으면 쌀국수와 숙주를 넣고 쌀국수가 익을 때가지 젓가락으로 저어 가며 익힌다.(1분)

6) 5)의 쌀국수가 익어 갈 때 실파를 넣고 바로 전분을 풀어 넣고 휘저어 농도가 걸죽하게 하여 완성한다.

6) 완성된 요리를 접시에 담는다.

3. 가니쉬하기

1) 완성된 요리위에 땅콩가루와 실파chop을 뿌린다.
2) 1)에 숙주와 고수를 올려 완성한다.

소고기쌀국수 소스

주 재 료			가니쉬 재료				
식재료명	용량	단위	식재료명	용량	단위		
굴소스	2.2	kg				생산량	3kg
칠리페이스트	700	g				보관상태	냉장
휘쉬소스	500	ml				최대보관일	30일
설탕	500	g					
아이미	170	g					

❁ Cooking / Decoration 방법 ❁

1. 위의 모든 재료를 믹싱볼에 담고 거품기로 휘저어 혼합한다.
2. 완성된 소스를 소스통에 담아 밀봉 후 냉장보관한다.

비프 누들 식자재 손질법

소고기 (립 아이-알등심)

1. 소고기 50g을 준비한다.
2. 소고기를 길이 5cm, 넓이 1cm, 두께 0.5cm로 자른다.
3. 자른 소고기를 용기에 담아 밀봉 후 냉장보관한다.
   *소고기는 보통 립아이를 손질할 때 나오는 날개부위를 이용.
   (립아이 날개 1채(2~3kg)을 잘라서 사용)

청경채

1. 청경채 1개를 준비한다.
2. 청경채의 뿌리부분을 잘라 마디가 떨어지게 한다.
3. 청경채를 적절한 크기(2등분)로 잘라 물에 씻는다.
4. 용기에 담아 냉장보관한다.
   *보통 영업전 2~3kg의 청경채를 손질해서 영업시 사용한다.

양파

1. 깐양파 1개를 준비한다.
2. 양파의 반을 자른 후 뿌리쪽과 위쪽을 잘라 낸다.
3. 양파를 3cm크기의 직삼각형 모양으로 썬다.
4. 용기에 담아 냉장보관한다.
   *보통 10개의 양파를 썰어 준비한다.(1일)

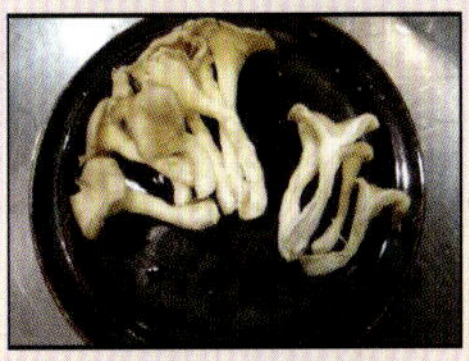

느타리

1.느타리 (40g)을 준비한다.
2.느타리를 길게 2~3등분으로 찢는다.
3.용기에 담아 냉장보관한다.
*하루 4kg~6kg정도 찢어 사용한다.

초고버섯

1. 초고버섯 2개를 준비한다.(캔 제품을 사용)
2. 초고버섯을 반으로 자른다.
3. 용기(소스통)에 물을 채워 초고버섯을 담은 후 냉장보관한다.
   *보통 초고버섯7CN을 작업하여 보관.(초고버섯 1CN- 400g)

홍고추

1. 홍고추 1kg을 준비한다.
2. 홍고추를 3~4mm 두께로 어슷썰기한다.
3. 썰어 놓은 고추를 구멍이 큰 체에 담아 흔들어 고추씨를 제거한다.
4. 용기에 담아 냉장보관한다.

청고추

1. 청고추 1kg을 준비한다.
2. 청고추를 3~4mm 두께로 어슷썰기한다.
3. 썰어 놓은 고추를 구멍이 큰 체에 담아 흔들어 고추씨를 제거한다.
4. 용기에 담아 냉장보관한다.

실파

1. 깐실파 1kg를 준비한다.
2. 실파를 다듬은 후 물에 깨끗이 씻는다.
3. 실파의 양쪽 끝(지저분한 부분)을 잘라낸 후 5cm 간격으로 자른다.
4. 용기에 밀봉 후 담아 냉장보관한다.

영콘

1. 영콘 1CN을 준비한다.
2. 캔을 딴 후 영콘을 체에 붓는다.
3. 영콘을 어슷썰어 3등분한다.
4. 소스통에 담아 물을 채워 냉장보관한다.

숙주

1. 숙주 30g을 준비한다.
2. 숙주를 물에 담구어 씻은 후 뿌리끝 쪽을 잘라 다듬는다.
3. 숙주를 용기에 가지런히 정열해서 밀봉 후 냉장보관한다.

쌀국수(10mm)

1. 쌀국수 1봉(250g)을 준비한다.
2. 쌀국수의 포장을제거후 통에 담는다.
3. 물에 담구어 2시간이상 쌀국수를 불려 사용한다.
4. 사용하고 남은 쌀국수는 밀봉하여 냉장보관한다.

표고버섯

1. 생표고버섯 5~10kg을 준비한다.
2. 큰 통(15~20Gal)에 표고버섯을 담고 물을 부어 삶는다.(30~40분)
3. 삶은 표고버섯을 건져내어 찬물에 담궈 식힌다.
4. 표고버섯의 줄기를 가위로 잘라낸다.
5. 표 고버섯의 머리를 위로 오게 하여 칼로 3~5mm 두께로 편을 썬다. (칼을 눕혀 4cm크기로 썬다)
6. 썬 표고버섯을 물에 2~3회 씻은 후 3kg단위로 물과 함께 비닐포장한다
7. 포장된 표고버섯은 냉동 보관한다.

목이버섯

1. 건목이버섯 500g을 준비한다 .
2. 건 목이버섯을 물에 2시간이상 불린다.(더운물을 사용하면 30분만에 불릴수 있음)
3. 목이버섯의 뿌리부분(목재성분이 포함)을 손으로 제거한다.
4. 찬물로 2~3회 깨끗이 씻은 후 끓는 물에 약 1분간 데친다.
5. 얼음물에 넣어 식힌 후 용기에 담아 냉장보관한다.

죽순(슬라이스)

1. 죽순 슬라이스 1 캔(3kg)을 준비한다.
2. 죽순 캔을 딴 후 캔의 물을 따라낸다.
3. 죽순을 냄비에 담고 물을 채워 끓인다.(20분)
4. 죽순을 찬물에 식혀 소스통에 담고 물을 채워 냉장보관한다.

India Food Buffet

Muligatawny(Soup)

Tomato Shorba(soup)

AlooGobi

Chana Masala (chick peas)

Dal Matter Masala

Murgh Dopiaz

Paneer Matter masala

Rogan gosht

Vegetable Biryani

Vegetable Biryani

mint Chutney (mint Chili yogrut Sauce)

참 · 고 · 문 · 헌

서양조리 실기. 이권복. 문지사.
서양조리 실무개론. 나영선. 백산출판사.
프랑스 기초요리 기초이론. 나정기. 백산출판사.
프랑스풍 채소요리. 김종옥. 문지사.
호텔조리 실무영어. 이권복. 기문사.
메뉴경영관리론. 김기영. 현학사.
외식사업 창업실무론. 김희근 공저. 현학사.
현대 주방관리론. 이권복. 문지사.
떡. 한과. 음청류. 김덕희. 백산출판사.
한국조리. 차경옥 공저. 백산출판사.
일본요리 윤태환 공저. 백산출판사.
고급 중국조리. 정윤두. 백산출판사.
연회기획 서비스실무론. 추상용 공저. 현학사.
식과 공간의 연출. 이종신 공저. 대왕사.
식당 경영론. 강태봉 저. 문지사.
일본요리. 홍철희. 대왕사.
Master Chef Cooking. 한국조리기능장회(공동).

이권복의 어제와 오늘 그리고 내일
요리는 나의 인생

학력
1980년 8월 고입검정고시 합격
1984년 4월 대입검정고시 합격
1990년 2월 서경대학교 졸업
1993년 8월 경희대학교 대학원 졸업
석사논문 : 관광호텔 서양 요리의 효율적인 메뉴구성

현장 경력
1976년 8월~1979년 2월 중구 다동 목련 레스토랑 근무
1979년 2월~1980년 2월 에어포트호텔 근무
1980년 2월~1984년 6월 김포국제공항 그릴 근무
1988년 5월~1996년 8월 서울 그랜드 하얏트호텔 근무
1999년 9월~2005년 6월 LG 아워홈 외식사업부 근무
2004년 8월 도토마리 대표(현 운영 중)

강의 경력
1993년~1995년 오산대학교, 혜전대학교 메뉴 해설, 불란서 요리 6코스
1996년~1997년 경민대학교, 강원도 관광대학교 전임
1997년~1999년 서일대학교, 초당대학교, 오산대학교, 순천국립대학교, 제과제빵, 서양요리
2006년 3월~2007년 호서직업전문학교 겸임
2007년 2월 호서직업전문학교 전임 현 출강

자격증
1980년 1월 양식조리사 자격증 취득
1999년 10월 제빵기능사 자격증 취득
2000년 10월 한국 조리기능장 취득

수상경력
1994년 6월 한국 국제요리대회 불란서요리 6코스 '은메달' 수상
1995년 6월 한국 국제요리 경연대회 레스토랑요리 '은메달' 수상
2000년 7월 한국 국제요리 경연대회 레스토랑요리 '금메달' 수상
2004년10월 LG 아워홈 단체전 출전 팀장 '동메달' 수상
2007년 조리기능장 단체전 출전 Hot '은메달' 수상, Cold '동메달' 수상

학생 지도 단체 수상 경력
2006년 한국 국제요리 경연대회 호서직업전문학교 단체전
Hot : 동메달 수상
Cold : 은메달 수상
2007년 한국 국제요리대회 호서직업전문학교 단체전
Hot : 은메달 수상
Cold : 동메달 수상

해외 벤치마킹 연수
2001년 2월 미국 에베뉴호텔, 하얏트호텔
2001년 2월 일본 재국호텔, 하얏트 파크호텔
2002년 싱가폴 요리대회 견학
2004년 11월 태국 오리엔탈호텔 허브요리 및 커리요리 연수
2004년 홍콩 렉싱턴호텔 딤섬요리 연수

컨설팅 내역
1997년 황영조 레스토랑 오픈
2003년 주식회사 한강씨엠닭 요리 및 소스 개발
2004년 반프 스테이크 하우스 소스 및 음식 개발

기능장 활동
2003년 홍보차장
2004년 국제부장
2005년 양식 분과 위원장
2007년 양식 분과 위원장

저서 및 논문

〈논문〉

HOTEL 노사관계의 현황과 문제점 해결방안 연구, 경희대학교 대학원 학회지, 1992년
관광 HOTEL 서양요리의 효율적인 MENU 구성에 관한 연구, 석사논문 1993년
HOTEL 조리부의 안전관리에 관한 연구, 한국조리학회지, 1997년

〈저서〉

서양요리와 MENU기획, 홍진출판사, 1997년
현대주방관리론, 문지사, 1997년
호텔조리 실무영어, 기문사, 1998년
기물관리론, 문지사, 2000년
서양요리실기, 문지사, 2004년
Master Chef Cooking 한국조리기능장회(공동), 현학사, 2005년
제과제빵 실무론, 현학사, 2007년

메뉴플래닝

2007년 11월 25일 초　판 1쇄 발행
2016년 4월 30일 개정판 1쇄 발행

지은이 이권복
펴낸이 진욱상 · 진성원
펴낸곳 백산출판사
교　정 편집부
본문디자인 박채린
표지디자인 오정은

등　록 1974년 1월 9일 제1-72호
주　소 경기도 파주시 회동길 370(백산빌딩 3층)
전　화 02-914-1621(代)
팩　스 031-955-9911
이메일 editbsp@naver.com
홈페이지 www.ibaeksan.kr

ISBN 978-89-6183-013-3
값 27,000원